民航服务专业新形态系列教材

民航旅客运输

宋素珍 麻春辉 主编

清华大学出版社
北京

内 容 简 介

本书详细介绍了民航旅客运输领域内的先进理论和操作技能方法。全书分为两篇。第一篇为民航国内客运，详细介绍了民航国内客运业务基础、民航国内客运运价、民航国内客运票证和旅客乘机服务、行李运输服务的内容。第二篇为民航国际客运，介绍了国际客运组织与法规、国际客运地理、航班安排、国际客运业务基础以及运价计算原理与应用和国际客票填开与使用的相关知识。为了适应读者知识面开拓的需要，本书还以附录的形式提供了当前与民航旅客运输相关的材料。

本书供空中乘务、民航安全技术管理、民航运输等相关专业学生使用，也可供航空公司、代理人等从事民航旅客运输业务的人员参考。

本书封面贴有清华大学出版社防伪标签，无标签者不得销售。
版权所有，侵权必究。举报：010-62782989，beiqinquan@tup.tsinghua.edu.cn。

图书在版编目（CIP）数据

民航旅客运输/宋素珍，麻春辉主编．—北京：清华大学出版社，2022.7（2024.8重印）
民航服务专业新形态系列教材
ISBN 978-7-302-60615-4

Ⅰ. ①民… Ⅱ. ①宋… ②麻… Ⅲ. ①民用航空－旅客运输－教材 Ⅳ. ①F560.83

中国版本图书馆 CIP 数据核字（2022）第 064485 号

责任编辑：聂军来
封面设计：常雪影
责任校对：袁　芳
责任印制：曹婉颖

出版发行：清华大学出版社
网　　址：https://www.tup.com.cn，https://www.wqxuetang.com
地　　址：北京清华大学学研大厦 A 座　　邮　编：100084
社 总 机：010-83470000　　邮　购：010-62786544
投稿与读者服务：010-62776969，c-service@tup.tsinghua.edu.cn
质量反馈：010-62772015，zhiliang@tup.tsinghua.edu.cn
课件下载：https://www.tup.com.cn，010-83470410

印 装 者：三河市少明印务有限公司
经　　销：全国新华书店
开　　本：185mm×260mm　　印　张：13　　字　数：309 千字
版　　次：2022 年 8 月第 1 版　　印　次：2024 年 8 月第 2 次印刷
定　　价：45.00 元

产品编号：093281-01

前　言

民航旅客运输是民航运输的主要组成部分。学习民航旅客运输是从事民航运输工作的基础。

随着民航体制改革的深入和职业教育注重实践技能培养的转变，民航高等职业教育也面临着巨大的机遇和挑战。民航旅客运输作为高等职业教育学科的重要组成部分之一，面临如何将《公共航空运输旅客服务管理规定》转变成高职学生实际可操作性的技能，并为学生毕业从事民航旅客地面服务工作提供助力的问题。为了解决这个问题，我们本着兼顾历史与未来、理论联系实际的原则，编写了这本书。

本书第一篇为民航国内客运。前三章为基础知识，第一章介绍了中国民航系统及相关基本概念，第二章介绍了民航国内客运运价，第三章介绍了民航国内客运票证，第四章、第五章为主体，介绍了国内客运业务基础，主要介绍了旅客乘机服务和行李运输服务的组织。第二篇为民航国际客运。前四章为基础，第六章介绍了国际客运有关的组织与法规，第七章介绍了国际客运地理，第八章介绍了航班安排，第九章介绍了国际客运业务基础。第十章、第十一章为主体，主要从运价计算和国际客票填开两个角度介绍了国际客票的相关知识。

为了详细展现民航最新的政策规则，本书在各章节中除了尽可能展现民航最新研究成果之外，还以拓展阅读的形式对当前与民航旅客运输相关的热点问题进行了重点介绍。

在形成本书的过程中，相关专业教师都给予了大量的支持，编者在此一并致谢。

由于民航旅客运输的发展速度和相关技术的更新速度很快，实践上和理论上都会不断出现新的问题，加之编者水平有限，书中难免有疏漏之处，还望广大读者指正。

编　者
2022 年 1 月

本书配套资源

目 录

1　绪论　民航旅客运输概述

第一篇　民航国内客运

7　第一章　民航国内客运业务基础

第一节　中国民航系统 …………………………………………… 7
第二节　基本概念 ………………………………………………… 9

12　第二章　民航国内客运运价

第一节　国内客运运价的定义及发展进程 …………………… 12
第二节　民航国内客运运价的使用 …………………………… 13
第三节　民航国内客运运价的分类 …………………………… 14
第四节　民航国内客运运价的制定 …………………………… 15

17　第三章　民航国内客运票证

第一节　客运票证基础 ………………………………………… 17
第二节　电子客票行程单 ……………………………………… 20
第三节　客票退票 ……………………………………………… 24
第四节　客票变更 ……………………………………………… 28
第五节　团体旅客客票业务 …………………………………… 29

31　第四章　旅客乘机服务

第一节　旅客运输的相关规定 ………………………………… 31
第二节　特殊旅客服务 ………………………………………… 32
第三节　值机工作概述 ………………………………………… 44

第四节	值机工作业务流程及标准	46
第五节	值机操作系统	49
第六节	不正常旅客运输	51
第七节	责任与赔偿	55

56　第五章　行李运输服务

第一节	行李运输概述	56
第二节	行李运费计算	58
第三节	特殊行李运输	61
第四节	行李运输过程	63
第五节	不正常行李运输	66
第六节	行李损失责任与赔偿	71

第二篇　民航国际客运

75　第六章　国际客运组织与法规

第一节	国际民航组织与有关公约	75
第二节	国际航空运输协会	83
第三节	世界贸易组织、《服务贸易总协定》与航空运输附件	85

90　第七章　国际客运地理

第一节	国际客运地理的基本概念	90
第二节	时差问题	95

106　第八章　航班安排

第一节	OAG 简介	106
第二节	航班安排	109

113　第九章　国际客运业务基础

第一节	基本概念	113
第二节	运价计算基础	117

120　第十章　运价计算原理与应用

第一节	PAT 简介与运价计算基本步骤	120
第二节	来回程/环程及其最低组合	128
第三节	开口程及运价计算	132

目 录

　　第四节　混合等级航段运价计算 …………………………………………… 135
　　第五节　旁岔程以及相关航程运价计算 …………………………………… 137
　　第六节　非 SITI 运价计算 ………………………………………………… 138
　　第七节　特殊运价 …………………………………………………………… 141
　　第八节　比例运价 …………………………………………………………… 144

147　第十一章　国际客票填开与使用

　　第一节　国际客票填开 ……………………………………………………… 147
　　第二节　MCO 的填开 ……………………………………………………… 158
　　第三节　客票的变更与退票 ………………………………………………… 160

162　附录1　实行市场调节价的国内航线目录

181　附录2　航空运输电子客票行程单管理办法(暂行)

185　附录3　中国民用航空电子客票暂行管理办法

188　附录4　EMOC

189　附录5　公共航空运输旅客服务管理规定

198　参考文献

V

绪论 民航旅客运输概述

民航旅客运输是民航运输的主要组成部分,也是民航运输中发展最快的部分之一,是各国航空公司的主要业务。学习民航旅客运输是高职学生取得相关职业技能等级证书,从事相关地勤服务工作的基础。

一、世界民航旅客运输发展的历史

民航旅客运输发展的历史可以划分为四个阶段。

第一阶段 航空业的萌芽阶段(1903—1945年)

1903年12月,美国的莱特兄弟(即奥维尔·莱特、威尔伯·莱特)制造的飞行者号试飞成功,首次实现动力驱动、可操纵、重于空气的飞行,开辟了航空的新纪元。1909年7月25日,布莱里奥驾驶"布莱里奥"XI飞机从法国加来飞达英国多佛尔,用时37min,飞行约40km,成为世界上第一个乘飞机飞越英吉利海峡的人,也是历史上第一次国际航行。1919年,航空史上第一条正式的国际航线在伦敦和巴黎之间开通。两次世界大战的爆发,使飞机制造技术出现了飞速的提升,同时也培养了大批飞行技术人员,为民航旅客运输的发展奠定了基础。

第二阶段 民用航空的大发展时期(1945—1958年)

这一阶段的重要事件如下。

(1) 国际航空迅速发展,《芝加哥公约》签订,1947年国际民航组织成立。

(2) 机场和航路网等基础设施大量兴建。

(3) 直升机进入民航领域。

(4) 1950年英国"子爵号"涡轮螺旋桨飞机投入使用。

(5) 1952年英国涡轮喷气飞机"彗星号"投入航线使用。

(6) 波音707、DC-8投入服务,喷气时代到来(1958年)。

第三阶段 放松管制阶段(1958—1990年)

从1978年起,美国开始对航空公司放松管制,这推动了民航运输企业的发展,不仅促进了民航旅客运输的普及,也提高了美国民航行业的运营效率,并取得了很大的经济效益。这个举措引发世界各国的效仿,民航运输发展成为一个国际性行业,对世界经济的发展起到巨大的推动作用。

第四阶段　世界航空全球性战略联盟(1990年至今)

1990年前后,由于世界经济全球化的影响,以美国为代表的发达国家开始逐步向国外航空公司开放天空,国内旅客运输与国际旅客运输的界限开始模糊。世界各个航空公司为赢得国际市场,取得经济效益,航空公司联盟开始出现。航空公司联盟加强了航空公司之间的合作共赢,开拓了世界航空网络,为各个航空公司节约了成本,赢得了更大的经济效益。目前世界上的主要航空联盟是星空联盟、寰宇一家、天合联盟。

二、中国民航旅客运输发展的历史

中华人民共和国成立后,中国民航的发展大体也可以分为四个阶段。

第一阶段　筹建时期(1949—1978年)。

这一阶段的主要特征是民用航空受空军指导。主要事件有1949年11月2日,在人民革命军事委员会下设民用航空局,受空军指导;1949年11月9日,"两航起义",两航起义归来的大批技术业务人员,成为我国民航事业建设中一支主要的技术业务骨干力量。1958年2月27日,中国民用航空局划归交通部领导;1962年,民航局由交通部属改为国务院直属局;1978年,航空旅客运输量仅为231万人,运输总周转量3亿吨公里。

第二阶段　稳步发展时期(1978—1987年)

这一阶段的主要特征是军民分开,民航脱离军队建制,民航局从隶属于空军改为国务院直属机构,实行企业化管理;民航局下设北京、上海、广州、成都、兰州(后迁至西安)、沈阳6个地区管理局。

第三阶段　重组扩张时期(1987—2002年)

这一阶段的主要特征是政企分开,主要事件有对民航业进行以航空公司与机场分设为特征的体制改革,组建了6个国家骨干航空公司(中国国际航空公司、中国东方航空公司、中国南方航空公司、中国西南航空公司、中国西北航空公司、中国北方航空公司);在原有管理局的基础上,组建了民航华北、华东、中南、西南、西北和东北6个地区管理局;1993年,中国民用航空局改称中国民用航空总局,属国务院直属机构,机构规格由副部级调整为正部级;2002年,民航行业完成运输总周转量为165亿吨公里、旅客运输量8594万人、货邮运输量202万吨。

第四阶段　迅猛发展时期(2002年至今)

这一阶段民航三大主体,政府、企业、机场实行重组。2002年,民航企业组建六大集团公司(中国航空集团公司、东方航空集团公司、南方航空集团公司、中国民航信息集团公司、中国航空油料集团公司、中国航空器材进出口集团公司),与民航总局脱钩,交由中央管理;民航政府监管机构改革,总局下属7个地区管理局(华北、东北、华东、中南、西南、西北、新疆)26个省级安全监督管理办公室(天津、河北、山西、内蒙古、大连、吉林、黑龙江、江苏、浙江、安徽、福建、江西、山东、青岛、河南、湖北、湖南、海南、广西、深圳、重庆、贵州、云南、甘肃、青海、宁夏);机场实行属地管理,首都机场、西藏自治区内的民用机场继续由民航总局管理。2008年,由国务院直属机构改制为部委管理局,同时更名为中国民用航空局。

三、民航旅客运输的基本流程

民航旅客运输的基本流程如图0-1所示。

(1)出票人向航空公司代理人/售票处销售部门查询有关旅行座位信息。在销售部门

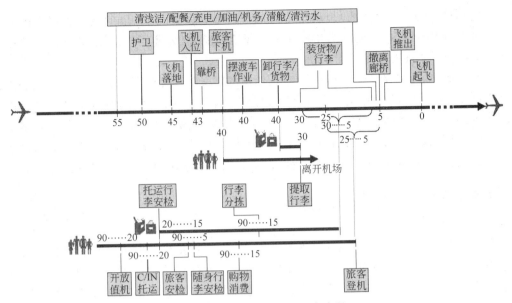

图 0-1 民航旅客运输的基本流程

完成有关业务操作(包括审查付款人已付款)后出票人可从销售部门拿到机票信息。

(2) 航空公司代理人/售票处销售部门通过全球分销系统 GDS/代理人订座系统 CRS/ICS(座位控制部门)系统查询座位信息。航空公司座位控制部门通过 GDS 系统/CRS 系统/ICS 系统控制不同级别的座位开放。

(3) 付款人向航空公司代理人/售票处财务查询有关旅行票价信息。在财务部门完成有关业务操作后付款人支付票款,并得到付款凭证(包括有形的凭证或无形的凭证信息)。

(4) 航空公司代理人/售票处财务部门可以通过 GDS 系统/CRS 系统/ICS 系统查询票价,航空公司票价控制人员可利用收益管理系统确定票价后在以上系统发布。

(5) 航空公司代理人/售票处财务部门在付款人付款后通知销售部门可以出票。

(6) 旅客在航空公司/代理值机部门办理值机手续,包括领取登机牌、交运行李等。

(7) 航空公司/代理值机部门办理值机手续后将旅客登机信息(包括有形的机票或无形的电子客票信息)手工或自动传递给航空公司的财务部门。

(8) 航空公司财务部门内部对来自销售部门的财务信息和来自值机部门的财务信息进行检查和配比。

(9) 旅客在办理完值机手续,再经过安全检查后可以登机。电子客票的出现也大大简化了操作流程,整个信息流均可通过计算机按照以上流程自动进行,不再需要人工参与。虽然操作方式发生了变化,但基本的业务流程没有改变。

四、民航旅客运输的分类

从学科角度来看,民航旅客运输主要研究国内客运和国际客运两部分。

民航国内旅客运输的定义是:如果旅客与承运人签署的契约中要求的运输始发地、目的地及约定的经过停留地均在同一国家内,这样的运输被称为"民航国内旅客运输",简称"民航国内客运"或"国内客运"。需要特别指出的是,我国港、澳、台地区(即香港特别行政区、澳门特别行政区、台湾地区)是属于中国的一部分,其与中国大陆的航线也属于国内航线。但由于历史的原因,这类航线在操作上按照地区航线(即非国内航线)处理。这些在有关法律中给予了明确的规定。

关于民航国际运输的定义,《华沙公约》所给出的定义是:就本公约而言,国际运输是指根据有关各方所订契约,无论在运输中有无间断或转运,其出发地和目的地是处在两个缔约国领土内,或处在一个缔约国的领土内而在另一国的主权、宗主权、委任统治权利或权利管辖下的领土内有一个协议的经停地点的运输。这一定义揭示了国际客运的特征。例如,如果由于技术或者天气原因需要在另一国家备降的运输就不是国际运输,因为它不是约定的运输。

五、主要内容和学习方法

(一) 主要内容

第一篇为民航国内客运。前三章为基础知识,第一章介绍了中国民航系统及相关基本概念,第二章介绍了民航国内客运运价,第三章介绍了民航国内客运票证,第四章、第五章为主体,介绍了国内客运业务基础,主要介绍了旅客乘机服务和行李运输服务的组织。第二篇为民航国际客运。前四章为基础,第六章介绍了国际客运有关的组织与法规,第七章介绍了国际客运地理,第八章介绍了航班安排,第九章介绍了国际客运业务基础。第十章、第十一章为主体,主要从运价计算和国际客票填开两个角度介绍了国际客票的相关知识。

(二) 学习方法

民航旅客运输来源于实践,又服务于实践。这就要求同学们在学习该课程的过程中必须充分注意理论联系实际,在掌握基本规则的同时更要实践,特别是现场需要的最新的专业知识和技能。

为了帮助大家更好地掌握有关知识,同时为适应读者开阔知识面和进一步深造的需要,本书除了在各章节中展现民航最新研究成果之外,还以拓展阅读的形式对当前与民航旅客运输相关的热点问题进行了介绍。

由于民航旅客运输发展速度快,技术革新快,新的理论和方法不断出现。所以即使已经学习过该课程的同学,也要根据实践的要求不断学习研究新的理论和方法,才能适应民航旅客运输业的迅猛发展,保持终身学习的态度和习惯。

第一篇

民航国内客运

第一章 民航国内客运业务基础

第一节 中国民航系统

一、中国民航系统的构成

中国民航业经过历史的沉淀，现在正处于高速发展的时期。2020年，全行业完成运输总周转量 798.51 亿吨公里。国内航线完成运输总周转量 587.67 亿吨公里，其中我国港、澳、台航线完成 3.19 亿吨公里；国际航线完成运输总周转量 210.83 亿吨公里。

中国民航系统构成主体可大体划分为：政府部门（中国民用航空局）；民航企业（运输企业、辅助企业）；民航机场（各地机场）；参与通用航空各种活动的个人和企事业单位。其中，前三个为主要的构成主体，三大主体协调合作完成航空运输服务（图1-1）。

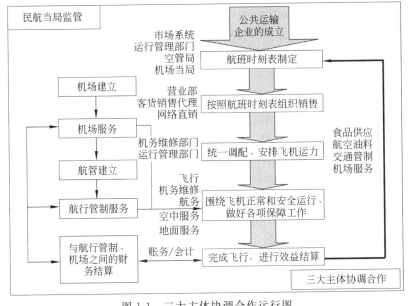

图 1-1　三大主体协调合作运行图

中国民航系统的构成.mp4

(1) 中国民航监管机构——中国民用航空局对全国民用航空活动实施统一监督管理。主要职能是：制定民用航空各项法规、条例，并监督这些法规、条例的执行；对航空企业、民航机场进行规划、审批和管理；对航路进行规划和管理，并对日常的空中交通实行管理，保障空中飞行安全、有效、迅速实行；对民用航空器及相关技术装备的制造、使用制定技术标准，对民航的各类专业人员制定工作标准并考核；代表国家管理与国际民航的交往、谈判，以及参加国际组织。

(2) 民航企业指从事民航业有关的企业，主要是航空公司、油料公司、航材公司销售公司、航空服务公司等。其主要职能是：使用航空器组织具体的客货运输活动。航信、油料、航材、销售等民航企业围绕航空公司开展活动，为航空公司的运营提供信息服务、油料供应、航空材料供应、客票销售等服务。

(3) 民航机场是为飞机着陆、起飞和地面活动之用，并配备为旅客服务的地区建筑、跑道和空中交通管理系统的区域设施。机场是民用航空和整个社会的结合点，也是一个地区的公众服务设施。一般为半企业、半公共事业性质。其构成和主要职能是如下。

① 飞行区：包括跑道、滑行道、停机坪和登机门等，提供飞机起降和停靠等活动之用。

② 候机楼区：机场对旅客服务的中心地区，为旅客上下飞机提供各种服务。

③ 地面运输区：衔接机场和市区，是旅客进入机场的道路系统。

二、中国民航系统的现状

2002年起，我国民航业实现重大改革重组。

(1) 民航监管机构改革。民航局下属7个地区管理局（华北、东北、华东、中南、西南、西北、新疆）监督管理各个地区的民用航空活动。组建26个省级安全监督管理办公室（天津、河北、山西、内蒙古、大连、吉林、黑龙江、江苏、浙江、安徽、福建、江西、山东、青岛、河南、湖北、湖南、海南、广西、深圳、重庆、贵州、云南、甘肃、青海、宁夏）。

(2) 民航企业改革重组。2002年，民航企业再次进行重组，组建六大集团公司（中国航空集团公司、东方航空集团公司、南方航空集团公司、中国民航信息集团公司、中国航空油料集团公司、中国航空器材进出口集团公司），与民航总局脱钩，交由中央管理。截至2020年底，我国共有运输航空公司64家，比2019年年底净增2家。按不同所有制类别划分：国有控股公司49家，民营和民营控股公司15家。在全部运输航空公司中，全货运航空公司11家，中外合资航空公司9家，上市公司8家。其中，中航集团、南航集团、东航集团和海航集团运输总周转量占比达81%。四大航空集团及其控股公司分布如下：中航集团包括中国国际航空股份有限公司、中国国际货运航空有限公司、深圳航空有限责任公司、山东航空股份有限公司、昆明航空有限公司、西藏航空有限公司、中国国际航空内蒙古有限公司、大连航空有限责任公司和北京航空有限责任公司；东航集团包括中国东方航空股份有限公司、中国货运航空有限公司、上海航空有限公司、中国联合航空有限公司、中国东方航空江苏有限公司、中国东方航空武汉有限责任公司、东方航空云南有限公司和一二三航空有限公司；南航集团包括中国南方航空股份有限公司、厦门航空有限公司、中国南方航空河南航空有限公司、贵州航空有限公司、汕头航空有限公司、重庆航空有限责任公司、河北航空有限公司、珠海航空有限公司和江西航空有限公司；海航集团包括海南航空控股股份有限公司、中国新华航空集团有限公司、大新华航空有限公司、北京首都航空有限公司、天津航空有限责任公司、金鹏航空股份有限公司、云南祥鹏航空有限责任公司、西部航空有限责任公司、长安航空有限责任公司、福州航空有限责任公司、乌鲁木齐航空有限责任公司、广西北部湾航空有限责任公司、桂林航空有限公司和天津货运航空有限公司。

(3) 机场改革。机场实行属地管理,首都机场、西藏自治区内的民用机场继续由民航总局管理。截至2020年年底,我国境内(不含我国香港、澳门和台湾地区)运输机场共241个,其中:4F级机场13个,4E级机场38个,4D级机场38个,4C级机场147个,3C级机场4个,3C级以下机场1个。

第二节 基本概念

本节根据2021年9月1日实施的《公共航空运输旅客服务管理规定》,介绍了和国内民航旅客运输相关的主要概念,并作为后续专业知识展开学习的基础。

一、承运人

承运人是指以营利为目的,使用民用航空器运送旅客、行李或者货物的公共航空运输企业。可以分为缔约承运人和实际承运人。

基本概念.mp4

(1) 缔约承运人是指使用本企业票证和票号,与旅客签订航空运输合同的承运人。

(2) 实际承运人是指根据缔约承运人的授权,履行相关运输的承运人。

二、航线、航路和航段

航线是飞机预定要飞行的路线,飞机在任何两个地点确定的飞行线路就是航线。航线可以分为国际航线(飞行的路线连接两个或两个以上国家的航线)、地区航线(在一国之内,各地区与有特殊地位地区之间的航线,如我国内地连接我国港、澳、台地区的航线)、国内航线(一条航线的起点、终点、经停点均在一个国家内部不同地点间的航线)。

国内航线根据其连接城市的性质可以分为国内干线、国内支线及地区航线。

(1) 国内干线:一条航线如果起点、终点均为国内重要航空枢纽,则这样的国内航线称为国内干线,如北京—上海—广州之间的航线。这样的航线往往运量大,航班密集。

(2) 国内支线:一条航线如果连接中小城市和干线上的航空枢纽中心,这样的航线称为国内支线。

(3) 地区航线:连接中小城市的航线称为地区航线,这样的航线往往运量小,配备小机型。

任意两个客票点之间的飞行距离称为航段。航段往往是航线中的一段。而航路是由民航主管当局批准建立的一条由导航系统划定的空域构成的空中通道,在这个通道上空中交通管理机构要提供必要的空中交通管制和航行情报服务。

三、航班、航班时刻表、航班号

1. 航班

航班是指飞机按规定的航线、日期、时刻的定期飞行。联程航班是指被列明在单一运输合同中的两个(含)以上的航班。航班按照经营范围可以分为：国内航班、国际航班、地区航班。

(1) 国内航班：始发站、经停站或终点站全部在一国境内的航班。

(2) 国际航班：始发站、经停站或终点站中有一站以上在本国境以外的航班。

(3) 地区航班：始发站、经停站或终点站中有一站在一国内有特殊地区中的航班。

航班按照经营时间可以分为定期航班和不定期航班。

(1) 定期航班：也称班期飞行，指列入航班时刻表有固定时间运行的航班。

(2) 不定期航班：没有固定时刻的运输飞行，根据临时性任务进行的航班安排。

2. 航班时刻表

航班时刻表(表1-1)的内容包括承运人、始发站名称、终点站名称、起飞时刻、到达时刻、机型、座舱等级、是否经停、服务内容等。乘客可以根据航班时刻表提供的信息，根据自身需求来选择要乘坐的航班。国内航班时刻表根据季节和市场情况，每年调整两次，每年4—10月使用夏秋季航班时刻表，11月—次年3月使用冬春季航班时刻表。航班时刻表是航空公司最重要的生产作业计划，是组织与协调航空运输生产活动的基本依据。从飞机调配、空勤组排班到座位销售、地面运输服务组织，航空公司运输生产过程的各个环节，都要依据航班计划进行组织与安排。

表1-1 航班时刻表

航线	机型	出港				进港				班期						
		航班号	起飞时间	到达时间		航班号	起飞时间	到达时间								
北京	A320	CA1588	威海	0950	1125	北京	CA1587	北京	0655	0830	威海						6	
				1150	1325				0925	1100		1	2	3	4	5		7
	B738	KN2226	威海	1740	1930	北京	KN2225	北京	1500	1650	威海	1	2	3	4	5	6	7
	B738	SC4881	威海	2155	2325	北京	SC4882	北京	1930	2110	威海	1	2	3	4	5		7
	B738	CA1598	威海	2225	2355	北京	CA1597	北京	2010	2140	威海	1		3			6	
				2325	+0100				2110	2240			2		4			7

3. 航班号

航班号可分为国内航班号和国际航班号两类。

(1) 国内航班号由航空公司的两字代码加4位数字组成。航空公司代码由民航局按规定公布。第一位数字代表航空公司的飞机基地所在的地区的代号；第二位数字表示航班的目的地所在的地区代号；第三位和第四位数字表示航班的序号，单数表示由基地出发的去程航班，双数表示回程航班。

(2) 国际航班号由航空公司的代码加3位数字组成，第一位数字表示航空公司，后两位数字为航班的序号，单数为去程，双数为回程。

四、客票点、转机点与经停点

客票点是指在客票上列明的点，包括始发地、目的地和转机点。转机点是指旅客在航程中某点暂时中断航程，停留一段时间后，然后搭乘另一航班离开。转机点包括中途分程点是和非中途分程点。中途分程点是指旅客在航程中某点暂时中断航程，停留24小时以上，然后搭乘另一航班离开;非中途分程点是指旅客在航程中某点暂时中断航程,停留24小时以内,然后搭乘另一航班离开。

另外,转机还可以分为跨航转机和同航转机,前者是在不同承运人之间的转机,后者是在同一承运人之间的转机。转机还可以根据国际、国内划分为国际转国际、国内转国内、国际转国内和国内转国际。

经停点是指旅客在航程中某点暂时中断航程,停留一段时间后,然后搭乘同一航班离开去往下一地点。经停点是不在客票上体现的。

以上概念是国际航协统筹考虑各国情况后总结归纳的。由于历史的原因,这些概念在中国民航甚至部分外航时可能会被混用。在使用这些概念时要注意了解其特定的含义,规范使用,防止发生歧义。

拓展阅读

关于印发《中国民航航班号分配和使用方案》的通知

民航各地区管理局,各航空运输、服务保障企业,各机场:

随着我国民航事业的快速发展和民航运输企业重组工作的完成,现行航班号的编制及使用方法已不能满足运输企业的需要,航班号数字重复使用的现象比较突出。为加强对航班号的使用管理,杜绝因航班号重复使用导致陆空通信误听等问题,结合民航的实际重新制定了《中国民航航班号分配和使用方案》。该方案从2004年至2005年冬春季航班换季时开始执行。

各航空公司编制新的航班号要遵循以下原则。

一、按照数字的顺序编制航班号。

二、编制国内航班号时,不得使用其他公司的航班号。

三、编制国际和地区航班号时,原则上按3位数字安排,如果3位数字不够时,可以使用分配给本公司的4位数字航班号,但不能与本公司国内的航班号重复。

四、在编制加班、包机等临时飞行航班号时,应在分配给本公司航班号的数字范围内编排,但不得与当天的定期航班航班号重复。

五、7500、7600和7700为陆空通信特殊情况话呼代码,不作为航班号使用。

六、001—100作专机和特殊任务使用的航班号,不予分配。

中国民航航班号分配和使用方案

(1)以国航、南航、东航和海航原使用的航班号(不做大的改变)为基础,分配、调整本次航班号。

(2)航空公司二字代码加4位和3位阿拉伯数字为航班号资源分配总量,结合航空公司现行航班号的实际数量分配、调整航班号。

(3)各航空公司国内航班号使用4位数字编排,国际(含地区)航班号使用3位数字编排。

第二章 民航国内客运运价

第一节 国内客运运价的定义及发展进程

一、国内客运运价定义

国内客运运价是指旅客由出发地机场至目的地机场的航空运输价格,不包括始发地或目的地机场与市区之间的地面运输费用,也不包括民航发展基金以及燃油附加费和旅客购买其他付费服务、使用其他付费设施所需的费用。

其中旅客支付的民航发展基金属于政府性基金,于 2012 年 4 月 1 日起开始征收,国内航线原则上为每人次 50 元,国际航线为 90 元,具体视情况调整。民航发展基金的设立是为了取代原来对旅客征收的机场建设费以及对航空公司征收的民航基础设施建设基金。

世界上有 100 多个国家采取向旅客征收一定税费的方式支持民航发展。如美国征收国内机票税(票价的 7.5%)、国际旅客运输税(17.5 美元/人)等设立机场和航路信托基金,用于机场、空管等基础设施建设和实施基本航空服务计划(EAS)等;法国向所有在本土机场起飞的旅客征收机场税(6.25~13.25 欧元/人),用于资助机场安全设施设备改进;巴西对所有离开巴西的乘客征收登机税(国内 16.95~24.03 巴西元/人,国际 24.91~82.81 巴西元/人),用于支持机场建设;日本征收国内旅客消费税(票价的 8%)、旅客设施使用费(国内 50~150 日元/人、国际 150~1370 日元/人)。世界各国征收的专项税费尽管形式各异,但与我国民航发展基金性质相同,使用范围基本一致。民航发展基金虽然包含在机票上,但其并不是旅客运价的组成部分。

二、国内客运运价发展历史

1992 年以前,国内航线旅客运价由国家物价局会同民航局管理,管理的形式是国家定价。

1992 年,国务院召开关于研究民航运价管理体制改革问题的会议,会议确定了国家物价局和民航局在国内航线运价管理方面的分工;公布运价及浮动幅度、航空邮件价格由国家物价局管理;折扣票价和省区内航线公布票价以及货运价格由民航局管理。同时允许航空公司票价可以上下浮动 10%。

1996年3月1日起,根据《中华人民共和国民用航空法》和《中华人民共和国价格法》,国内航线票价管理明确为以原民航总局为主,会同原国家计委管理,管理形式为政府指导价。国内航线货物运价由原民航总局统一管理。

1997年,国家要求民航国内航线票价实行中外旅客同价,7月1日起实行境内和境外旅客乘坐国内航班同价政策,即按每客公里0.75元价购票。境内、外旅客如在境外购买国内航线机票仍按公布票价。1997年11月,原民航总局推出"一种票价、多种折扣"的政策。1999年2月1日,为规范市场秩序,原国家计委、民航总局联合发文,规定各航空公司票价按国家公布价销售,不得滥用折扣。

2000年,原民航总局决定,自5月15日起,先期以海南联营航线为试点,实行旅游团队优惠票价;自10月1日起,放松对支线票价的管理,即支线飞机所飞省(市、区)内航段票价及支线飞机所飞省(市、区)内航段以外且由独家航空公司经营的航段票价,实行最高限价管理,最高票价不得超过公布票价(A票价)的10%。限价内由航空公司自行确定,并报原民航总局备案。支线飞机所飞省(直辖市、自治区)内航段以外且由航空公司共同经营的航段票价,需经航空公司协商后,报原民航总局审批;自11月5日起,对国内航线实施"燃油加价"政策,允许航空公司票价最大上浮15%,单程不超过150元,同时建立票价与油价联动机制。

2001年,原民航总局决定,自3月6日起,在北京—广州、北京—深圳等7条多家经营航线上试行多级票价体系;自5月20日起,在海南联营航线也试行多级票价体系。

2002年,原民航总局决定进一步完善国内航线团体票价政策,自6月10日起,对国内航线(港、澳航线除外)团体票价试行幅度管理,团体票价最低折扣率根据购票时限、航程性质、人数不同而有所区别,最大优惠幅度为30%。

2004年4月20日,国家发改委、原民航总局在经过公开听证后出台的《民航国内航空运输价格改革方案》经过国务院讨论通过后正式实施。该方案在经过有关听证方案的基础上,对民航客运价格做出了以下规定。

(1)国内航空旅客运输,将以现行航空运输企业在境内销售执行的国内各航线客运价格水平作为基准价,允许航空运输企业在上浮幅度不超过基准价的25%、下浮幅度不超过基准价的45%的范围内,自行制定具体客运价格种类、水平、适用条件,同时取消燃油加价和A、B类运价的划分方式。

(2)位于省(直辖市、自治区)内的短途航线,以及直辖市与相邻省(直辖市、自治区)之间,已与其他运输方式形成竞争的短途航线,实行市场调节价,不再规定客运价格浮动幅度。

(3)对于由航空运输企业独家经营的航线及部分以旅游客源为主的航线,客运价格下浮幅度不限,以适于消费者的需求,鼓励航空运输企业积极开拓市场。

第二节　民航国内客运运价的使用

民航国内旅客运价使用的一般规定如下。
(1)应根据旅客的航程、座位等级,按开始旅行之日的适用运价使用和计算。
(2)客票出售后,如票价调整,票款不作变动。

(3) 国内旅客运价适用于直达航班运输。如旅客要求经停或转乘其他航班时,应按实际航段分段相加计算票价。除非航空公司提供了某些特种运价。

(4) 旅客要求在客舱躺卧或使用担架(如伤残旅客等),应按照所占座位数或需拆除的座位数计算运价。

(5) 旅客因放置自理行李而多占座位,应按照实际占用座位数计算票价,但每一个座位装载行李物品的重量不得超过75千克。

(6) 使用特种运价的旅客,应当遵守该特种运价的运输条件。

(7) 关于付款的有关规定。

旅客应按国家规定的货币和付款方式交付票款,除航空公司与旅客另有协议外,票款一律现付。国内旅客运价一律以人民币10元为计算单位,尾数四舍五入。航空公司收取或支付的其他费用(如逾重行李费等)均以人民币1元为计算单位,尾数四舍五入。

另外,我国还规定,旅客缴纳的"民航发展基金"包含在机票上,在支付票款时一并缴纳。

第三节 民航国内客运运价的分类

国内旅客运价按照不同的角度可以进行不同的分类。

一、按照舱位等级分类

按照舱位等级可以分为普通舱运价、公务舱运价和头等舱运价。

(1) 普通舱运价(代号Y)也称经济舱运价,经济舱内旅客所接受的服务是各个舱位等级中最基本的,价格水平最低,经济舱运价是国内旅客运价的基础价格。

(2) 公务舱运价(代号C)按照普通舱票价的130%计算。公务舱是航空公司为了适应公务旅客对座位和服务的需求,在飞机客舱布局上布置了较经济舱服务标准高,但比头等舱服务标准略低的一种等级舱位。航空公司在主要航线的飞机上都安排了公务舱座位。

(3) 头等舱运价(代号F)按照普通舱票价的150%计算。头等舱是航空公司为了适应高层次旅客对座位和服务的需求,在飞机客舱布局上布置较公务舱更豪华的一种舱位,包括更宽敞舒适的座椅、更高标准的饮食和客舱服务等。主要航空公司都在飞机上安排了头等舱座位。

二、按照旅客年龄分类

运价按照旅客年龄可以划分为成人运价、儿童运价和婴儿运价。其中,"成人"指在旅行开始日已经达到或超过12周岁生日的旅客;"儿童"指在旅行开始日已经达到或超过2周岁生日,但未超过12周岁生日的旅客;"婴儿"指在旅行开始日尚未达到2周岁生日的旅客。

在公布运价体系中,成人按票价的100%购买机票,并占有一个座位。儿童按适用成人票价的50%购买儿童票,占有一个座位。婴儿按适用成人票价的10%购买婴儿票,不占有座位;如需要单独占用座位时,应购买儿童票。每一成年人旅客携带婴儿超过一名时,超过的人数应购买儿童票,占有座位。具体应按有关航空公司的规定办理。

三、团体旅客运价

团体旅客是指统一组织的人数在 10 人以上（含 10 人），航程、乘机日期和航班相同的旅客。团体旅客运价以适用的对外公布的成人全票价为计算基础，可根据团体旅客人数和航班座位销售情况给予适当的票价折扣优惠，具体折扣率根据不同航空公司的具体情况制定。

四、优惠票价

残疾军人和残疾警察可以凭《中华人民共和国残疾军人证》和《中华人民共和国人民残疾警察证》，按照同一航班成人普通票价的 50% 购票。

第四节　民航国内客运运价的制定

一、价格形成机制

民航国内客运运价的制定适应社会主义市场经济体制要求，政府宏观调控、企业自主有限浮动、反映市场供求变化的客货运输价格形成机制。即政府根据航空运输的社会平均成本，市场供求状况，社会承受能力合理确定基准价及浮动幅度；航空运输企业在规定的幅度内，确定具体价格。民航国内航线客运运价分为实施基准票价的航线和实施市场调节价的航线，下面分别介绍。

运价体系.mp4

二、民航国内航线旅客运输基准票价定价规则

（1）根据民航局出台民航国内航线旅客运输基准票价定价规则。普通航线旅客运输基准票价最高水平＝LOG(150 底数，航线距离×真数 0.6)×航线距离×1.1。

例如：航线距离为 1500 千米的航线票价为 LOG(150,1500×0.6)×1500×1.1＝2240（元）；高原航线旅客运输基准票价最高水平＝LOG(150,航线距离×0.6)×航线距离×1.3。各航空公司应当按照本规则要求，在不超过定价公式测算值的范围内，根据市场供求和竞争状况制定、调整具体航线旅客运输基准票价。

（2）国内航线旅客运输基准票价最小计价单位为 10 元，不足 10 元部分四舍五入。

（3）每家航空公司在不超过定价公式测算值范围内，每航季上调国内航线旅客运输基准票价不得超过 10 条航线，每条航线每航季基准票价上调幅度不得超过 10%。

（4）航空公司可以根据生产经营需要以及市场供求和竞争状况，自主决定是否降低国内航线旅客运输基准票价以及降价时间、范围、幅度。

（5）航空公司制定或者调整具体航线旅客运输基准票价，应当至少提前 7 日向社会公布，同时通过航空价格信息系统抄报民航局、国家发展改革委。

（6）高原航线是指起飞或降落机场海拔高度超过 2000 米的国内航线。

（7）航空公司继续以基准票价为基础，在上浮不超过 25%、下浮不限的浮动范围内自主确定票价水平。

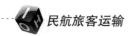

三、民航国内航线旅客运输市场调节价

(1) 800千米以下航线、800千米以上与高铁动车组列车形成竞争航线旅客运输票价交由航空公司依法自主制定。5家以上(含5家)航空运输企业参与运营的国内航线,国内旅客运价实行市场调节价,由航空运输企业依法自主制定。旅客运输票价实行市场调节价的国内航线目录,由民航局与国家发展改革委员会根据运输市场竞争状况每年调整、公布。

(2) 航空运输企业应当按照保持航空运输市场平稳运行的要求,合理确定实行市场调节价的国内旅客运价调整范围、频次和幅度。每家航空运输企业每航季上调实行市场调节价的经济舱旅客无折扣公布运价的航线条数,原则上不得超过本企业上航季运营实行市场调节价航线总数的15%(不足10条航线的最多可以调整10条);每条航线每航季无折扣公布运价上调幅度累计不得超过10%。

第三章 民航国内客运票证

第一节 客运票证基础

客票是指由承运人所填开的被称为"客票及行李客票"的航空旅客运输凭证,包括运输合同条件、声明、通知以及乘机联和旅客联等内容。

一、客票的作用

(1) 客票是旅客和航空公司之间签署的运输契约。
(2) 客票是承运人和旅客订立航空运输合同条件的初步证据,是旅客乘坐飞机、托运行李的凭证。
(3) 客票是航空公司之间及航空公司与代理人之间进行结算的依据。
(4) 客票是旅客退票时的凭证。
(5) 客票是有价凭证。

二、客票的分类

根据客票提供者的不同,我们通常把客票分为航空公司客票和 BSP 客票两种。

1. 航空公司客票

航空公司客票是指航空公司通过自己的分支机构或总部直接向消费者销售的机票。

2. BSP 客票

BSP(billing and settlement plan)客票是采用统一规格标准运输凭证,即中性客票,经加入中国国内 BSP 的航空公司授权,代理人直接代理这些航空公司的销售业务,并按照统一和简化的程序制作销售报告,实施结算和转账付款,由此提高代理人的销售能力和服务质量。

BSP 客票是国际航空协会为扩大销售网络和规范销售代理人的行为而建立的一种系统,机票销售后,资金并不直接进入航空公司账内,而是由中国航空协会按期和航空公司结算。

三、电子客票

目前国内无论是航空公司客票和代理人销售的 BSP 客票都已经实现电子化。

电子客票是指由空运企业或其销售代理企业销售并赋予运输权利的以电子数据形式体现的有效运输凭证,是纸质客票的电子替代产品。电子客票是传统纸质机票在订座系统中的虚拟映像,它利用计算机网络平台将传统客票电子化、虚拟化,将票面信息存储到订座系统中。旅客通过互联网就可自助完成查询、订座、付款等购票环节。

我国实行电子客票时间表如下。

2000 年 3 月,中国南方航空公司(以下简称"南方航空"或"南航")率先推出国内第一张电子客票(本票电子客票)。

2004 年,中国国际航空股份有限公司(以下简称"国航")、南航、中国东方航空公司(以下简称"东方航空"或"东航")三大航空公司均有自己的电子机票系统,并未加入 BSP 电子机票系统当中。

2004 年 9 月 1 日,海南航空控股股份有限公司(以下简称"海南航空"或"海航")开始使用中国第一张 BSP 电子客票(中性电子客票)。

2004 年 9 月底,东航推出首张 B2C 电子客票(个人电子客票)。

2004 年 9 月,游易航空旅行网销售出了第一张国航电子机票。

2005 年 1 月,国航、东航正式加入 BSP 电子机票系统。10 月 31 日,南航也加入了 BSP 电子机票系统。

2006 年 6 月,电子客票行程单作为全国统一报销凭证,正式启用。电子票无法打印出 T4 联。

2006 年 10 月,国航停止发售纸质票,全面推进电子客票。

2007 年年底,实现 100% BSP 电子客票。

四、客票使用要求

客票是重要的有价凭证,在使用时有严格的规定。

(1) 客票为记名式,只限客票上所列姓名的旅客本人使用,不得转让和涂改,否则客票无效,票款不退。

(2) 旅客应在客票有效期内,完成客票上列明的全部航程。

(3) 客票的乘机联必须按照客票所列明的航程,从始发地点开始顺序使用。如果客票的第一张乘机联未被使用,而旅客在中途分程地点或约定的经停地点开始旅行,该客票运输无效,航空公司不予接收。

(4) 每一乘机联上必须列明舱位等级,并在航班上订妥座位和日期后方可由承运人接受运输。对未订妥座位的乘机联,承运人应当按旅客的申请,根据使用的票价和所申请航班的可利用情况为旅客预订座位。

(5) 含有国内航段的国际联程客票,其国内航班的乘机联可直接使用,不需换开成国内客票。旅客在我国境外购买的用国际客票填开的国内航空运输客票,应换开成我国国内客票后才能使用。航空公司及其销售代理人不得在我国境外使用国内航空运输客票进行销售。定期客票只适用于客票上列明的乘机日期和航班。

五、客票的有效期

正常票价的客票有效期自旅行开始之日起,一年内运输有效;如果客票全部未使用,则从填开客票之日起,一年内运输有效。特种票价的客票有效期,按照承运人规定的该特种票价的有效期计算。客票有效期的计算,从旅行开始或填开客票之日的次日零时起,至有效期满之日的次日零时为止。例如,客票内容如表 3-1 所示。

表 3-1 客票表

航 段	承运人	航班号	座位等级	日期	时间	订座情况
From 北京	CA	1501	Y	14/08	0920	OK
To 广州						

表 3-1 中该票的起飞日期为 2021 年 8 月 14 日,则有效期从 2021 年 8 月 15 日零时起,至 2022 年 8 月 15 日零时为止。

由于下列原因之一造成旅客未能在客票有效期内旅行,客票有效期将延长到承运人能够提供座位的第一个航班为止。但是延长期以不超过 7 天为限。客票可以延期的 5 种情况如下所示。

(1) 承运人未能提供旅客事先订妥的座位。

(2) 承运人未能合理地按照航班飞行。

(3) 因承运人原因造成旅客已经订妥座位的航班衔接错失。

(4) 承运人取消航班经停地点中的旅客的始发地点、目的地点或中途分程地点。

(5) 航班延误、取消。

旅客开始旅行以后,经医生证明因病不能继续旅行时,其客票有效期可以按照下列规定予以延长。

(1) 客票可以延长到根据医生证明适宜旅行之日为止,或延长到该日以后承运人能够提供座位的第一个航班为止。

(2) 如果客票未使用的乘机联包括一个或一个以上的中途分程地点时,客票有效期延长的时间,以及从医生证明适宜旅行之日起 90 天为限。

(3) 患病旅客的陪伴人员,其客票有效期可与患病旅客的客票同样予以延长。

(4) 旅客在旅途中死亡,陪伴人员的客票有效期可延长到办妥该旅客死亡手续为止。但是,从旅客死亡之日起最多不得超过 45 天。

六、电子客票的销售

目前电子客票的销售主要是航空公司直销(B2C)和在线旅游平台(OTA)。如在航空公司的官方平台都能买到电子客票,携程等是典型的 OTA 电子客票销售平台。当然,现在很多电商平台的兴起以及手机 APP 的出现更新了新的销售渠道,航空公司和一些传统代理商通过这些新兴平台进行客票的销售,如微信公众号平台。同时,针对新的技术平台和由此引发的销售手段的革新,各个航空公司也更新了与传统代理商的合作模式,如 2014 年,东航销售平台(B2T)上线,航空公司开始通过数据对代理人进行监管。对市场数据的提练和分析成为航空公司做市场工作的新的重点。

七、订座与购票

订座表示旅客向航空公司约定了座位,其包括"预订座位"和"订妥座位"两种含义。其中,"预订座位"表示旅客仅仅是向航空公司提出了约定,尚未付款,而"订妥座位"表示旅客不仅向航空公司提出了约定,而且已经付款。

1. 购票有效身份证件

购票需出具旅客的有效身份证件,有效身份证件是指居民身份证以及按规定可以使用的有效护照、军官证、武警警官证、士兵证、军队文职干部证、军队离休退休干部证、16周岁以下未成年人的学生证、户口簿等证件。

2. 订座时限

航空公司对旅客预订座位在规定或预先约定的时限内予以保留,但旅客要在该时限内付款购票。如果旅客未在规定的购票时限内付款,航空公司可以取消所预订座位;如旅客自愿取消或更改订座,应当及时向航空公司提出。旅客付款并出票后,航空公司应按旅客已经订妥的航班和舱位等级提供真实的物理座位。

如果不能提供(如超售、航班取消等),航空公司应按照各自的运输条件为旅客旅行提供方便。旅客没有按航空公司的规定使用已经订妥的座位,也未告知航空公司有关部门,航空公司可以取消所有已订妥的续程和回程座位。

3. 订座顺序

航空公司接受旅客订座一般按照先后顺序办理,重要旅客、抢险救灾、抢救病危的旅客应优先安排。对于非自愿改变航程的旅客,在航班有可利用座位的条件下,可优先订座。

4. 航班衔接的规定

旅客预订联程座位,航班衔接时间为:国内航班衔接国内航班,候机时间不少于2小时;国内航班衔接国际航班,候机时间不少于3小时。旅客要根据航班时刻表和航班衔接时间的规定选择最佳衔接航班。但是随着国内航空公司对中转联程越来越重视,很多航空公司在机场设置很方便的中转联程服务,大大缩短了旅客航班衔接的时间。

第二节 电子客票行程单

一、电子客票行程单介绍

电子客票行程单是指旅客购买空运企业民用航空运输电子客票的付款凭证或报销凭证,同时具备提示旅客行程的作用。

二、电子客票行程单解读

如图3-1所示是一张空白航空运输电子客票行程单,下面我们依次介绍电子客票行程单的各栏。

运输凭证.mp4

1. "旅客姓名"栏

"旅客姓名"栏填写旅客的姓名。按照旅客订座单上的旅客全名填写。旅客订座单上的

图 3-1 航空运输电子客票行程单

姓名必须与旅客所持有效证件上的姓名和订座记录上的姓名一致。外国旅客姓名先写姓氏,其后画一斜线,再填写名字和称谓。例如,姓名为 Mr. Albert Smith,应填写 AMITH/ALBERT MR。如果名字不便使用或此栏无足够的地方填写时,可用名字的首字母代替。如 Mr. Willian Herry Thomson 可填写为 THOMSON/WH MR。当姓氏中包含连字符或是复姓时,要去掉连字符或用空白间隔。此外,如需要表明特殊用途的代号时,将代号填写在姓名后。

特殊用途代号的填写如下。

(1) 对于按照成人票价的 50%付费的儿童票和按成年人票价 10%付费的婴儿票应在姓名后加(CHD)或(INF)。例如:

马 春　CHD

李凯凯　INF

(2) 无成人陪伴儿童应在姓名后加代号"UM"字样,并加上两位数字的儿童年龄,并用括号表示。例如:

李 丽（UM09）

(3) 在旅客姓名后加注的代号:CBBG(占用座位的行李)、DIPL(外交信使)、EXST(占用一个以上座位的付费旅客,肥胖或魁梧旅客需要舒适而多付款条件下多占座位)、INF(婴儿票)、SP(无自理能力或病残等原因需要特别护理的旅客)、STCR(使用担架旅客)、UM(无成人陪伴儿童)。

2."有效身份证件号码"栏

根据旅客旅行所要求的有效身份证件打印证件号码。如果是国内旅行,年龄不足 16 周岁的旅客,还没有申请办理居民身份证的,此栏打印出生年月日。

3."运输有效航段'自……至……'"栏

"运输有效航段'自……至……'"栏填写旅客的航程。在"自(From)"栏内填写始发城

市名称,在"至(To)"栏内填写每一个连续的中途分程、衔接(联程)点或目的地。空白填写VOID。例如:

自 From	北京 PEK
至 To	上海 SHA
至 To	福州 FOC
至 To	VOID

4."承运人"栏

"承运人"栏填写各航段上已经申请座位或订妥座位的承运人两字代号。不定期客票此栏可不填。

5."航班号"栏

"航班号"栏填写各航段已经申请座位或订妥座位的航班号。不定期客票此栏可不填,但由于票价原因必须填写航班号时,填适用该票价的航班号。

6."座位等级"栏

"座位等级"栏填写各航段已经申请座位或订妥座位的舱位等级代号。不定期客票也必须填写舱位等级代号。舱位等级代号必须与票价一致。舱位等级代号一般为头等舱"F"、公务舱"C"、经济舱"Y",个别航空公司对优惠票或免票的座位等级代号规定为"Z"舱。实行多等级舱位管理的航空公司还规定,必须严格按照旅客所定舱位等级填写此栏。

7."日期"栏

"日期"栏填写各航段已经申请座位或订妥座位的乘机日期和月份。日期在前面,用两位数字表示,月份在后面,也是用两位数字表示。在日期和月份中间用斜线分开。例如,4月22日,表示为22/04。不定期客票可空着不填。

8."时间"栏

"时间"栏填写各航段已经申请座位或订妥座位的航班离站时间。民航国内客运时间用24小时制表示。例如,离站时间为上午8:20,则表示为0820;下午4:15,则表示为1615。离站时间均为各始发地当地时间。不定期客票可空着不填。

9."票价级别/客票类别"栏

"票价级别/客票类别"栏填写旅客所付票价的代号。票价代号:Y(经济舱运价)、C(公务舱运价)、F(头等舱运价)、CH(儿童票价)、IN(婴儿票价)、ID(优惠票价)、UM(无成人陪伴儿童)、GV(团体票价,加折扣率)、ST(师生票价,加折扣率)、80%(八折票)、50%(半票)、10%(1/10票)。

10."免费行李额"栏

"免费行李额"栏填写旅客所持客票的座位等级或所付票价享受的免费行李额。例如,头等舱填"40KG",公务舱填"30KG",经济舱填"20KG",婴儿票填"无"或"NIL"。

交运行李的"件数"和"重量"栏,由办理乘机手续柜台的工作人员按旅客托运行李的实际件数和重量填写。

11. "票价"栏

"票价"栏填写全航程的票价总额。在票价总额前加上人民币货币代号"CNY"。例如,"CNY1660.00"。票价总额保留到十位数,尾数四舍五入。

12. "税款"栏

"税款"栏如需要付税款,填写货币代号和税金。如果不需要付税款可空着不填。

13. "总数"栏

"总数"栏将"票价"栏的金额加上"税款"栏的金额计得的总金额填入。在总金额的前面加上人民币货币代号"CNY"。如果需要填开两本或两本以上客票,在每一本客票的"总数"栏内都要填写。

14. "付款方式"栏

"付款方式"栏填写旅客付款方式的代号。它们是 CASH(现金)、CHQ(支票)、TKT(客票)、MCO(旅费证)、PTA(预付票款通知)。

15. "签注"栏

"签注"栏填写的内容如下。

(1) 若将客票的有关乘机联签转给其他承运人,应按照签转规定在本栏注明,并加盖签转印章;若客票不允许签转,应在本栏内注明"不得签转"字样。

(2) 签注客票或运价使用的限制条件。

(3) 签注客票有效期的延长。

(4) 签注申请订座情况。

(5) 签注合并行李的人数。使用 PL 代号加旅客人数,如"PL07"。

16. "出票日期和地点"栏

"出票日期和地点"栏填写出票日期、地点和出票人签字,并加盖业务用章。盖章和签字必须清晰,易于辨认。

17. "客票有效日期"和"有效截止日期"栏

"客票有效日期"和"有效截止日期"栏是填写客票的有效期。对于有效期为一年的普通客票,可以不填。

18. "连续客票"栏

如果全航使用两本或两本以上客票,在每一本的这一栏内打印全部客票的所有客票号。

19. "保险费"栏

"保险费"栏填写旅客在票价以外支付的保险费的费用。注意,该部分不包括机票本身所包含的强制保险部分。

20. "销售单位代号"栏

"销售单位代号"栏填写销售单位的代号、终端 OFFICE 号及工作号。

21. "填开单位"栏

"填开单位"栏填写销售单位的名称。

22. "填开日期"栏

"填开日期"栏填写出票日期。

第三节 客票退票

旅客购票后,由于旅客原因或承运人原因,不能在客票有效期内完成部分或全部航程,而要求退还部分或全部未使用航段票款的,称为退票。

当旅客要求退票时,航空公司应根据退票有关规定,及时、正确地办理。由于承运人原因造成旅客退票,应做好解释工作,尽力帮助旅客解决困难。

退票分自愿退票和非自愿退票两种。自愿退票是指由于旅客原因造成购票后提出退票要求。非自愿退票是指由于航班取消、提前、延误、航程改变、衔接错失以及部分不能提供原订座位等承运人原因造成旅客购票后提出退票要求,非自愿退票还包括由于天气、政府原因和旅客因病且经医疗单位证明不能旅行等原因。

一、退票的一般规定

(1) 旅客应在客票有效期内提出退票,过期不予办理。

(2) 旅客应凭电子客票行程单,并提供旅客本人有效身份证件办理退票,没有电子客票行程单的可凭有效身份证件进行退票。

(3) 自愿退票只限在原购票售票处和原购票销售代理人办理退票。非自愿退票原则上在原购票售票处或原购票销售代理人办理退票,特殊情况可在航班始发地、终止旅行地的出票承运人处办理退票。

(4) 退票只限退给客票上填明的旅客。如票款不是由旅客本人支付,应按付款人的要求办理。

(5) 残疾军人、残疾警察要求退票,免收退票费(所购票为正常折扣票)。

(6) 持儿童票、婴儿票的旅客要求退票,免收退票费(所购票为正常折扣票)。

(7) 旅客在航班的经停地点自动终止旅行,该航班未使用航段作自动放弃,票款不退,但其他航班未使用航段的乘机联仍可作为运输或退票。

(8) 退款在任何情况下不得超过旅客原付票款。

(9) 特价机票签注规定"不得退票"的机票,不予办理提票。

二、航空公司退票、误机、变更收费单

航空公司退票、误机、变更收费单(以下简称"收费单")是航空公司按运输规定向旅客收取除购买客票的费用之外的其他费用或向旅客退款的专用运输票证。收费单是航空公司的有价票据之一。

1. 用途

依照《民航国内航线旅客及逾重运输票证结算办法》规定的原则,收费单应具有以下两大类用途。

(1) 用于向旅客收取下列费用,包括航班变更手续费、误机费;提高客票舱位等级的票价差额;为伤残旅客服务应收取的费用,如氧气、救护车、特殊服务器械费;其他应向旅客收取的与航空运输有关的费用。

(2)用于向旅客退还下列费用,包括退还票款;退还旅客降低客票舱位等级的票价差额;应向旅客退还的其他款项。

总之,收费单主要有两种作用:普遍使用的旅费证的作用;退款单的作用。

2. 收费单格式和式样

收费单格式和式样如图 3-2 所示。

编号:				
航空承运变更情况		应收应退款		
原承运航空公司		退票使用栏	客票价款	元
原客票号			应收退票费	元
原承运日期			实际退款	元
原航班号		应收误机费		元
变更后承运航空公司		应收变更费		元
变更后承运日期		加盖公章	制单地点:	
变更后航班号			制单单位:	
备注:				
制单日期:		旅客姓名:		经办人:

（旅客联 报销联）

图 3-2 航空公司退票、误机、变更收费单

3. 收费单票联组成及用途

收费单一式四联,由会计联、出票人联、结算联(或称换取服务联及旅客联、报销联)、旅客联组成。各联的用途如表 3-2 所示。

表 3-2 航空公司退票、误机、变更收费单票联一览表

票联名称	颜 色	用 途	留存部门	保存期
会计联	淡绿色	供本单所属航空公司财务部门记账之用	填制后,应随所收款项一并交本单所属航空公司财务部门	五年
出票人联	粉红色	由填制部门用于记账、备查	填制后,由填制部门留存	
结算联(取服务联)	黄色	① 收费时作为旅客运输凭证及航空公司之间的结算凭证; ② 退款时作为退款凭证和用于航空公司之间的结算	① 由值机部门撕下,作为航空公司之间的开账结算的凭证; ② 退款时由填制部门撕下,向本单所属航空公司结算	
旅客联(报销联)	白色	① 收费时作为旅客运输凭证和报销凭证; ② 退款时用于旅客报销之用	① 旅客乘机时应出示此联,乘机后用于旅客报销; ② 退款时用于旅客报销	由旅客保存

三、自愿退票

由于旅客本人的原因,包括旅客未能出示有效身份证件、旅客违反国家和承运人有关规定而被拒绝乘机以及旅客不能在客票有效期内完成部分或全部航程而要求退票的,称为自

愿退票。

除团体旅客外,散客自愿退票,应按下列规定办理。

(1) 旅客在航班规定离站时间前提出退票的,根据距离航班离站时间的长短,按照各航空公司不同的规定收取相应的退票费用。一般情况下,距离航班离站时间越长,收取的退票费用越少。

(2) 在航班规定离站时间后要求退票,按误机处理。

(3) 持不定期客票的旅客要求退票,根据各航空公司的不同规定,收取一定的退票费。

(4) 持联程、来回程客票的旅客要求退票,根据退票时间按上述规定办理。

(5) 客票全部未使用,应从全部原付票款中减去根据退票规定所收取的退票费,余额退还旅客。

(6) 如果客票部分已使用,应从全部原付票款中减去已使用航段的票价,并根据退票规定收取未使用航段退票费后,余额退还旅客。

例如,某航空公司规定,旅客退票在航班离站前24小时内提出,收取票面价格10%的退票费,在航班离站前24小时外提出,收取票面价格5%的退票费。旅客张涵于3月5日在北京购买了国航客票,详情如表3-3所示。

表3-3 客票信息表

航 段	承运人	航班号	等级	日期	时间	订座情况	票价级别/客票类别
北京 PEK	CA	1418	Y	10MAR	0715	OK	YB
武汉 WUH	CA	2673	Y	11MAR	1230	OK	YB
海口 HAK							

全程票价:CNY3360.00,其中

北京—武汉:CNY1660.00

武汉—海口:CNY1700.00

旅客于3月9日16:00在北京自愿要求退票,应按下列程序办理。

(1) 分段计算退票费。

PEK—WHU 航段:CNY1660.00×10% = CNY166.00

WHU—HAK 航段:CNY1700.00×5% = CNY85.00

退票费总计为:CNY166.00 + CNY85.00 = CNY251.00。

(2) 收费单填写如图3-3所示。

四、非自愿退票

通常,非自愿退票的原因包括:承运人取消航班;承运人未按班期时刻表飞行;班机未在旅客所持客票上列明的地点降落;承运人不能提供旅客事先订妥的座位;航班衔接错失;经医生证明旅客健康情况不适宜乘机等。

非自愿退票的处理通常包括以下四类情况。

(1) 退票均不收取退票费。

(2) 客票全部未使用,退还全部原付交款。

(3) 客票已部分使用,退还未使用航段的票款。

编号：					
航空承运变更情况		应收应退款			
原承运航空公司	CA	退票使用栏	客票价款	3360.00 元	旅客联
原客票号			应收退票费	251.00 元	
原承运日期	10MAR/11MAR		实际退款	CNY3110.00 元	
原航班号	CA1418/CA2673		应收误机费	— 元	报销联
变更后承运航空公司			应收变更费	— 元	
变更后承运日期		加盖公章	制单地点：PEK		
变更后航班号			制单单位：		
备注：付款方式 CASH，自愿退票。					
制单日期：	旅客姓名：张涵		经办人：宋宇		
注：退票费应全部归原客票所属航空公司。					

图 3-3　航空公司退票、误机、变更收费单

（4）若班机在非规定的航站降落，旅客要求退票，则原则上退降落站至旅客到达站的票款，但退款金额以不超过原付票款为限。

例如，旅客刘红于 8 月 2 日在北京购买了国航 9992202316753 号客票，详情如表 3-4 所示。

表 3-4　客票信息表

航　段	承运人	航班号	等级	日期	时间	订座情况	票价级别/客票类别
北京 PEK	CA	1215	Y	10SEP	0735	OK	YB
西安 SIA	WH	2591	Y	11SEP	0820	OK	YB
上海 SHA							

西安—上海：CNY1010.00。

由于天气原因，备降大同，旅客在大同要求退票，则应按非自愿退票的规定办理（大同—上海票价为：CNY1040.00；西安—上海票价为：CNY1010.00）。

（1）由于旅客在客票上未列明的备降机场（即中途站大同）终止旅行，应退还大同至客票上列明的目的地上海的全部票款，免收退票费。但所退金额不得高于旅客原付的西安—上海的票款金额。由于大同—上海票价高于旅客原付的西安—上海的票价，故应退给旅客 CNY1010.00。

（2）收费单填写如图 3-4 所示。

五、旅客因病退票处理方式

旅客因病退票按照如下规定处理。

（1）旅客购票后，因健康原因经医疗单位证实不适宜乘机而要求退票，此种退票虽属旅客本人原因，但不是旅客的意愿，所以这种退票仍属于非自愿退票，应按照非自愿退票的规定办理。

（2）旅客因病要求退票，需提供县级以上医疗机构出具的真实有效的、在客票列明的航班飞行期间不适宜乘机的诊断证明，如客票未使用，应退还全部条款。客票部分已使用，应

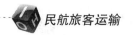

编号：			
航空承运变更情况		应收应退款	
原承运航空公司	WH	退票使用栏 客票价款	1850-840=1010.00 元
原客票号	9992202316753	应收退票费	— 元
原承运日期	11SEP	实际退款	CNY1010.00 元
原航班号	WH2591	应收误机费	— 元
变更后承运航空公司		应收变更费	— 元
变更后承运日期		加盖公章	制单地点：大同
变更后航班号			制单单位：大同机场地面服务站
备注：付款方式 CASH，原航程北京西安上海因航班备降大同，旅客要求非自愿退票。			
制单日期：	旅客姓名：刘红		经办人：肖宁

图 3-4　航空公司退票、误机、变更收费单

退还未使用航段的全部票款，均不收取退票费。

（3）患病旅客的陪伴人员要求退票，按患病旅客退票规定办理，每一名伤病旅客最多可办理 2 名陪伴人员的免费退票。

第四节　客票变更

一、客票变更的概述

客票变更是指对客票改期、变更舱位等级、签转等情形，包括旅客自愿变更客票和旅客非自愿变更客票。

客票变更一般规定及处理要求如下。

（1）变更的客票必须在客票有效期内。

（2）要求变更的客票不得违反票价限制条件。

（3）旅客自愿变更客票的，承运人或者销售代理人应当按照旅客购买客票的票价适用条件办理。

旅客非自愿变更客票的，承运人或者销售代理人应当按照以下规定办理。

（1）因机务维护、航班调配、机组等承运人原因导致航班取消、延误、提前、航程改变、舱位等级变更或不能提供原订座位时，旅客要求客票改期的，承运人应当在有可利用座位情况下为旅客办理客票改期，不得向旅客收取客票改期费用和票价差额。

（2）因天气、突发事件、空中交通管制、安检以及旅客等非承运人原因导致航班取消、延误、提前、航程改变、舱位等级变更或不能提供原订座位时，旅客要求客票改期的，承运人应当在有可利用座位情况下为旅客办理客票改期，不得向旅客收取客票改期费用，产生的票价差额由旅客承担。

二、客票签转

旅客或航空公司要求改变原指定的承运人所需办理的手续，称为客票签转。通常，客票

签转的处理如下。

（1）客票的乘机联上所指定的承运人是不允许任意签转的，只能在约定的条件下取得签转许可或经同意签转后才能变换原指定承运人。

（2）因机务维护、航班调配、机组等承运人原因导致航班取消、延误、提前、航程改变、舱位等级变更或不能提供原订座位时，旅客要求签转的，原承运人在征得新承运人同意后，应当为旅客办理签转手续并且不得收取签转费用。签转产生的票价和行李运输费用的差额由承运人退还旅客或者为旅客补足。

（3）因天气、突发事件、空中交通管制、安检以及旅客等非承运人原因导致航班取消、延误、提前、航程改变、舱位等级变更或不能提供原订座位时，旅客要求签转的，原承运人在征得新承运人同意后，应当为旅客办理签转手续并且不得收取签转费用。签转产生的票价和行李运输费用的差额由承运人退还旅客或者由旅客补足。

第五节　团体旅客客票业务

团体旅客是指统一组织的人数在 10 人（含）以上，航程、乘机日期、航班和舱位等级相同并支付团体票价的旅客。一般情况下享有一定的优惠。

一、订座与购票时限

对于已经预订的座位，团体旅客应在承运人规定或预先约定的时限内购买客票。否则，座位不予保留。

二、团体客票改变舱位等级或时期

团体旅客购票后，如要求改变舱位等级，经航空公司同意后，方可予以办理，票款的差额多退少补。如要求改变航班、日期，按团体自愿退票的规定办理。

三、团体旅客退票

1. 退票地点

团体旅客退票地点包括以下两种。

（1）团体旅客自愿退票只限在原购票的售票处办理。

（2）团体旅客非自愿退票，可在原购票地、航班始发地、经停地、终止地的承运人或引起非自愿退票发生地的承运人地面服务代理人售票处办理。

2. 非自愿或因病要求变更或退票

团体旅客非自愿和团体旅客中部分成员因病要求变更或退票，应按散客的非自愿或因病变更、退票的有关规定办理。

团体旅客购票后自愿要求退票，按下列规定收取退票费。

（1）在航班规定离站时间 72 小时（含）以前，收取客票价 10% 的退票费。

（2）在航班规定离站时间前 72 小时以内，规定一段时间前一天 12:00（含）以前，收取客票价 30% 的退票费。

(3) 在航班规定离站时间前一天 12：00 以后至航班规定离站时间以前,收取客票价 50％的退票费。

(4) 持联程、来回程客票的团体旅客要求退票,分别按上述三条规定收取各航段的退票费。

(5) 在航班规定离站时间以后,客票作废,票款不退。

3. 团体部分成员自愿退票

团体旅客中部分成员自愿要求退票,除票价附有限制条件者外,按下列规定办理。

(1) 如果乘机旅客人数多于该票价规定的最低团体人数时,按前述规定办理。

(2) 如果乘机旅客人数少于该票价规定的最低团体人数时,分别按下列规定办理。

① 如果客票全部未使用,应将团体旅客原付折扣票价总金额扣除乘机旅客按正常票价计算的条款总金额后,再扣除按团体旅客自愿退票的规定应收取的退票费,差额多退少补。

② 如果客票部分未使用,应将团体旅客原付折扣票价总金额扣除该团体使用航段的票款后,再扣除乘机旅客按正常票价计算的未使用航段票款总金额及关于团体旅客自愿退票所规定的退票费,票款的差额多退少补。

4. 团体旅客误机

团体旅客误机,按下列规定办理。

(1) 误机发生在航班规定离站时间以前,收取客票价 50％的误机费。

(2) 误机发生在航班规定离站时间以后,客票作废,票款不退。

(3) 因承运人原因对旅客应提供服务(对于旅客的补偿)包括以下 3 种情况。

① 因承运人机务维护、航班调配、商务、机组等原因造成航班在始发地延误或取消,承运人应按其规定向旅客提供餐食和住宿服务。

② 由于天气、突发事件、空中交通管制、安检以及游客等非承运人原因,造成航班在始发地延误或取消,承运人应协助旅客安排餐食和住宿,费用应由旅客自理。

③ 航班在经停地延误或取消,无论何种原因,承运人均应向经停旅客提供膳宿服务。

第四章 旅客乘机服务

第一节 旅客运输的相关规定

一、国内旅客运送流程

国内旅客在完成购票后的下一步工作便是到机场办理乘机手续,乘机手续完成后通过安检,然后就是候机和登机的环节。整体来讲,民航在处理旅客乘机服务上总的原则是安全、及时。

二、旅客乘机的一般规定

旅客运输的相关规定.mp4

(1) 旅客应当在承运人规定的时限内到达机场,凭客票及本人有效身份证件按时办理客票查验、托运行李、领取登机牌等乘机手续。

(2) 承运人规定的停止办理乘机手续的时间,应以适当方式告知旅客。

(3) 承运人应按时开放值机柜台,按规定接受旅客出具的客票,快速、准确地办理值机手续。乘机前,旅客及其行李必须经过安全检查。

(4) 无成人陪伴儿童、病残旅客、孕妇、盲人、聋人或犯人等特殊旅客,只有在符合承运人规定的条件下经承运人预先同意并在必要时做出安排后方予载运。

(5) 传染病患者、精神病患者或健康情况可能危及自身或影响其他旅客安全的旅客,承运人不予承运。

(6) 根据国家有关规定不能乘机的旅客,承运人有权拒绝其乘机,已购客票按自愿退票处理。

三、关于超售的规定

超售是指承运人为避免座位虚耗,在某一航班上销售座位数超过实际可利用座位数的行为。

超售情况下承运人应按下列顺序处理:超售信息告知—征集自愿者程序—制定优先登机原则—制定被拒绝登机旅客赔偿标准、方式和相关服务标准。

未经征集自愿者程序,不得使用优先登机规则确定被拒绝登机的旅客。承运人的优先登机规则应当符合公序良俗原则,考虑老幼病残孕等特殊旅客的需求、后续航班衔接等现实情况。

第二节 特殊旅客服务

特殊旅客服务.mp4

一、特殊旅客的定义

特殊旅客又称特殊服务旅客,是指在接受旅客运输和旅客在运输过程中,承运人需给予特别礼遇,或者给予特别照顾,或者需要符合承运人规定的运输条件方可承运的旅客。

二、特殊旅客的范围

殊旅客包括重要旅客、病残旅客(包括病患〈伤〉旅客、担架旅客、轮椅旅客、盲人/聋哑人旅客)、无成人陪伴儿童、老年人旅客、孕妇旅客、婴儿旅客、犯罪嫌疑人及其押解人员、特殊餐饮旅客、酒醉旅客、额外占座旅客、机要交通员/外交信使和保密旅客等。

注:这里成人是指年满18周岁且具有完全民事行为能力的人。

1. 重要旅客

重要旅客是指旅客的身份、职务重要或知名度高,乘坐班机时需给予特别礼遇和照顾的旅客。重要旅客订座、售票、信息传递和服务工作应有专门部门指定人员负责,航空公司售票处是负责重要旅客订座、售票的部门,售票处应指定售票窗口办理重要旅客订座和售票工作。销售代理人不得接受重要旅客订座和售票。

对重要旅客乘坐班机,除各个部门必须提供良好的服务外,还应注意做好保密工作,遇到问题时多请示报告。重要旅客的范围如下。

(1) 一类是国家级最重要客人(VVIP)和国家指定保密客人,例如,中共中央委员会总书记、国家主席、全国人大常委会委员长、国务院总理、全国政协主席、中央军委主席、中央政治局常委、国家副主席、外国国家元首(政府首脑、执政党最高领导人)、中共中央政治局委员、候补委员、全国人大常委会副委员长、国务院副总理、国务委员、全国政协副主席、中央军委副主席、最高人民检察院检察长、最高人民法院院长,外国国家元首、政府首脑、议会议长及副议长、联合国秘书长、国家指定保密要客等。

(2) 二类是国家级一般重要客人(VIP),例如,省部级(含副职)党政负责人、在职军级少将(含)以上军队领导;国家武警、公安、消防部队主要领导;港、澳特别行政区政府首席执行领导;外国政府部长(含副职)、国际组织(包括联合国、国际民航组织)的领导、外国大使和公使级外交使节;由省部级(含)以上单位或我国驻外使领馆提出要求按VIP接待的客人;著名科学家、中国科学院院士、中国工程院院士、社会活动家、社会上具有重要影响人士。

(3) 三类包括国家级最重要客人的亲属;中国十大功勋企业家、国内知名企业和省内大型企业的主要领导;工商界、经济界具有重要影响的人士;国家级各证券、金融机构的省级分支机构、直属分支机构的主要领导;金融界具有重要影响的人士;师级以上军队领导干部;省武警、公安、消防部队主要领导;国际空运企业组织、重要的空运企业负责人。

运送重要旅客的工作程序如下所述。

第一步:重要旅客订座,接待单位需出示单位介绍信。承运人应优先安排并予以保证,如因人数较多安排确有困难时,应立即向上级部门反映。

第二步:接受订座时需问清以下情况,并做好详细记录:航班(含联程和回程)、起飞时间和目的地;姓名、职务;特殊服务要求;随行人员人数;联系电话、联系人;是否愿意公开身份。

第三步:建立 PNR,并在重要旅客订座记录的 OSI 组注明 VIP 姓名和职务。

第四步:出票时除按规定填写客票外,在重要旅客的姓名后加注"VIP"字样,在机票封面加盖"重要旅客"专用章。客票内所填项目也应与订座记录逐一核对,并交值班主任检查,确保航班号、日期和起飞时间正确无误。

第五步:按照 VIP 信息传递图传送重要旅客运输信息。

第六步:办理乘机手续柜台应预留好重要旅客和随同人员的座位。在重要旅客的托运行李上拴挂 VIP 行李标识牌,填制"特殊旅客服务通知单"。重要旅客乘机手续应随到随办,然后由服务人员引导到贵宾室等候登机。

第七步:登机时,由服务人员引导上机,并与机上乘务长办理交接,请其在"特殊旅客服务通知单"上签字。

第八步:向经停站和目的站拍发 VIP 运送电报。

2. 病残旅客

病残旅客是指具有永久性或者暂时性的身体或者心理上的损伤,造成主要日常生命活动部分或者大部分受到实质性限制,有损伤记录或者被认为有过此类伤害的旅客。此类旅客在上下飞机、飞行途中(包括紧急疏散)及在机场地面服务过程中,需要他人予以单独照料或者帮助。病残旅客分为病患旅客和残疾旅客两类。

(1)病患旅客是指患有突发性疾病和(或)患有常见性疾病(如传染性疾病、心脏病、冠心病、高血压、糖尿病、哮喘等病症)的旅客,以及丧失生活自理能力的病患旅客和(或)患重病的旅客(病患轮椅旅客、担架旅客等)。

(2)残疾旅客是指带有先天残疾,已习惯于自己生活且具有生活自理能力的盲人、聋哑人以及手脚不灵便或者只在机场地面和(或)上下飞机时需要帮助的残疾旅客。

但是,病残旅客存在下列情况之一者,承运人有权拒绝运输:患有传染性疾病;精神病患者,易发狂、可能对其他旅客或自身造成危害者;面部严重损伤,有特殊恶臭或有特殊怪癖,可能引起其他旅客的厌恶者;患有下列疾病的旅客,除为了挽救生命且经承运人同意进行特殊安排之外,不予承运。

① 处于极严重或危急状态的病患,如严重的心力衰竭,出现紫绀症状和心肌梗死者(在旅行前六周之内曾发生过梗死者)。

② 严重的中耳炎,伴随有耳咽管阻塞症的患者。

③ 近期患有自发性气胸的患者或近期做过气胸造型的神经系统病症的患者。

④ 大纵隔瘤,特大疝肿及肠梗阻的患者,头部损伤颅内压增高及颅骨骨折,下颌骨骨折最近使用金属线连接者。

⑤ 在过去 30 天内患过脊髓灰质炎的患者,延髓型脊髓灰质炎患者。

⑥ 带有严重咯血、吐血、出血、呕吐及呻吟症状的患者。

⑦ 近期进行过外科手术,伤口尚未完全愈合者。

航空公司在接收病残旅客时,病残旅客乘机须具备下列条件。

(1) 诊断证明书。病患旅客提出乘机申请时,在订座与购票时,必须提供"诊断证明书"。"诊断证明书"出具的医疗单位须由县、市级或者相当于这一级(如国家二甲级)以上医疗单位医师签字、医疗单位盖章,方为有效。并由医疗单位填写旅客的病情及诊断结果,经主治医生签字、医疗单位盖章。

在班机起飞前96小时以内填开"诊断证明书"方为有效;病情严重的旅客,则应备有该航班飞机起飞前48小时以内填开的"诊断证明书"。

(2) 特殊旅客(病残)乘机申请书。病残旅客要求乘机旅行,需填写"特殊旅客(病残)乘机申请书"一式两份,以表明如旅客在旅途中病情加重、死亡或给其他人造成伤害时,由申请人承担全部责任。"特殊旅客(病残)乘机申请书"应由旅客本人签字,如本人书写有困难,也可由其家属或监护人代签。申请书上应包括:旅客年龄、性别、国籍,旅客的病情,"诊断申请书"是否齐备,旅客是否需要躺在担架上乘机等内容。

担架、轮椅旅客的运输在符合上述基本条件外,还需满足有关担架旅客、轮椅旅客的具体运输条件。

(1) 担架旅客(stcr-stretcher)是指因患重病或者受重伤的原因,在旅行中不能使用飞机上的座椅而只能躺卧在担架上,或者不能在飞机座椅上坐着而必须躺着乘机的重病伤旅客。担架旅客运输要求:担架旅客受严格的载运限制。航空公司每一航班的每一航段上,只限载运一名担架旅客;担架旅客至少应提前2天购票(不含航班起飞当日);担架旅客必须至少有一名医生或者护理人员陪同旅行;处于休克状态的担架旅客拒绝承运;当航班上有VVIP时,不承运担架旅客;根据条件安排担架旅客的乘坐位置,是否拆除座椅,担架旅客支付所占实际座椅数量的票价;原则上担架旅客不办理联程航班业务;担架旅客自备的担架及其辅助设备不计入免费行李额,可免费运输。

(2) 轮椅旅客是指在航空旅行过程中,由于身体的缺陷或者病伤,不能独立行走或者步行有困难,依靠轮椅代步的旅客。轮椅旅客分为以下3类。

① WCHC(wheelchair for cabin seat)轮椅:用于到达或者离开客舱座位。即旅客自己完全不能行动,需要一定的工具帮助其从候机室到达或者离开飞机旁,上下客梯和到达或者离开客舱座位(此类轮椅旅客被视为无自理能力轮椅旅客,运输受到严格限制)。

② WCHS(wheelchair for step)轮椅:用于上下客梯。即旅客可以自己走到或者离开客舱座位,需要一定的工具帮助其上下客梯和从候机室到达或者离开飞机旁(此类轮椅旅客被视为有半自理能力轮椅旅客,运输受到一定限制)。

③ WCHR(wheelchair for ramp)轮椅:用于通过停机坪。旅客可以自己走到或者离开客舱座位和上下客梯,仅需一定的工具,帮助其从候机室到达或者离开飞机旁(此类轮椅旅客被视为有自理能力轮椅旅客,运输不受限制)。

(3) 担架、轮椅旅客的运输条件如下。

① 航空公司每一航班的每一航段上,不同航空公司不同运输机型根据自身运输条件对

不同类型的轮椅旅客运输数量有一定限制,具体参见各个航空公司的具体要求。如国航单独出行残疾旅客载运数量如表 4-1 所示。

表 4-1　国航各机型单独出行残疾人旅客载运数量限制情况表

机型	机上轮椅旅客	携带服务犬进客舱的旅客	无人陪伴视觉残疾旅客	无人陪伴的智力或精神残疾旅客
ARJ21	2位			
B737-700/800/8	4位			
A319/A320				
A321				
B747	6位			
B777-200				
B777-300ER				
B787				
A330/A350				

② 只在机场地面和(或)上下飞机时需要帮助的残疾轮椅旅客,可不需要提供"诊断证明书",应根据无自理能力残疾轮椅旅客(WCHC)、半自理能力残疾轮椅旅客(WCHS)、有自理能力残疾轮椅旅客(WCHR),分别填写适用的"乘机申请书",以便承运人做好相应的服务保障安排。

③ 无自理能力轮椅旅客在整个旅途过程中,必须有家属或其监护人陪同。

④ 如轮椅旅客是病患旅客(肢体严重受伤或者损伤),属于限制运输的范围,除在订座购票时填写适用的"乘机申请书"外,还须在订座购票以及办理乘机手续时交验"诊断证明书"。

⑤ 旅客携带的电动轮椅或者其他辅助设备的电池为危险品材料,需要航空公司妥善包装,旅客必须在航班离站 48 小时以前提出并得到航空公司明确给予承运的答复,并在该航班开始办理乘机手续 1 小时前来到航空公司或航空公司代理人柜台办理乘机手续。自带轮椅根据所乘航空公司条件运输。

3. 盲人旅客/聋哑人旅客

盲人旅客是指双目失明、单独旅行、需要承运人提供特殊服务的旅客。眼睛有疾病的旅客不属于盲人旅客,应按照病残旅客有关规定办理。聋哑人旅客是指因双耳听力缺陷或者不能说话的旅客。有耳病或者听力受到严重损伤或者因病患使语言表达能力受到限制或者声带受到严重损伤的旅客,应按病患旅客的有关规定办理。

有关盲人旅客/聋哑人旅客运输的一般规定如下。

(1) 盲人或者聋哑人在航空旅行过程有成人陪伴同行,该盲人或者聋哑人按一般旅客接受运输(此类旅客运输不受限制)。

(2) 单独旅行的盲人或者单独旅行的聋哑人,必须在订座时提出申请,经航空公司同意后,在航班离站前 48 小时内购票。

(3) 售票员建立 PNR 时,在 SSR 项内注明"UNACCOMPANIED BLND/DEAF/DUMB"(无陪伴的盲人/聋人/哑人旅客),如携带导盲犬或者助听犬的并加注"PETC";在 OSI 栏内注明,例如"PAX/BLND 45YEARS OLD MALE"或"PAX/DEAF 45YEARS OLD MALE"。

(4) 单独旅行的旅客/聋哑人旅客在上下机地点应有人照料迎送。

(5) 盲人旅客如携带导盲犬或聋人携带助听犬,应符合承运人的规定并具备必要的检疫证明。

(6) 导盲犬或者助听犬经航空公司同意的,可免费携带进入客舱或者装在货舱内运输,连同其容器和食物,可以免费运输而不计算在免费行李额内。但是,在中途不降停的长距离飞行航班上,航空公司不接受导盲犬或者助听犬的运输。

(7) 带进客舱的导盲犬或者助听犬,须在上飞机前为其戴上扣套和系上牵引绳索,并不得占用座位和让其任意跑动。同一客舱内只能装运一只导盲犬或者一只助听犬。

(8) 装在货舱内运输的导盲犬或者助听犬,其容器的特性必须坚固。该容器应当能防止导盲犬或者助听犬破坏、逃逸和伸出容器外,并能防止粪便渗溢,以免污染飞机设备和其他物品。

(9) 办理乘机手续柜台应填写"特殊旅客服务通知单",一式两份,并通知服务人员引导旅客。

(10) 服务人员协助盲人旅客/聋哑人旅客办理乘机手续,引导盲人旅客/聋哑人旅客乘机,并与乘务员交接,将"特殊旅客服务通知单",一份交乘务员,一份留存备查。

4. 孕妇及新生儿旅客

由于飞机在高空飞行,高空空气中氧气相对减少,气压降低,对孕妇乘坐飞机有一定的限制条件。尽管有研究表明妊娠期的任何阶段乘坐飞机都是安全的,但为了安全起见,航空公司通常对孕妇乘机制定了一些规定,只有符合运输规定的孕妇,承运人方可接受其乘机。

(1) 怀孕不足 8 个月(32 周)的健康孕妇,可按一般旅客运输。

(2) 怀孕超过 8 个月(32 周)的孕妇以及怀孕不足 8 个月,且经医生诊断不适宜乘机者,一般不予接受。

(3) 怀孕超过 8 个月但不足 9 个月的健康孕妇,如有特殊情况需要乘机,应在乘机前 72 小时内交验由医生签字、医疗单位盖章的"诊断证明书"一式两份。内容包括旅客姓名、年龄、怀孕时期、预产期、航程和日期、适宜乘机以及在机上需要提供特殊照料的事项,经承运人同意后方可购票乘机。

(4) 怀孕超过 9 个月的孕妇不接受运输。

由于新生儿的抵抗力差,呼吸功能不完善,咽鼓管又较短,鼻咽部常有黏液阻塞,飞机升降时气压变化大,对身体刺激大,新生儿又不会做吞咽动作,难以保持鼓膜内外压力平衡。因此,对婴儿乘坐飞机要有一定的限制条件。航空公司规定新生婴儿出生不足14天的不能乘机。

5. 无成人陪伴儿童

无成人陪伴儿童是指年龄在5周岁以上12周岁以下的无成人陪伴、单独乘机的儿童。有关无成人陪伴儿童运输的规定如下。

(1) 无成人陪伴,年龄在5周岁以下的儿童不予承运。

(2) 无成人陪伴儿童符合下列条件者,方能接受承运运输。无成人陪伴儿童必须有儿童的父母或监护人陪送到上机地点,并在儿童的下机地点安排人员迎接和照料。运输的全航程包括两个或两个以上的航班时,无论是由同一个承运人或不同的承运人承运,在航班衔接站应有儿童的父母或监护人安排人员接送和照料,并应提供接送人的姓名、地址和电话号码。

(3) 5周岁和5周岁以上至12周岁以下的无成人陪伴儿童,一般按适用成人票价的50%购买儿童票。

(4) 无成人陪伴儿童客票的填开,除按一般规定外,在"旅客姓名"栏儿童姓名后缀"UM"字样,并加上两位数字的儿童年龄,如:WANG/DONG (UM08)。

(5) 必须在订座购票时,提出无成人陪伴儿童申请,填写"无成人陪伴儿童乘机申请书"。

6. 犯人

由于犯人是受我国现行法律管束的,在办理犯人运输时,应与有关公安部门配合。相关的规定如下。

(1) 公安部门应在订座时提出犯人运输申请,经承运人同意后方可购票乘机。

(2) 在运输犯人的全航程中,有关公安部门必须至少派两人监送,并对监送犯人负全部责任。

(3) 监送人员如需携带武器,应由机场安检部门处理。

(4) 除民航局特别批准外,只能在班机上监送犯人运输。

(5) 办妥售票手续后,应给始发站、中途站和到达站拍发犯人运输电报。

拓展阅读

首都航空乘机申请书

"特殊旅客服务需求单"(A类、C类)(图4-1)和《无成人陪伴儿童乘机申请书》(B类)(图4-2),可简称为A、B、C类"乘机申请书"或"乘机申请书",是提供特殊旅客信息,始发站、经停站和目的站为特殊旅客实施服务的依据。乘机申请书分为正、背两面,C类还附有机上条件及有关病患旅客是否适宜乘机的说明资料。

轮椅旅客(WCHS、WCHR)、聋哑人旅客、盲人旅客、老年人旅客、孕期不足32周的孕妇旅客、携带婴儿旅客、特殊餐食旅客等一般服务需求的特殊旅客填写A类乘机申请书;无成人陪伴儿童旅客填写B类乘机申请书;担架旅客、轮椅旅客(WCHC)、32周≤孕期<36周的

孕妇旅客、在航空旅途过程需要进行医学护理而要用到某种医疗设备（如医疗氧气等）的旅客、患病或肢体病伤的旅客、押解犯罪嫌疑人等特殊服务需求的旅客，填写C类乘机申请书。

"乘机申请书"由有服务需求的特殊旅客，在向航空售票处、授权售票处提出乘机申请时，由旅客或其监护人代为填写。

A类乘机申请书：一式两联，无碳式复写。第一联为航空公司联，由接受旅客服务申请经办单位留存；第二联为旅客联。

B类乘机申请书：本单为一式四联。第一联为出票联，由出票单位留存；第二联为始发站联，交始发站特殊旅客服务部门留存；第三联为乘务联，交当班乘务留存；第四联为到达联，交到达站特殊旅客服务部门留存。

C类乘机申请书：一式三联，无碳式复写。第一联为出票联，由出票单位留存；第二联为服务联，由始发站地面服务人员接收到服务联后，确认承运条件和所有的服务安排，并将此服务联交至航班乘务长，乘务长在航班到达后，将此服务联交目的地机场地面服务人员处归档；第三联为旅客联。留存部门专人负责保管，定点存放，留存期为一年。

特殊旅客服务需求单（A类）（正面）

为方便旅客旅行，航空公司特制定此申请表，申请表中列明航空公司为特殊旅客提供的简单服务项目。该服务项目包括轮椅服务、引导服务、客舱特殊餐食服务等，服务项目免费，不需要旅客提供适宜乘机的医疗诊断证明。

在售票处买票时，请参照此表背面内容，提出您的需求。根据您提供的需求信息，航空公司提前做出妥善安排，为您提供周到服务。

特殊服务内容描述如下，仅供参考，具体见背面。

1. 引导服务

航空公司可为旅客提供引导服务，帮助旅客办理乘机手续，托运行李，协助旅客通过安全检查，进入候机厅休息，引导旅客至登机口登机。飞机到达后，服务人员引导旅客下机，协助旅客提取托运行李，护送旅客至候机楼出口。适用于老年旅客、残疾旅客、孕妇、有语言沟通障碍的旅客（含外籍旅客）等需要航空公司提供引导服务的旅客。

2. 轮椅服务

如果旅客需要轮椅服务，请在购票时提出。在机场值机柜台，服务人员会要求旅客将轮椅办理托运。航空可为旅客提供特殊轮椅服务，可以进入飞机客舱，到达旅客的座位旁。如果旅客打算使用自己的轮椅到达登机门，在购票时，应告知航空公司。因为飞机客舱内没有可供轮椅存放的空间，旅客自己的轮椅应在登机门办理托运，放入货舱。适用于行动不便的老年旅客、残疾旅客、病患旅客等需要提供轮椅服务的旅客。

3. 特殊餐食

如果旅客因为身体原因，飞机餐食上需要特殊照顾。旅客可以选择特殊餐食，如低热量餐食、无糖餐食等。

注：本单建议采用ISO标准A4型纸（尺寸：210mm×297mm）。

(背面)

	特殊旅客服务需求单(A类)				
	(轮椅旅客(WCHS/WCHR)、聋哑人/盲人旅客、老年人旅客、孕妇(孕期＜32周)、携带婴儿旅客、特殊餐食旅客、_____)				
	尊敬的旅客朋友： 　　非常感谢您选乘首都航空公司航班,为了给您提供更好的服务,请您详细填写以下内容,在您需要选择的服务项目"□"内打"√"。				
A	个人信息	姓名		性别		年龄	
		航班日期		航班号		电话	
		始发站		经停站		到达站	
		证件种类		证件号码			
		地址					
B	身体状况						
		如果您是盲人或聋哑旅客,是否携带导盲犬或助听犬？否 □　　是 □					
C	轮椅服务	(1) 在机场是否需要轮椅服务？ 否 □　　是 □	□ 能上下台阶,但进行长距离移动时需要轮椅帮助(WCHR)。 □ 不能上下台阶,但在客舱中能自己行动(WCHS)			
		(2) 是否携带自有轮椅旅行？ 否 □　　是 □	□ 手动轮椅 □ 机械轴环式(WCMP)	□ 在值机柜台进行托运; □ 希望使用自有轮椅到达登机门,在登机门办理托运; □ 飞机到达后,希望飞机舱门口提取托运轮椅; □ 飞机到达后,希望在托运行李提取处提取托运轮椅。 ＊ 目前客舱内无法放置旅客自有轮椅,敬请谅解		
			□ 电动轮椅	□ 携带可溢出液体电池驱动轮椅(WCBW); □ 携带密封式无溢出电池驱动轮椅(WCBD); □ 飞机到达后,希望飞机舱门口提取托运轮椅; □ 飞机到达后,希望在行李转盘处提取托运轮椅。 ＊ 电动轮椅装入货舱所需时间较长,因此请您于航班起飞90分钟前到值机柜台进行轮椅托运		
D	引导服务	(1) 始发地是否需要引导您到达登机口？　否□　是□ (2) 中转地是否需要引导您到达中转航班登机区？　否□　是□ 如选择"是",请告知您中转航班号_____起飞时间_____ (3) 目的地是否需要引导您至到达厅出口？　否□　是□				

图 4-1　特殊旅客服务需求单(背面)

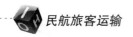

E	其他	(1) 需要特殊餐食？ 否□ 是□ 如果选"是"，请您向工作人员索要特殊餐食清单，请指定特殊餐食类型： _____ ＊因特殊餐食准备受时间限制，请您在航班起飞24小时前提出申请。24小时以内提出的申请，请联系工作人员，确认是否可以提供此服务。 (2) 需要特殊座位？否□ 是□ 如果选"是"，请指明：靠近过道座位 □，靠近窗口座位 □，其他_____ (3) 其他需求_____
F	随行	姓名：_____ 电话：_____

我，即为签字者，保证以上内容真实、有效。 旅客(监护人)签字：_____ 日期：_____
海南航空经办单位：_____ 售票处或地面服务单位：_____ 经办人签字：_____ 日期：_____
备注：① 无人陪伴儿童申请乘机，不适用此单据申请特殊服务，请使用"特殊旅客服务需求单"(B类)。 ② 如果在航行过程中需进行医学护理而要用到某种医疗设备(如氧气瓶等)或担架，或完全无自理能力，需要轮椅，在客舱座位就座或离开时需要帮助(WCHC)或患病旅客或怀孕超过8个月(32周)(含)但不足9个月(36周)的健康孕妇，不适用此单据申请特殊服务，请使用"特殊旅客服务需求单"(C类)。 ③ 此单一式两联，无碳式复写，第一联为航空公司联，由接受旅客服务申请经办单位留存；第二联为旅客联

图 4-1(续)

无成人陪伴儿童乘机申请书（特殊旅客服务需求单 B 类）

无成人陪伴儿童乘机申请书
（Unaccompanied Minor Application forms）

乘机人信息(Minor's information)： 姓名(Name)： 年龄(Age)： 性别(Sex)： 母语(Languages spoken)： 住址(Permanent address)： 电话号码(Telephone no.)： 其他联系方式(Other contacts)：
航班详细资料(Flight details information) 航班号(Flight no.)： 日期(Date)： 自(From) 至(To) 航班号(Flight no.)： 日期(Date)： 自(From) 至(To) 航班号(Flight no.)： 日期(Date)： 自(From) 至(To)

图 4-2 无成人陪伴儿童乘机申请书

始发站旅客送机人员(旅客亲属)信息(Person /relatives of passengers seeing off on departure)
姓名(Name)：　　　　　　电话号码(Telephone no.)： 地址(Address)：
经停/衔接站接送人员(旅客亲属)信息(Person/relatives of passengers meeting and seeing off at stopover point) 姓名(Name)：　　　　　　电话号码(Telephone no.)： 　　　　　　　　　　　　地址(Address)：
到达站接机人员(旅客亲属)信息(Person/relatives of passengers meeting on arrival) 姓名(Name)：　　　　　　电话号码(Telephone no.)： 　　　　　　　　　　　　地址(Address)：
到达站旅客接机人员(旅客亲属)签字(Signature for release of minor from airlines' custody)：

图 4-2(续)

监护人申明(Declaration of parent guardian)

(1) 我确定,我已经安排妥当以上所提及的事务,未成年人在始发站、经停(衔接站)和到达站由我所确定的人员接送。接送人将保证留在机场,直至飞机起飞以后,以及按照航班时刻表所列的航班到达时间以前抵达到达站机场。(I confirm that I have arranged for the above mentioned minor to be accompanied to the airport on departure and to be met at stopover point and on arrival by the persons named. These persons will remain at the airport until the flight has departed and/or be available at the airport at the scheduled time of arrival of the flight.)

(2) 如果未成年人在经停(衔接站)和到达站无人接应和陪护,我授权承运人可以采取任何必要的措施,以确保未成年人的安全,包括将未成年人运输返回始发站,我同意支付承运人在采取这些措施时所产生的费用。(Should the minor not be met at stopover point or designation, I authorize the carrier(s) to take whatever action they consider necessary to ensure the minor's safe custody including return of minor to the airport of original departure, and I agree to indemnify and reimburse the carrier(s) for the costs and expenses incurred by them in taking such action.)

(3) 我保证未成年人已具备相关国家法律要求的所有旅行文件(护照、签证、健康证明等)。(I certify that the minor is in possession of all travel documents/passport, visa/health certificate, etc. required by applicable laws.)

(4) 我作为申请书所列未成年人的父母或监护人签字同意,并证明所提供的情况正确无误。(I the undersigned parent or guardian of the above mentioned minor agree to and minor named above and certify that the information provided is accurate.)

签名(Signature)：_____　地址(Address)：_____　电话(Telephone no.)：_____

日期(Date)：

(5) 本单为一式四联:第一联为出票联,由出票单位留存;第二联为始发站联,交始发站特殊旅客服务部门留存;第三联为乘务联,交当班乘务留存;第四联为到达联,交到达站特殊旅客服务部门留存。(This form is in triplicate: the first sheet is for issuing, kept by issuing unit; the second sheet is for flight, kept by check-in department of airport of departure; the third sheet is for steward, retained by the cabin department; the fourth sheet is for arriving, kept by the service department of airport of destination.)

航空公司/代理公司陪护工作人员签字栏

单　　位	售票处工作人员	始发站特殊旅客服务人员	空中乘务员	到达站地面服务人员
签字栏(姓名/日期)				

特殊旅客服务需求单(C类)(正面)

　　航空运输作为病患旅客运输最为快捷方便的方式,在旅程的舒适和平稳上有着相当的优越性。但是,病患旅客的身体状况有可能因长时间的航空飞行、海拔高度及客舱环境而恶化。有鉴于此,并非每位病患旅客都适宜乘机旅行。

　　民航客机在通常状况下是以900千米/小时(560英里/小时)近音速的速度在9000～12000米(30000～40000英尺)的高空中飞行。在大气压强与地面落差极大的高空环境中,飞机客舱内只能在航行时进行机械增压。航行过程中,飞机客舱内气压维持在等同于1500～2100米(5000～7000英尺)高度山顶的气压水平。但是,客舱气压在起飞和降落的15～30分钟间起伏极大。

　　飞机客舱内的气压:当气压降低时,人体内的气体膨胀。在飞行途中,人体内积聚的气体压力无法释放,将挤压旅客身体受伤部位及身体器官,甚至会引起疼痛和(或)呼吸困难。

　　氧气密度:高空中氧气密度逐渐降低,患有呼吸系统、心脏、脑血管疾病以及重度贫血的旅客会因此而导致病情恶化。处于临产期的孕妇及出生不久的婴儿亦会受到不良影响。

　　鉴于以上原因,有下述(1)～(7)项之一的旅客适用此《特殊旅客服务需求单(C类)》,并在订票时须提交《医疗诊断证明书》。此《医疗诊断证明书》将作为航空公司判断病患旅客适航性的依据,并据此决定旅客是否适宜乘机。

　　(1) 需要提供飞机上医疗氧气的旅客。

　　(2) 飞行途中携带并使用医疗辅助器械以及需要额外治疗服务的旅客。

　　(3) 在机上需要担架的旅客。

　　(4) 身患严重疾病或身体受伤的旅客。

　　(5) 因近期身体状况不稳定、患病、接受过治疗或做过外科手术,从而对自身状况是否适合航空旅行存疑的旅客。

　　(6) 怀孕期超过32周在36周以内的孕妇。

　　(7) 承运人及其代理人怀疑在飞机上需要额外医疗服务的情况下,才能够完成所需航程运输的旅客。

　　《医疗诊断证明书》在航班离站前48小时内填开,由县、市级或者相当于这一级(如国家二甲级)以上医疗单位医师签字和医疗单位盖章方为有效。

　　对于有以上(1)～(7)项之一的旅客,请您在订票和旅行之前务必告知首都航空公司,以便首都航空进行充分准备,为您提供周到的服务。如果您刻意隐瞒病情或告知首都航空信息不充分,由此所造成的后果,首都航空不承担责任。

以下病残旅客必须由旅客提供陪护人员：①无自理能力轮椅旅客；②担架旅客；③心理疾病并且对发出的安全指令不能理解或者做出必要反应旅客；④严重受伤（或损伤）造成行动不便，不能够自己单独完成紧急撤离旅客；⑤听力或者视力严重损伤旅客。陪护人员必须是成人且有自主能力，可协助病残旅客如厕、紧急撤离及登机、下机、进餐等，须熟悉病患病情并提供相关帮助，不可有其他任务（如照顾儿童），能够胜任处理病患旅客机上医疗需要。

特别提示：请填写背面"特殊服务需求单"（表4-2）。然后请通读"旅客声明"并在填完表格后署上您的姓名。

印刷要求：采用 ISO 标准 A4 型纸（尺寸：210mm×297mm）。

表 4-2 特殊旅客服务需求单（C 类）（背面）

特殊旅客服务需求单（C 类）（背面）			
（担架旅客、轮椅旅客（WCHC）、孕妇旅客（32 周≤孕期＜36 周）、患病或肢体病伤的旅客、需要机上医疗氧气的旅客、押解犯罪嫌疑人、_____）			
尊敬的旅客朋友： 　　非常感谢您选乘首都航空公司航班，为了给您提供更好的服务，请您详细填写以下内容，在您需要选择的服务项目"□"内打"√"。			
A 个人信息	姓名	性别	年龄
^	航班日期	航班号	电话
^	始发站	经停站	到达站
^	证件种类	证件号码	
^	地址		
B 轮椅服务	（1）在机场是否需要轮椅服务？ 否□　是□	□ 完全无法行动，在客舱座位就座或离开时同样需要帮助（WCHC）	
^	（2）是否携带自有轮椅旅行？ 否□　是□	□ 手动轮椅 □ 机械轴环式（WCMP）	□ 在值机柜台进行托运； □ 希望使用自有轮椅到达登机门，在登机门办理托运； □ 飞机到达后，希望飞机舱门口提取托运轮椅； □ 飞机到达后，希望在托运行李提取处提取托运轮椅。 ＊目前客舱内无法放置旅客自有轮椅，敬请谅解
^	^	□ 电动轮椅	□ 携带可溢出液体电池驱动轮椅（WCBW）； □ 携带密封式无溢出电池驱动轮椅（WCBD）； □ 飞机到达后，希望飞机舱门口提取托运轮椅； □ 飞机到达后，希望在行李转盘处提取托运轮椅。 ＊电动轮椅装入货舱所需时间较长，因此请您于航班起飞 90 分钟前到值机柜台进行轮椅托运

续表

C	引导服务	(1) 海航在始发地服务人员引导您到达登机口
		(2) 如您乘坐中转航班,首都航空地面服务人员将引导您到达中转航班登机区。请告知您中转航班号_____ 起飞时间_____
		(3) 目的地首都航空地面服务人员迎接您,协助您领取托运行李,引导您至到达厅出口
D	担架	是否需要机上担架?(需要陪护人员和医疗诊断证明书) 否 □ 是 □
E	氧气设备	是否需要使用机上专用医疗氧气设备? 否 □ 是 □ 注:根据中国民航CCAR121.574条的规定,不允许旅客私自携带氧气袋乘机,需要时可使用机上专用医疗氧气设备。但目前海航飞机上没有配备专用医疗氧气设备。如您需要使用机上氧气瓶,应在订座购票时事先提出申请,须经首都航空同意并预先做出安排
F	救护车	首都航空目前没有救护车服务,请旅客自行联系准备救护车,请告知以下信息。 (1) 到达出发地机场。提供救护车的公司名称:_____ 联系电话:_____ (2) 离开目的地机场。提供救护车的公司名称:_____ 联系电话:_____
G	陪护人员	无自理能力的旅客需要陪护随行(协助用餐及到达、使用洗手间)或押解犯罪嫌疑人监护人员 (1) 姓名:_____ 年龄:_____ 性别:_____ □ 医生 □ 护士 □ 其他(_____) (2) 姓名:_____ 年龄:_____ 性别:_____ □ 医生 □ 护士 □ 其他(_____) (3) 姓名:_____ 年龄:_____ 性别:_____ □ 医生 □ 护士 □ 其他(_____)
H	备注	

旅客声明:我,即为签字者,保证以上内容真实、有效。旅客(监护人)签字:_____ 日期:_____

首都航空经办单位:_____ 售票处,售票处经办人签字:_____ 日期:_____
始发站地面服务单位,经办人签字:_____ 日期:_____

说明:此单一式三联,无碳式复写。第一联为出票联,由售票处留存;第二联为服务联,始发站地面服务人员接收到服务联后,确认承运条件和所有的服务安排,并将此服务联交至航班乘务长处,乘务长在航班到达后,将此服务联交目的地机场地面服务人员处归档;第三联为旅客联

第三节 值机工作概述

一、值机工作的定义

根据民航旅客地面服务职业技能等级标准的定义,值机又称乘机登记,是为旅客办理乘机手续、接收旅客托运行李等的旅客服务。

值机工作是旅客购票后、安检前的工作环节,是民航旅客地面服务的一个重要组成部分,是民航旅客运输生产的一个关键性环节。其工作内容包括办理登机牌、办理行李托运、查验旅客客票和身份证件、回答问询、特殊旅客保障、拍发业务电报等。

二、值机工作的重要性

值机工作的重要性主要分为以下三个方面。
(1) 值机工作人员的素质直接影响旅客对所乘坐航空公司的印象。
(2) 值机工作的效率影响航空运输的整体速度。
(3) 值机工作的准确性和严肃性关乎飞行安全。

三、值机工作岗位设置、岗位职责

值机工作岗位根据工作内容的不同一般设置为值班主任/值机主管、国内值机员、值机调控员/航班信息员、值机引导员、国内超大行李值机员等。

下面结合凤凰国际机场值机岗位要求及民航旅客地面服务职业技能等级标准介绍各个值机工作岗位的工作内容及岗位职责。

(1) 国内值机主管/值班主任的主要职责和工作内容如下。
① 制定旅客出港值机业务的各项管理制度及业务流程。
② 负责值机室业务培训工作,安全生产管理及教育,传达会议精神及业务文件。
③ 负责离港系统设备使用管理工作。
④ 履行值机员职能。
⑤ 负责处理值机现场中转旅客客票错开、涂改、证件不符或行李逾重等引起的纠纷。
⑥ 代理航班延误时协助候补柜台办理旅客的签转、退票工作。
⑦ 按航空公司规定或代理协议,处理误机、广播未上机和特殊旅客。
⑧ 完成上级领导交办的其他工作。

(2) 国内值机员的工作职责和主要工作内容如下。
① 负责准备办理乘机手续所需的登机牌、行李牌及其他标牌。及时开放值机柜台,为旅客提供优质、规范的办理乘机手续服务,确保旅客旅行的正常、顺利。
② 负责不正常航班旅客的行李、票务等善后处理工作。
③ 负责向航班信息员、配载报载特殊旅客服务信息。
④ 负责向班长或主管汇报值机柜台上发生的特殊情况。
⑤ 负责统计所办航班逾重费收入,并向班长或主管汇报。
⑥ 负责值机柜台离港系统前端设备的管理及各种标牌的保管。
⑦ 完成上级领导交办的其他工作。

(3) 航班信息员/值机调控员的工作职责和主要工作内容如下。
① 负责在航班起飞前30分钟CI关闭航班。
② 负责向行李分拣员核对国内航班结载行李数量。
③ 负责向配载、调度通报航班特殊情况。
④ 负责将接收到的信息传达给主管、班长或值机员。
⑤ 负责填报航班收入报表,并上交。
⑥ 负责将航班结载人数、行李、中转旅客、中转行李、头等舱/商务舱旅客数据录入运行网。

⑦ 完成上级领导交办的其他工作。
(4) 值机引导员的工作职责和主要工作内容如下。
① 负责保持柜台前隔离带整齐,做好隔离带摆设工作。
② 维持好柜台前的旅客秩序。
③ 告知旅客"锂电池、打火机"等安保常识。
④ 解答旅客的询问,如遇无法告知问题引导旅客到问询柜台。
⑤ 分流柜台前排队等候办理手续的旅客,引导无行李旅客到自助值机办理手续。
⑥ 及时将晚到旅客指引到召集柜台或值班主任柜台。
(5) 国内超大行李值机员的工作职责和主要工作内容。
① 根据各值机主任柜台的通知负责收运超大行李。
② 负责对所收运超大行李进行值机复核并与地勤搬运员交接。
③ 负责到值机柜台引导 VIP 托运行李至超大行李托运处,并与地勤搬运员书面交接。
④ 负责旅客行李的退运工作。

第四节　值机工作业务流程及标准

一、国内值机工作业务流程

国内值机工作业务流程基本可以概括为准备工作、查验票证、座位安排、托运行李、核对唱交并指引安检位置、值机柜台关闭。

(一) 准备工作

一般在上岗前10分钟完成如下工作。

(1) 到办公室查看工作安排表,了解排班安排的服务柜台、服务的细分旅客群体。

(2) 了解航班动态,包括 VIP 旅客信息、头等舱旅客、特殊服务旅客信息、重要保障信息、加机组等,要求信息准确、齐全。

值机办理过程.mp4

(3) 准备好登机牌、行李牌、重要旅客行李标志、易碎物品标识牌、头等舱饮料卡、优先交付标识牌、中转行李标识牌等各类业务用品,数量足够工作期间使用。

(4) 按规定着装、佩带工作牌和星级服务牌。

(5) 在办公室打开航班显示屏。

(6) 提前5分钟到达值机柜台检查柜台显示屏、离港系统、行李传送带、电子秤、登机牌与行李牌打印机等各项设施设备的运行是否正常。

(7) 微笑迎接旅客,向旅客问好;请旅客出示客票与证件。

(二) 查验票证

票证查验工作主要包括以下几个方面。

(1) 查验证件的有效性及人证相符。

(2) 根据旅客提供的有效身份证件或旅客姓名、机票号码等综合信息,确认在离港系统中调取旅客信息。若旅客乘坐国际(地区)航班,需检查证件是否符合有关国家(地区)的出入境规定。

(3) 查验旅客客票的有效性,确认电子客票的状态为"OPEN FOR USE",按正常程序为旅客办理值机手续。若该电子客票已被换开为纸质客票或签转,应请旅客出示纸质客票或指引其前往相应航空公司的乘机登记柜台;若已办理退款,则不得办理乘机手续。

(4) 应注意旅客票证信息中的限制条件(签注栏),并按限制条件办理。

(5) 如旅客未事先订妥座位,则在旅客候补登记表上按顺序为旅客进行登记。

(6) 检查旅客是否预订特殊服务信息。如有,须主动与旅客确认。

(三) 座位安排

旅客座位安排的规定如下。

(1) 安排座位应符合飞机载重平衡的要求。

(2) 严格按照旅客客票的座位等级安排座位。

(3) 老人、儿童、孕妇、外籍旅客、轮椅旅客、担架旅客、病残旅客、犯人、弱智者、语言不通者、在紧急情况不愿意协助他人者等特殊旅客均不得安排在紧急出口的座位。

(4) 重要旅客和需要特殊照顾的旅客一般安排在客舱前部靠近乘务员的座位,以便于乘务员提供服务。

(5) 婴儿如乘坐有摇篮位的机型,则安排在摇篮位;没有摇篮位的在航班不满的情况下,可将其旁边的座位空出。根据飞机上对婴儿座位的要求,相连的座位不能同时办理两个婴儿,旅客要求时应做好解释。

(6) 团体旅客、同行旅客和需要相互照顾的旅客的座位尽可能安排在一起。

(7) 携带外交信袋的外交信使、押运货物的押运员的座位应安排在客舱门附近,以便于上、下飞机。

(8) 不同政治态度和不同宗教信仰的旅客不要安排在一起。

(9) 国际航班国内段载运国内旅客时,应将国内旅客的座位与国际旅客的座位分开安排。对有中途站的航班安排座位时,应给中途站预留适当的座位。

(四) 接收托运行李

行李收运的要求如下。

(1) 询问旅客交运行李的件数和目的地。

(2) 提醒旅客拴挂名牌。

(3) 询问旅客手提行李情况(包括拉杆箱),超出规定的行李必须要求旅客托运。如旅客拒绝托运,须将登机口拦截超规行李及发生行李损坏、遗失航空公司免责等情况明确告知旅客,并让旅客签署免责行李牌。

(4) 如旅客交运的行李超重,须收取逾重行李费用。明确告知旅客已给予的额外免费行李额。除非值机员了解确切的逾重行李费率,否则请旅客至逾重收费柜台咨询并按规定支付逾重行李费用。对逾重行李费用较高的行李,待确认旅客支付后再将其传送至行李分检区。

(5) 拴挂行李牌:行李牌拴挂位置适当、粘贴牢固。去除旧牌,拴挂新牌前与旅客再次确认行李交运目的地,将行李牌小联粘贴在行李上。主动询问旅客是否在交运行李内夹带存在安全隐患或易碎物品,并指引旅客阅读《安全提示》。如有易碎物品,应粘贴易碎物品标识并使用行李周转箱(如有);若有其他需求,则由专人负责将行李通过超规通道送至行李分拣区。头等舱、公务舱等高端旅客的交运行李须拴挂头等舱、公务舱等相关行李挂牌,重要旅客的交运行李须拴挂重要旅客行李牌及头等舱或公务舱等相关优先行李挂牌。

(五)核对、唱票、交接并指引安检位置

核对、唱票、交接并指引安检位置工作内容如下。

(1)再次与旅客确认航班号、座位、目的地及行李情况。

(2)将旅客的机票及登机牌正面向上,面对旅客视觉方向双手递还。

(3)对持联程或回程机票的旅客进行唱票交接。

(4)指引并通知旅客航班的登机门、登机时间及最晚到达登机口时间。

(5)向旅客致谢。用"欢迎您再次乘坐×××航航班""祝您旅途愉快"等语言向旅客致谢。

(6)头等、公务舱旅客及其他高端旅客,需同时发放贵宾休息室邀请卡,卡上填写旅客相关信息。

(六)值机柜台关闭,进行报载工作

值机信息员根据航班结载时间(起飞前30分钟),初始关闭航班,根据离港系统值机办理统计清点核对乘机联数、行李件数和重量,与行李分拣核对托运行李件数,并将航班是否有真、假头等舱旅客、轮椅旅客、无人陪伴旅客、宠物托运等详细信息通告给配载室。

二、值机岗位优质服务规范

值机岗位优质服务规范如下。

(1)值机员提前10分钟做岗前准备,准时上岗。

(2)与每位旅客目光接触,微笑服务,礼貌用语。

(3)执行1米黄线外等候制度,维持值机秩序。

(4)适时摆放和整理柜台前的隔离带和柜台杂物。

(5)双手递送旅客证件和登机牌等手续,并提醒或逐一核对证件、机票、登机牌和行李提取票等。

(6)使用标准用语和手势回答和指引旅客提出的问题,不说忌语。

(7)坚持逾重行李无逾重收费单据不传送分拣的原则。

(8)遇有特殊情况或不宜交流的旅客,必须立即站立服务,表示对旅客的尊重。有投诉倾向的旅客或提出特殊要求的应立即向当班班长报告。

(9)在柜台不准接来自旅客或送行等人员递过来的关于和公司领导(包括同事)的电话。

(10)不准长时间接打电话,有需要接听电话时,应首先向旅客表示歉意,电话尽量简短。

(11)禁止工作时接听私人电话、谈论私事,接听后要告知对方,立即挂断。并向当前旅客表示歉意。

(12)柜台前无客人时,应注意来客,适时站立迎接旅客,不得将头埋在柜台里。不得在

柜台内玩游戏,看书、睡觉和嬉戏打闹。

(13) 当本柜台没有旅客,其他相邻柜台旅客较多时,要礼貌地招呼相邻柜台的排在前面的旅客到自己的柜台办理手续。并做好后续旅客的解释工作。

(14) 原则上旅客在柜台上,服务员不能离开柜台或拒绝办理手续。确实需要短暂离开时要向带班长报告并同意后或临时替补人员到位后才可以离开,同时向客人说明情况,致歉征得旅客的谅解。

第五节　值机操作系统

一、离港系统简介

离港系统软件结构图如图4-3所示。

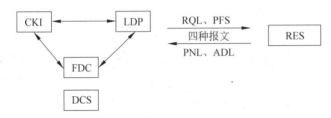

图4-3　离港系统软件结构图

Angel系统旅客接收操作.mp4

(1) 计算机离港控制系统(departure control system, DCS)是中国民航引进美国UNISYS公司的航空公司旅客服务大型系统,分为旅客值机控制模块(CKI)、航班配载平衡模块(LDP)两大部分。CKI与LDP可以单独使用,也可以同时使用。它们在使用过程中由FDC(flight data control,航班数据控制模块)进行控制。各报文名称如表4-3所示。

表4-3　电报报文名称表

名称	意义	名称	意义
①RQL	名单申请报,初始化航班时向订座系统发送	③ADL	名单增减报,初始化后实时发报
②PNL	旅客名单报,订座系统向离港系统发送	④PFS	最终销售报,DCS旅客办理情况

(2) CKI(check-in)是一套自动控制和记录旅客登机活动过程的系统。CKI记录旅客所乘坐的航班、航程、座位证实情况,记录附加旅客数据(如行李重量、中转航站等),记录接收旅客情况或将旅客列为候补情况。CKI可以顺序接收旅客、候补旅客,也可以选择接收;旅客也可以一次办理多个航班的乘机手续。

(3) LDP(load planning)主要完成航班配载平衡,打印舱单功能。

(4) FDC(flight data control)完成航班数据控制。

离港系统的主机在北京,各地机场用户使用的终端通过通信设备与主机联系。用户在终端上所作指令都要传到主机进行处理,然后将反馈信息传回用户终端。

离港系统CKI模块目前支持前端图形界面操作和黑屏ETERM指令操作两种形式。

二、工作流程及相关指令

（1）建立编目航班信息 BF:T 指令建立航班 T-CARD。

（2）准备需要办理手续的值机航班,准备航班工作的指令如下。

① 初始化航班（向订座系统申请旅客名单报）：IF。

② 对航班座位进行控制：BS、RS、AL、SU、BT、RA、JCS。

（3）对正在办理值机的航班进行监控,即监控值机航班状态,保证值机手续的正常办理。指令包括：GS、HL、ID、SL、PO、EF、AK。

（4）柜台办理旅客值机手续主要是指值机员通过离港系统办理旅客值机手续,指令包括：PD、PR、RL、RN、FB、FSN、PA、PU、PW、BC、BAG、JC、AL、SB。

（5）CKI 关闭航班工作包括柜台做初始关闭（CI 关闭）和控制室做中间关闭（CCL 关闭）两方面工作。

（6）配载结载,打印舱单,发送配载报文工作是指配载员在航班中间关闭后,对航班进行配载平衡,打印舱单。

（7）对航班做最后关闭,发送 CKI 报文。当航班飞机起飞后控制员对航班做最后关闭,系统自动向相关航站发报。

三、CKI 图形界面

目前离港系统前端图形界面已经发展到第三代 ANGEL,界面如图 4-4 所示。

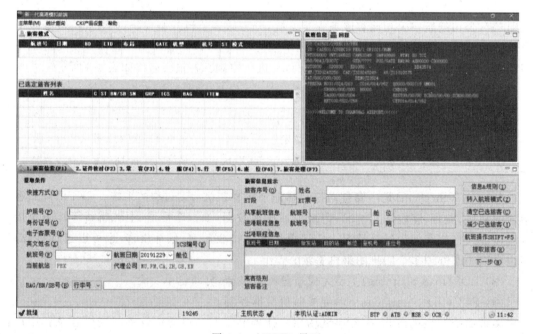

图 4-4　ANGEL 界面

图形界面的操作相对比较简单,为新进值机工作人员展开值机服务提供了便利。

第六节 不正常旅客运输

一、不正常航班的旅客服务工作

民航在处理旅客乘机服务上总的原则是安全、及时。

航班正常是指飞机在班期时刻表上公布的离站时间前关好机门,在公布的离站时间后 15 分钟内起飞,且在公布的到达站正常着陆的航班;反之则为航班不正常。航班不正常包括航班提前起飞、延误、取消、合并、加降、备降和飞越等不正常情况。

由于机务维护、航班调配、商务、机组等承运人原因,造成航班在始发地延误或取消,承运人应当向旅客免费提供餐食和住宿等服务。航班延误 2 小时以上,原则上每 8 小时免费提供一次饮料。正值用餐时间应免费提供餐食。航班延误时间比较长或过夜,应免费安排住宿。

由于天气、突发事件、空中交通管制、安检以及旅客等非承运人原因造成航班在始发站延误或取消,承运人可协助旅客安排餐食和住宿,费用应由旅客自理。

航班在经停地延误或取消,无论何种原因,承运人应负责向经停旅客免费提供膳宿服务。

航班延误或取消时,承运人应迅速及时将航班延误或取消等信息通知旅客,做好解释工作,提供良好服务。并按规定依照旅客的要求,做好后续航班座位安排和退票工作。承运人和其他各保障部门应相互配合,各司其职,认真负责,共同保障航班正常,避免不必要的航班延误。

二、普通旅客特殊情况处理

通旅客特殊情况处理是指误机、漏乘、错乘的情况。

(一) 误机

误机是指旅客没能在航班截止办理乘机手续前办理乘机手续。

(1) 如果旅客发生误机,最迟应在该航班离站后的次日 12:00(含)以前,到当地下列地点之一办理误机确认:乘机机场的承运人乘机登记处;航空公司售票处;航空公司地面服务代理人售票处。确认误机后,应在客票乘机联的"票价计算"栏内加盖"误机/NO SHOW"印章,并注明时间。

(2) 已获得误机确认的旅客,如要求改乘后续航班,可在上述地点或原购票地点办理变更手续,航空公司应在航班有可利用座位的条件下予以办理,免收误机费一次。但持有在航班规定离站时间前 72 小时以内变更过航班、时间的客票的旅客,应交付客票价 5% 的误机费。

(3) 未获得误机确认的旅客,如有要求继续旅行,应交付客票价 20% 的误机费。

(4) 旅客误机变更后,如要求再次变更航班、日期,应交付客票价 50% 的变更手续费。

(5) 旅客误机或误机变更后,如要求改变承运人或要求退票,均应按自愿退票的规定办理,应交付可客票价 50% 的误机费。

例 4-1 旅客刘红于 9 月 2 日在北京购买了国航 9992202316753 号客票,并已订妥的 9 月 4 日 0735 始发、航班号为 CA 1215 的座位,但又于 9 月 3 日 1300 要求变更航班日期,新的订座情况如表 4-4 所示。

表 4-4 旅客航班信息表

航 段	承运人	航班号	等级	日期	时间	订座情况	票价级别/客票类别
北京 PEK	CA	1215	Y	10SEP	0735	OK	YB
西安 SIA	WH	2591	Y	11SEP	0820	OK	YB
上海 SHA							

全程票价:CNY1850.00,其中

　　　　　北京—西安:CNY840.00
　　　　　西安—上海:CNY1010.00

旅客于 9 月 11 日在西安发生误机,在办理了误机手续后要求改乘后续航班,请按规定处理此事宜。

按误机的有关规定,旅客在 72 小时以内变更过航班日期后发生了误机,应在付 5% 的误机费后,方可改乘后续航班。

(1) 误机费计算如下:

　　　　　CNY1010.00(SIA—SHA 票价)×5% = CNY51.00

(2) 收费单填制如表 4-5 所示。

表 4-5 航空公司退票、误机、变更收费单

编号:

航空承运变更情况		应收应退款			
原承运航空公司	WH	退票使用栏	客票价款	—	元
原客票号	9992202316753		应收退票费	—	元
原承运日期	11SEP		实际退款	—	元
原航班号	WH2591		应收误机费	CNY51.00	元
变更后承运航空公司	WH		应收变更费	—	元
变更后承运日期	11SEP	加盖公章	制单地点:西安		
变更后航班号	WH2593		制单单位:		
备注:旅客首次误机,但曾于 72 小时内更改过航班					

制单日期:　　　　　旅客姓名:刘红　　　　　经办人:王成

(旅客联　报销联)

上述收费单的财务联由财务部门作账;旅客联由旅客保存;结算联订在 WH2593 航班乘机联的背面,由值机部门随乘机联一并撕下;出票人联由填制部门留存。

(二) 漏乘

漏乘是指旅客在航班始发站办理乘机手续后或在经停站过站时,未搭乘上指定的航班。发生旅客漏乘,应首先查明漏乘原因,根据不同的漏乘原因进行处理。

1. 由于旅客原因造成漏乘

(1) 发生在航班始发站,按误机有关规定处理,即旅客可办理改乘后续航班,也可以办理退票。

(2) 发生在中途站,不得改乘后续航班,按旅客自动终止旅行处理,该航班未使用的航段的票款不退。

2. 由于承运人原因造成漏乘

承运人应尽早安排旅客乘坐后续航班,并按航班不正常的有关规定,承担漏乘旅客等候后续航班期间的膳宿费用。

(三) 错乘

错乘是指旅客乘坐了不是客票的适用乘机联上列明的运输地点的航班。

1. 由于旅客原因错乘

(1) 在始发站发现错乘,承运人应安排错乘旅客搭乘飞往旅客客票乘机联上列明地点的最早航班,票款不补不退。

(2) 在中途站发现旅客错乘,应中止其旅行,承运人应安排错乘旅客搭乘飞往旅客客票上列明的目的地的直达航班,票款不补不退。

2. 由于承运人原因错乘

承运人应向旅客赔礼道歉,妥善安排旅客,并应承担错乘旅客在等候后续航班期间的膳宿费用。

(1) 在始发站发现旅客错乘,承运人应安排错乘旅客搭乘最早飞往旅客客票上列明地点的最早航班。如旅客要求退票,按非自愿退票处理。

(2) 在中途站发现旅客错乘,应中止其旅行,承运人应尽可能安排错乘旅客搭乘飞往旅客客票上列明的目的地的直达航班。如旅客要求退票,按非自愿退票处理,退还自错乘地点至旅客客票上列明的目的地的票款。但是,任何情况下退款都不得超过旅客实付票款。

 拓展阅读

国航、东航不正常航班处理规定

一、国航不正常航班的帮助

(一) 航班动态信息及餐食、住宿服务

由于机务维护、航班调配、机组等我们的原因,造成航班在始发地出港延误或者取消,我们将向您提供航班动态信息以及餐食、住宿服务。

由于天气、突发事件、空中交通管制、安检以及旅客等不属于我们的原因,造成航班在始发地出港延误或取消,我们将向您提供航班动态信息,协助您安排餐食、住宿,费用由您自理。

航班在经停地点延误或取消,或者国内航班发生备降,无论何种原因,我们将向您提供餐食或住宿服务。

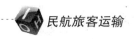

(二)航班延误补偿

1.补偿条件及标准

由于机务维护、航班调配、机组等我们的原因,造成航班延误,我们将根据延误的实际情况,向您提供经济补偿。延误4小时(含)以上不超过8小时,每位旅客补偿人民币200元;延误8小时(含)以上,每位旅客补偿人民币400元。

2.补偿方式

经济补偿有多种方式,我们将根据并尊重您本人的意愿和选择,通过现金、购票折扣或里程等任意一种方式予以兑现。

我们将使用现场提供现金或者通过国航APP电子赔付的形式向您提供,请您关注我们在服务现场的广播和书面通知。

(三)航班延误或取消证明

如您需要,我们将为您提供航班延误或取消的书面证明。您可登录国航官方网站自助获取东航机上延误。

二、东航机上延误客舱应急预案

(一)定时向旅客发布航班动态

当发生机上延误时,我们机上乘务人员将与飞行机组保持沟通,及时将延误原因和预计延误时间等航班动态向旅客通告。

(1)如果飞机于正常关舱门时间10分钟后仍未推出,我们的机上乘务人员将立即与飞行机组沟通,了解最新信息,并广播告知旅客。

(2)等待期间,我们将每30分钟广播一次航班动态信息。

(二)及时为旅客提供餐饮服务

(1)机上延误超过2小时(含),在不影响飞行、客舱安全和不造成航班进一步延误的情况下,我们将为旅客提供饮料和食品。

(2)出港发生机上延误时,如航班计划未配备餐饮,我们将根据配餐公司提供的餐饮加配时间及航班预计起飞时间,在条件允许的情况下通知配餐公司加餐;但提供餐饮将影响客舱安全或造成航班进一步的延误时除外。

(3)当客观条件不允许配餐,我们将向旅客做好服务和解释工作。

机上延误期间,在不影响航空安全的前提下,我们将确保盥洗室正常使用。机上延误期间,我们会特别关注残疾人、老年人、孕妇、无成人陪伴儿童等需特别照料的旅客,必要时优先为其提供服务。机上延误期间,我们将加强客舱巡视,解答旅客问询,尽力为旅客提供帮助。

(三)旅客下机条件及限制

满足以下条件之一时,我们将安排旅客下机。

(1)出港航班机上延误时间超过3小时(含)且无明确起飞时间时,如飞机仍在停机位,我们将联系地面保障单位,安排旅客下飞机等待;如飞机已经推出,在不违反航空安全、安全保卫规定情况下,经请示空管部门同意后,将滑回机位安排旅客下机。

(2)出港航班机上延误期间,如旅客因自身原因提出下机,在不违反航空安全和安保规定的前提下,我们将尽快安排旅客下机。

有以下限制之一时,您可能不能或暂缓下机。

（1）因空防或安保需要时。
（2）机场海关、边检部门对国际和地区航班旅客下机有明确限定时。
（3）当飞机滑回可能对机场运行秩序造成较大影响时。
当客观条件不允许安排旅客下机时，我们将向旅客做好服务和解释工作。

第七节　责任与赔偿

一、损失责任

承运人应保证旅客的安全，应对发生在其承运航线上的损失承担责任。承运人为其他承运人航线上填开客票或办理行李托运时，只作为该其他承运人的代理人。尽管如此，旅客享有向其第一或最后承运人诉讼的权利。

承运人为遵守或旅客未遵守国家法律、政府规定、命令和要求而引起的任何损失，承运人不应承担责任。

旅客在运输中由于年龄，精神或身体状况，对本人形成危害和危险，由此造成和加重其本人的任何疾病、受伤、残废或死亡，承运人不承担责任。

承运人责任的任何免除或限制适用于并有利于承运人的代理人、雇员和代表以及将飞机提供给承运人使用的任何人及其代理人雇员和代表。承运人和上述代理人、雇员、代表以及任何人可以支付的赔偿总额，不得超过承运人的责任限额。

二、赔偿限额

根据国内航空运输承运人赔偿责任限额规定国内航空运输承运人（以下简称承运人）应当在下列规定的赔偿责任限额内按照实际损害承担赔偿责任，但是《中华人民共和国民用航空法》另有规定的除外：对每名旅客的赔偿责任限额为人民币40万元。

第五章 行李运输服务

第一节 行李运输概述

一、行李的定义和分类

行李是指旅客在旅行中为了穿着、使用、舒适或者便利而携带的必要或适量的物品和其他个人财物,包括托运行李和非托运行李。

(1) 托运行李是指旅客交由承运人负责照管和运输并出具行李运输凭证的行李。

(2) 非托运行李是指旅客自行负责照管的行李。行李分类标准如表 5-1 所示。

表 5-1 行李分类标准

行李分类		分类定义	重量限制/kg	体积限制/(cm³/件)	备注
托运行李		旅客交承运人负责照管和运输的行李	≤50	≤40×60×100	客票的行李栏内注明托运行李的件数和重量
非托运行李	自理行李	经承运人同意由旅客带入客舱自行负责照管的行李	≤10	≤20×40×55	要求能放入行李架内或座位底下,不妨碍客舱服务和旅客活动
	随身携带行李	经承运人同意由旅客自行携带乘机的零星小件物品,是旅客在旅途中所需要或使用而携带的个人物品	≤5	≤20×40×55	

二、行李运输的一般规定

(1) 中国民用航空局规定,在中国境内乘坐民航班机禁止随身携带或托运以下物品:枪支、军用或警用械具(含主要零部件)及其仿制品;爆炸物品,如弹药、烟火制品、爆破器材等及其仿制品;管制刀具;易燃、易爆物品,如火柴、打火机(气)、酒精、油漆、汽油、煤油、苯、松香油、烟饼等;腐蚀性物品,如盐酸、硫酸、硝酸、有液蓄电池等;毒害品,如氰化物、剧毒农药等;放射性物品,如放射性同位素等;其他危害飞行安全的物品,如有强烈刺激气味的物品、可能干扰机上仪表正常工作的强磁化物等。

（2）中国民用航空局规定，在中国境内乘坐民航班机禁止随身携带以下物品，但可放在托运行李中托运：菜刀、水果刀、大剪刀、剃刀等生活用刀；手术刀、屠宰刀、雕刻刀等专业刀具；文艺单位表演用的刀、矛、剑；带有加重或有尖钉的手杖、铁头登山杖，棒球棍等体育用品；斧、凿、锤、锥、扳手等工具和其他可以用于危害航空器或他人人身安全的锐器、钝器；超出可以随身携带的种类或总量限制的液态物品。

（3）关于液态物品，中国民用航空局规定，乘坐国内航班的旅客一律禁止随身携带液态物品，但可办理交运，其包装应符合民航运输有关规定；旅客携带少量旅行自用的化妆品，每种化妆品限带一件，其容器容积不得超过100毫升，并应置于独立袋内，接受开瓶检查；来自境外需在中国境内机场过站或中转的旅客，其携带入境的免税液态物品应置于袋体完好无损且封口的透明塑料袋内，并需出示购物凭证，经安全检查确认无疑后方可携带；有婴儿随行的旅客，购票时可向航空公司申请，由航空公司在机上免费提供液态乳制品；糖尿病患者或其他患者携带必需的液态物品，经安全检查确认无疑后，交由机组保管；旅客因违反上述规定造成误机等后果的，责任自负。

（4）关于打火机、火柴，中国民用航空局规定，禁止旅客随身携带打火机、火柴乘坐民航班机（含国际/地区航班、国内航班），也不可以放在托运行李中托运。

（5）旅客携带锂离子电池乘机提示，根据中华人民共和国民用航空行业标准《锂电池航空运输规范（MH/T 1020—2009）》和《旅客和机组关于携带危险品的航空运输规范（MH/T 1030—2010）》等相关法规文件，旅客携带锂离子电池乘坐民用航空器请注意如下事项。

① 携带的锂离子电池额定能量不允许超过160Wh，超过160Wh的应通过危险货物手续进行运输。

② 内含锂离子电池的设备（如手提电脑、照相机、便携式摄像机等），应按以下规则携带运输：可放置在托运行李及随身行李中携带；应有防止意外启动的措施；锂离子电池额定能量不应超过100Wh；额定能量在100Wh（不含）至160Wh（含）的随设备锂离子电池，应经运营人（航空公司）批准。

备用锂离子电池，应按如下规则携带运输：只可放置在随身行李中携带；应单个做好保护以防短路，可将备用电池放置于原厂零售包装中或对电极进行绝缘处理，例如，将暴露的电极用胶布粘住，将电池单独装在塑料袋或保护袋中；单个锂离子电池额定能量不应超过100Wh；经运营人（航空公司）批准，可携带额定能量在100Wh（不含）至160Wh（含）的备用锂离子电池，但不能超过两块。

（6）关于酒精饮料携带标准的提示，根据国际民航组织9284号文件及《旅客和机组携带危险品的航空运输规范（MH/T 1030—2010）》的要求，关于酒精饮料携带标准规范如下。

① 旅客不应随身携带酒精饮料乘机，但可将酒精饮料作为托运行李交运，其包装应符合民航局的有关规定。

② 酒精饮料作为托运行李交运时，其数量应符合下列规定：酒精体积百分含量小于或等于24%的，不受限制；酒精体积百分含量在24%～70%（含70%）之间的，每人交运净数量不超过5升；酒精体积百分含量大于70%的，不应作为行李交运。

（7）重要文件和资料、外交信袋、证券、货币、汇票、贵重物品、易碎易腐物品以及其他需要专人照管的物品，不得夹入行李内托运。承运人对托运行李内夹带上述物品的遗失或损坏按一般托运行李承担赔偿责任。

(8) 国家规定的禁运物品、限制运输物品、危险物品以及具有异味或容易污损飞机的其他物品,不能作为行李或夹入行李内托运。承运人在收运行李前或在运输过程中,发现行李中装有不得作为行李或夹入行李内运输的任何物品,可以拒绝收运或随时终止运输。

第二节　行李运费计算

一、免费行李额

免费行李额是根据旅客所付票价、乘坐舱位等级和旅客乘坐的航线而享受的可免费运输的行李重量。行李的重量以千克为单位,不足 1kg 时,尾数四舍五入。

(1) 持成人或儿童票的旅客,旅客可根据所持客票的舱位等级,航线距离等享受一定额度的免费行李额。根据 2021 年 9 月实施的《公共航空运输旅客服务管理规定》,由各个航空运输企业自行设定。一般情况下每人免费行李额为(包括托运和自理行李):头等舱 40kg,公务舱 30kg,经济舱 20kg。

行李运费计算.mp4

(2) 持婴儿票的旅客,无免费行李额;声明价值行李不计入免费行李额内。

(3) 持免费、折扣票的旅客,按其座位等级享受相应的免费行李额。免费行李额与座位等级有关,而与折扣的幅度无关。

(4) 构成国际运输的国内航段,每位旅客的免费行李额按适用的国际航线免费行李额计算。

(5) 搭乘同一航班前往同一目的地的两个(含)以上的同行旅客,如在同一时间、同一地点办理行李托运手续,其免费行李额可以按照各自的客票价等级标准合并计算。

(6) 残疾旅客辅助设备(包括但不限于轮椅)不计入免费行李额,可以额外免费运输。

(7) 作为行李运输的小动物(残疾人携带的服务犬除外)及其容器和食物,不计入免费行李额,它们只能作为逾重行李运输。

二、逾重行李

逾重行李是指旅客所携带的超过其票价所享受的免费行李额的行李(包括托运行李和自理行李)。

1. 逾重行李费的计算

逾重部分将按照有关规定计费并向旅客收取,这种费用称为逾重行李费,并且需要填开逾重行李票。一般情况下,逾重行李费率(每千克)按填开逾重行李票之日所适用的直达单程成人正常经济舱票价的 1.5% 计算,保留两位小数,即每千克逾重行李费率=适用单程普通运价×1.5%。

逾重行李费计算:应收逾重行李费=(托运行李的重量-适用的免费行李额)×适用的逾重行李费率。

在国内运输中,逾重行李重量以千克为单位,运费以元为单位,小数点以后的数字四舍五入。逾重行李票的样式参见表 5-2。

表 5-2 中国南方航空股份有限公司逾重行李票

\multicolumn{9}{c}{中国南方航空股份有限公司 CZ-4508571 3 EXCESS BAGGAGE TICKET}								
旅客姓名： 客票号码：								
航 段 SECTOR	承运人 CARRIE	航班号 FLIGHT NO.	重量 WEIG	费率/千克 RATE/kg	运费金额 CHARGE	声明价值 附加费 DECLAR VALUE	合计收费 TOTAL
自至 FROM TO							
日期 DATE		经手人 ISSUED BY		盖章 SIGNATU			

例 5-1 经济舱旅客李明乘坐 3 月 12 日 CZ1203 航班由广州飞北京，托运 28kg 行李，已知广州北京经济舱全票价 1700 元，客票号 784-5312881506，现金付款。计算应收费用并填开国内逾重行李票。

解：每千克逾重行李费率＝适用单程普通运价×1.5％＝1700×1.5％＝25.5(元)

逾重行李费计算：

应收逾重行李费＝(托运行李的重量－适用的免费行李额)×适用的逾重行李费率
　　　　　　　＝(28－20)×25.5＝204(元)

逾重行李票填写如表 5-3 所示。

表 5-3 中国南方航空股份有限公司逾重行李票

\multicolumn{8}{c}{中国南方航空股份有限公司 CZ-4508571 3 EXCESS BAGGAGE TICKET}							
旅客姓名：李明 客票号码：784-5312881506							
航 段 SECTOR	承运人 CARRIE	航班号 FLIGHT NO.	重量 WEIG	费率/千克 RATE/kg	运费金额 CHARGE	声明价值 附加费 DECLAR VALUE	合计收费 TOTAL
自至 FROM TO CAN-PEK	CZ	1203	8	25.5	204	—	204
日期 DATE	2020/2/6	经手人 ISSUED BY	6047	盖章 SIGNATU			

2. 逾重行李的接收

（1）值机员根据旅客人数、乘坐的舱位与需要托运行李的件数，有可能超重时要提示旅客，并向旅客说明逾重费率，由旅客自行选择是否交运，避免收运后出现矛盾影响航班正常办理及旅客的不满。

（2）得到旅客的确认后，表示同意办理行李交运的，值机员要在称重时使用重量累加功能，提示旅客看重量显示，避免旅客对称重结果提出异议。

（3）为了避免旅客临时决定放弃托运产生麻烦，值机员可将超重部分的行李暂时留在柜台，待旅客将"逾重行李票"交回后，再托运余下的行李。

（4）如果已到结载时间则打电话通知信息员推迟 5 分钟结载并提醒旅客尽快办理，否则行李将当作迟交运行李处理同时将情况报调度。

（5）高尔夫球杆逾重的计算，根据各航空公司的标准与相关特殊规定执行。

三、声明价值行李

国内运输的托运行李每千克价值超过人民币 100 元时，可办理行李的声明价值。

声明价值附加费：承运人按旅客声明价值中超过最高赔偿限额部分价值的 0.5‰ 收取声明附加费。公式为声明价值附加费 ＝［旅客的声明价值－（规定每千克限额即 100 元 × 办理声明价值行李的重量）］× 5‰。

声明价值行李的注意事项如下。

（1）声明价值行李的对象：仅限于托运行李，且必须与旅客同机运出。非托运行李、旅客随身物品、小动物和占用座位的行李运输不办理行李声明价值。

（2）声明价值行李计费重量单位：以千克为单位，不足千克者应进整。

（3）声明价值附加费计价单位：以人民币元为单位，不足元者应进整。

（4）声明价值最高限额：最高限额 8000 元，且托运行李的声明价值不能超过行李本身的实际价值。

（5）声明价值行李无免费行李额，按逾重行李收取逾重行李费。

（6）办理声明价值的行李必须与旅客同机运出。

（7）在载重平衡表备注栏内须注明办理声明价值的行李件数、重量、行李牌号码和装舱位置。

（8）值机人员与装卸人员严格办理交接手续。

（9）运出时应发电报通知到达站。

例 5-2 旅客李明自上海至厦门旅行，航班 MU3425，申报一件行李，价值为 5400 元人民币，重量为 3kg。计算逾重行李费和声明价值附加费（SHA－XMN 经济舱客票票价为 640 元）。

解：声明价值附加费 ＝（5400－100×3）× 0.5‰ ＝ 25.5(元)，应收 26 元

逾重行李费 ＝ 3×640×1.5‰ ＝ 28.8(元)，应收 29 元

共计收费 ＝ 26＋29 ＝ 55(元)

逾重行李票填制如表 5-4 所示。

表5-4 中国东方航空股份有限公司逾重行李票

中国东方航空股份有限公司 EXCESS BAGGAGE TICKET 旅客姓名：李明 客票号码：781-5312881506								
航段 SECTOR	承运人 CARRIE	航班号 FLIGHT NO.	重量 WEIG	费率/千克 RATE/kg	运费金额 CHARGE	声明价值附加费 DECLAR VALUE	合计收费 TOTAL	
自 至 FROM TO	MU	3425	3	9.6	29	26	55	
SHA-XMN								
日期 DATE	2020/2/6	经手人 ISSUED BY	6047	盖章 SIGNATU					

第三节 特殊行李运输

一、常见特殊行李

旅客携带的某些行李物品，有可能危害人员和飞行安全或超出承运人的运输规定(如超过重量或体积限制)，这些限制物品若采取一些必要措施或在特定的情况下，经承运人允许，可以承运。常见特殊行李有枪支、弹药，小动物，外交信袋，管制刀具以外的利器、钝器，精密仪器、电器等类物品，旅客旅行途中使用的折叠轮椅或电动轮椅等。

二、特殊行李的收运

1. 枪支、弹药的接收

(1)任何单位和个人未经许可，不得运输枪支、弹药。确需运输的，必须向相应公安机关申请枪支、弹药的运输许可证并经机场公安局审核。在办理托运手续前，托运枪支、弹药的单位或个人应及时向安全检查中心、承运人或承运人的代理人申报。

(2)外国体育代表团入境参加射击竞技体育活动，或者中国体育代表团出境参加射击竞技体育活动，需要携带射击运动枪支入境、出境的，必须经国务院体育行政主管部门批准并经机场公安局审核。

(3)国内参加射击竞技体育活动，需携带射击运动枪支乘坐民用航空器的，必须经国务院体育行政主管部门批准，并持有当地省级公安机关出具的枪支运输许可证并经机场公安局审核。

(4)由安检人员在装机前确认枪、弹分离。

(5)值机员必须主动查验被托运枪支、弹药所属单位或个人的有关证件、证明,查看包装是否符合枪支托运要求并做好防盗窃措施。

(6)值机员接收枪支、弹药的运输前要向上级值班领导报告,在确认公安同意符合托运要求后方可办理,接收后要通知配载,确认将武器存放在航空器飞行中任何人接触不到的区域。

2.小动物的接收

小动物是指家庭饲养的猫、狗或其他小动物。小动物运输,应按下列规定办理。

(1)旅客必须在订座或购票时提出,并提供动物检疫证明,经承运人同意后方可托运。

(2)旅客应在乘机的当日,按承运人指定的时间,将小动物自行运到机场办理托运手续。

(3)装运小动物的容器应符合下列要求:能防止小动物破坏、逃逸和伸出容器以外损伤旅客、行李或货物;保证空气流通,不会致使小动物窒息;能防止粪便渗溢,以免污染飞机、机上设备及其他物品。

(4)旅客携带的小动物,除经承运人特许外,一律不能放在客舱内运输。

(5)小动物及其容器的重量应按逾重行李费的标准单独收费。

3.外交信袋

(1)外交信袋应当由外交信使随身携带,自行照管。根据外交信使的要求,承运人也可以按照托运行李办理,但承运人只承担一般托运行李的责任。

(2)外交信使携带的外交信袋和行李,可以合并计重或计件,超过免费行李额部分,按照逾重行李的规定办理。

(3)外交信袋运输需要占用座位时,必须在订座时提出,并经承运人同意。

(4)外交信袋占用每一座位的重量限额不得超过75kg,每件体积和重量的限制与行李相同。占用座位的外交信袋没有免费行李额,运费按下列两种办法计算,取其高者:根据占用座位的外交信袋实际重量,按照逾重行李费率计算运费;根据占用座位的外交信袋占用的座位数,按照运输起讫地点之间,与该外交信使所持客票票价级别相同的票价计算运费。

4.管制刀具以外的利器、钝器

管制刀具以外的利器、钝器,必须放入托运行李内运输,旅客不得随身携带。

5.精密仪器、电器等类物品

精密仪器、电器等类物品如显微镜、乐器、电视机、音响、洗衣机、电冰箱、计算机、录音机、VCD机等,应作为货物运输。如作行李运输,如按托运行李运输,必须有妥善包装,且重量不得计算在免费行李额内,单独收取逾重行李费,同时应经航空公司事先同意。没办声明价值的精密仪器、电器等,按一般托运行李承担赔偿责任。

6.旅客旅行途中使用的折叠轮椅或电动轮椅

托运时按照航空公司的规定收取运费,同时必须符合下列条件:电池必须断路,两极用胶带包好以防短路,并牢固地附于轮椅上;轮椅两侧贴上"向上"标识,以避免倒置;轮椅在装卸过程中始终保持直立,并应在货舱内进行固定,以防滑动。

第四节　行李运输过程

一、行李的收运服务

1. 行李收运的要求

（1）旅客必须凭有效客票托运行李。承运人应在客票及行李票上注明托运行李的件数和重量。承运人一般应在航班离站当日办理乘机手续时收运行李；如团体旅客的行李过多，或因其他原因需要提前托运时，可与旅客约定时间、地点收运。承运人对旅客托运的每件行李应拴挂行李牌，并将其中的识别联交给旅客。经承运人同意的自理行李应与托运行李合并计重后，交由旅客带入客舱自行照管，并在行李上拴挂自理行李牌。不属于行李的物品应按货物托运，不能作为行李托运。

（2）清除托运行李上的旧行李牌。

（3）托运行李必须包装完善、锁扣完好、捆扎牢固，能承受一定的压力，能够在正常的操作条件下安全装卸和运输，并应符合下列条件，否则承运人可以拒绝收运：旅行箱、旅行袋和手提包等必须加锁；两件以上的包件，不能捆为一件；行李上不能附插其他物品；竹篮、网兜、草绳、草袋等不能作为行李的外包装物；行李上应写明旅客的姓名、详细地址、电话号码。

（4）检查行李的包装、体积和重量是否符合要求。如不符合要求，应请旅客改善包装；如因时间或条件限制无法改善包装，旅客坚持要求运输，可视具体情况决定可否收运。收运时，应拴挂免除责任行李牌，免除相应的运输责任。

（5）超过免费行李额的行李，应收取逾重行李运费，并填开逾重行李票。

（6）行李过磅应准确，以免影响飞机的载重平衡。随身携带物品不能计入旅客的免费行李额之内。

（7）承运人为了运输安全，可以会同旅客对其行李进行检查；必要时，可会同有关部门进行检查。如果旅客拒绝接受检查，承运人对该行李有权拒绝运输。

（8）旅客的托运行李，应与旅客同机运送，特殊情况下不能同机运送时，承运人应向旅客说明，并优先安排在后续的航班上运送。

（9）旅客的托运行李、自理行李和随身携带物品中，凡夹带国家规定的禁运物品、限制携带物品或危险物品等，其整件行李称为违章行李。对违章行李的处理规定如下：在始发地发现违章行李，应拒绝收运；如已承运，应取消运输，或将违章夹带物品取出后运输，已收逾重行李费不退；在经停地发现违章行李，应立即停运，已收逾重行李费不退；对违章行李中夹带的国家规定的禁运物品、限制携带物品或危险物品，交有关部门处理。

2. 行李牌及行李标签

1）行李牌

行李牌是承运人运输行李的凭证，也是旅客领取行李的凭证之一。根据用途可分为直达运输行李牌和联程运输行李牌。根据式样可分为粘贴式和拴挂式。

一般行李牌以条形码行李牌的样式出现，附以多联。条形码行李牌主要包括行李领取联、留存联、备用保险联、托运行李拴挂联、集装箱标示联五部分内容。

（1）行李领取联。收运旅客行李时，工作人员将这部分撕下后粘贴在旅客的登机牌或机票上，作为旅客托运行李凭证，旅客凭此联在到达站领取托运行李。

（2）留存联。该联由工作人员撕下留底，主要有以下两个方面的作用：如果办理乘机登记手续的系统出现故障，不能使用条形码行李牌，手工办理乘机登记手续时，可将该联撕下留底，以便航空公司了解和掌握旅客托运行李的情况；以备个别旅客由于某种原因没有登机，迅速找出其托运行李牌号码，通知装卸人员将其托运行李卸下。

（3）备用保险联。工作人员将这一联撕下贴在托运行李的明显位置上，以便在行李的拴挂联意外脱落后，把该联作为托运行李的识别信息或运输凭证。

（4）托运行李拴挂联。该联作为行李运输的凭证，拴挂在行李把手上，是托运行李上的重要标签。

（5）集装箱标示联。该联粘贴在装运该行李的集装箱门口的卡纸上，方便拉卸行李时准确、快速地找出某件行李。

收运行李时，发现下列情况之一者应拒绝收运。如果旅客仍要坚持托运，则必须拴挂免除责任行李牌，以免除航空公司的责任。

（1）托运行李超大、易碎、易腐。

（2）包装不符合要求（包括所有纸箱包装物）。

（3）行李在托运前已破损。

（4）不能作为非托运行李的危险物品（如小刀、扳手等工具和利器）。

（5）迟托运的行李。

（6）客舱超大行李。

（7）无锁或锁已失效的行李。

部分航空公司会将免除责任条款印在行李牌的背面。常见的免除责任行李牌样式如图 5-1 所示。使用免除责任行李牌时，应注意以下几点。

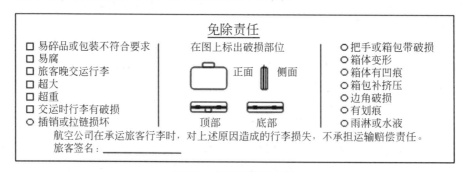

图 5-1 免除责任行李牌

（1）应根据实际情况，在免除责任项目相应的"□"或"○"内注"√"；如果行李在收运时已经破损或有残迹，还应同时在免除责任行李牌上标出行李破损或有残迹的位置。

（2）免除责任行李牌中应包含行李的到达站和航班号等信息。

（3）应请旅客在免除责任行李牌相应的位置签名，签名后方为有效。

2）行李标签

行李标签是为了便于区分和辨别行李而粘贴或拴挂的行李名牌或标牌。行李标签包括旅客姓名标签、重要旅客行李标签、头等舱旅客行李标签、公务舱旅客行李标签、航空联盟优先行李标签、团体旅客行李标签、装舱门口行李标签、易碎物品标签、无成人陪伴儿童行李标签和过站行李标签等。

（1）旅客姓名标签。为便于在运输过程中迅速与遗失行李的旅客取得联系，旅客应在托运行李的内部和外部均放置旅客姓名标签，其内容包括姓名、地址、联系电话等信息。托运行李外部的旅客姓名标签应妥善放置或粘贴牢固。

（2）重要旅客行李标签。重要旅客及其随行人员的托运行李，除拴挂行李牌外，还应拴挂重要旅客标签。有重要旅客标签的行李，应严加保管，后装先卸。

（3）头等舱旅客行李标志。头等舱旅客的托运行李，除拴挂行李牌外，还要拴挂头等舱旅客行李标志。有头等舱旅客标志的行李，应装在舱门位置，实行后装先卸，使头等舱旅客的托运行李在到达时能最先交付旅客。

（4）公务舱旅客行李标志。公务舱旅客的托运行李，除拴挂行李牌外，还要拴挂公务舱旅客行李标志。有公务舱旅客标志的行李，实行后装先卸，使公务舱旅客的托运行李在到达时能够先于经济舱旅客的托运行李卸机和交付旅客。

（5）航空联盟优先行李标志。拥有各航空联盟高级精英会员的旅客，当持头等舱或公务舱机票时，应在其托运行李上拴挂航空联盟的优先行李标志，并提供优先行李服务。

（6）团体旅客行李标志。为保证团体旅客行李运输的迅速与安全，团体旅客的托运行李，除拴挂行李牌外，还应另外拴挂团体旅客行李标志。如同一班飞机上有两个及以上团体的旅客时，应使用不同颜色的团体旅客行李标志进行区分。

（7）装舱门口行李标志。对于不愿意透露身份的重要旅客、头等舱旅客和在经停站立即中转旅客的托运行李，除拴挂行李牌外，还应另外拴挂装舱门口行李标志，以便旅客的托运行李在目的地或中转站迅速卸下。

（8）易碎物品标志。如果收运了某些易碎或不适于重压的行李（或行李内有此类物品），为了保证行李的运输安全，应在这些行李上拴挂或粘贴易碎物品标志，提醒搬运人员轻拿轻放，尽量降低行李受损的可能性。

（9）过站行李标志。为了方便在运输过程中识别过站行李，对于有经停站的航班，工作人员应了解过站旅客的非托运行李件数，并按件数发放过站行李标志，要求旅客贴在带入客舱的非托运行李上。

二、行李的保管

行李保管的基本规定如下。

（1）客运工作人员与行李保管人员、装卸工，要建立交接制度。行李收运后，如数量不符或行李损坏，应查清并作记录。发现无行李牌的行李，客运工作人员要会同行李保管员查清后方能运出，并记录清楚。

（2）由于班机取消，当日不能装机发运的行李，必须注意保管，防止丢失和损坏。如果装机后班机取消，一般应将行李卸下后妥善保管。

（3）凡货运工作与行李保管装卸工作分开的航站，对行李保管要建立一套完整的工作制度。要有行李保管员和仓库，不得将行李随意放在候机室、办公室等没有保管条件的地方。

（4）在行李保管期间需要检查行李的内容时，应请示值班领导，会同公安部门进行检查。

（5）行李收运后，如发现有松散、捆绑不牢等情况，应及时整修。必要时，可找旅客共同整修。

行李免费保管期限与保管费的具体规定如下所述。

(1) 与旅客同机到达的行李,旅客应在当日提取。行李到达的当日不收取保管费,如旅客未提取,应自行李到达的次日起核收行李保管费。

(2) 未与旅客同机到达的行李,自承运人发出到达通知的次日起,免费保管3天,逾期核收行李保管费。

(3) 由于承运人原因造成行李延误到达,在行李到达后,承运人及其代理人免费保管。

(4) 无法交付的行李自到达的次日起,超过90天仍无人领取时,承运人可按照无法交付行李的有关规定处理:做好行李内容的清点工作;编制"无人领取行李/物品登记表",上报有关部门;会同海关分别按无价移交物品和有价移交物品处理给有关部门。

三、行李的交付

行李的交付相关规定如下。

(1) 旅客应在航班到达后立即在机场凭行李牌的识别联领取行李。必要时,应交验客票。

(2) 承运人凭行李牌的识别联交付行李,对于领取行李的人是否确系旅客本人,以及由此造成的损失及费用,不承担责任。

(3) 旅客行李延误到达后,承运人应立即通知旅客领取,也可直接送达旅客。

(4) 旅客在领取行李时,如果没有提出异议,即为托运行李已经完好交付。

(5) 旅客遗失行李牌的识别联,应立即向承运人挂失。旅客如要求领取行李,应向承运人提供足够的证明,并在领取行李时出具收据。如在声明挂失前行李已被冒领,承运人不承担责任。

第五节 不正常行李运输

行李运输不正常是指在行李的运输过程中,由于承运人原因造成的行李运输差错或行李运输事故,如行李退运、错运(如少收、多收)、损坏、遗失等。

行李运输事故记录单填写操作.mp4

一、行李的退运

由于承运人的原因,需要安排旅客改乘其他航班,行李运输应随旅客作相应的变更,已收逾重行李费多退少不补。

行李的退运按如下规定办理。

(1) 旅客在始发地要求退运行李,必须在行李装机前提出。如旅客退票,已托运的行李也必须同时退运。以上退运,均应退还已收逾重行李费。

(2) 旅客在经停地退运行李,该航班未使用航段的已收逾重行李费不退。

(3) 办理声明价值的行李退运时,在始发地退还已交付的声明价值附加费,在经停地不退已交付的声明价值附加费。

二、不正常行李

(一)少收行李

通常,少收行李(AHL)的原因包括旅客错领、冒领;始发站发生错运;始发站漏运或超载被拉下;本站货运漏卸或将行李当成货物误卸至货运仓库;经停站错卸。

少收行李的处理方法有以下几种。

(1) 了解旅客的相关信息,查验旅客的机票、登机牌和行李提取联的目的地是否相符。

(2) 向旅客了解少收行李的形状、颜色和制作材料等特征。

(3) 根据上述信息,查到达行李传送带周围有无遗留行李;飞机的货舱有无漏卸;有无当作货物错运到仓库;查本站的多收行李记录;询问本站的其他航空公司的查询部门有无此行李。

(4) 填写行李运输事故记录单(PIR)一式两份,一份作为旅客的收执,凭此领取行李或办理赔偿;收回旅客的行李提取联附在另一份记录表上,建立少收行李记录档案。

(5) 因承运人原因使旅客的托运行李未能与旅客同机到达,造成旅客旅途生活的不便,在经停地或目的地应给予旅客适当的临时生活用品补偿费。

(6) 向始发站、经停站和航班的后续航站拍发少收行李电报(AHL)。

(7) 在没有找到的情况下进行理赔。旅客丢失行李的重量按实际托运行李的重量计算,无法确定重量时,每一旅客的丢失行李最多只能按该旅客享受的免费行李额赔偿。旅客的托运行李全部或部分损坏、丢失,赔偿金额每千克不超过人民币 100 元。如行李的价值每千克低于 100 元时,按实际价值赔偿。已收逾重行李费退还。

(8) 旅客丢失的行李如已办理行李声明价值,应按声明价值赔偿,声明价值附加费不退。行李的声明价值高于实际价值时,应按实际价值赔偿。

(二) 多收行李

通常,多收原因有错运本站、本站多卸、无人认领等。

多收行李的处理方式如下。

(1) 核对外来少收电报,确认是否属于错运至本站的行李,通过行李上的姓名查找旅客的联系方式,安排最早航班速运,拴挂速运牌。

(2) 拍发电报(多收 OHD、速运 FWD)。

(3) 如果无确切信息,拴挂多收行李卡入库存放,72 小时后仍无人认领,打开行李查找旅客信息,无联系方式,逾期后按无人认领行李处理。

(三) 破损行李

破损行李(DPR)处理包括以下几种形式。

(1) 确认是否拴挂免除责任行李牌,确定拴挂免除责任行李牌且行李破损为免责范围内,承运人不承担赔偿责任。

(2) 非免责范围,行李损坏时,按照行李降低的价值赔偿或负担修理费用。

(3) 旅客的托运行李全部或部分损坏、丢失,赔偿金额每千克不超过人民币 100 元。如行李的价值每千克低于 100 元时,按实际价值赔偿。已收逾重行李费退还。

(4) 填写赔偿单据。

(5) 拍发赔偿电报。

三、行李运输事故记录

除多收行李外,其他不正常行李运输均需填写行李运输事故单(PIR)作为处理、寻找、交还、赔偿的依据。填写 PIR 时要做到准确,详尽。行李运输事故记录单样式如图 5-2 所示。

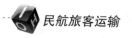

图 5-2　行李运输事故记录单样单

行李运输事故记录单(PIR)填写规则如下。

(1) 正确电报等级及收电单位。其中,电报等级代号:QU(快报)、QD(平报)。如收电地址代码:PEKLNCA,首都机场国航国内行李查询,代表的含义是,收电单位机场代码、行李查询部门代码、相关航空公司代码。

(2) 正确填写发电单位地址代码。编排规则同上,例如:SHALNMU,上海虹桥机场东航国内行李查询,发电单位机场,行李查询部门,相关航空公司代码。

(3) 正确填写日、时组。用两位阿拉伯数字表示日期,例如:01 表示 1 日,四位阿拉伯数字表示时间,一般情况下,该时间是国际标准时间,即 GMT 时间,采用 24 小时制。例如:1230,表示中午 12 点 30 分。

(4) 行李事故类别 ADVISE IF HOLD—AHL 事故记录单上,已经印有代码,请使用笔进行标注。

(5) 查询编号。填写行李运输事故航站的三字代码与承运旅客最后一段航程的航空公司的二字代码;末尾五位阿拉伯数字的前两位代表当前月份,后三位代表序号,如 PEKMU03001,代表中国东方航空公司,北京航站三月份第一个行李少收案件;工作人员在填制完 PIR 后,应告诉旅客有关查询编号及联系电话,便于旅客日后电话查询。

(6) NM 旅客姓名。IT 姓名缩写,名的缩写在前,姓的缩写在后。例如:王卫东,WANG/WEIDONG,WD/W。

(7) TN 行李牌号码。填写行李牌上所显示的航空公司二字代码及最后六位号码。如行李牌上所显示的号码不足六位,填写时应在该号码前加"0",补足六位。如超过六位号码,应填写最后六位数字。如行李牌上未显示航空公司二字代码,填写时可用"YY"表示,如行李牌号码中含有未知数,可用"X"表示。

(8) CT 行李描述。根据 IATA 公布的行李识别图中色彩二字代码、行李类别二字代码及行李的辅助信息组构成,总共 7 个字符,应注意行李辅助信息应按照英语字母的排列顺序填写。

(9) RT 航程及经停点。按航班始发至到达顺序依次填写旅客全程中所经过的每一个机场 的三字代码。

(10) FD 航班号、日期。填写航空公司二字代码、航班号(最长四个数字)及航班飞行日期的信息。按航班始发至到达顺序依次填写旅客行程所乘坐的每一个航班及飞行日期,若航班号不明,用"YY"表示。例如:AA1255/18AUG/YY/20AUG/MU512/20AUG。

(11) BR 行李航线。此栏用于旅客更改了航班,而行李牌未更改的情况。应填写行李牌上所显示的航程,填写方式同 FD 项。

(12) BI 行李箱标牌。DISTINCTIVE OUTSIDE IDENTIFICATION(外部明显识别特征)、OTHER MARKINGS/HOTEL STICKERS ON BAG(其他标识),应尽可能向旅客了解有关行李的品牌和其他外部详细标识性信息。如 TN 及 CT 栏中所列出的行李超过一件时,应为每一件行李分别列出 BI 项目。

(13) CC(CATEGORY),物品类别。

(14) FF(FREE FORM TEXT),自由格式信息。

(15) NP 同行人数(NO.OF PAXS),填写与报失旅客同行的旅客人数(1、2、3)。

(16) CL 舱位等级(CLASS OF TRAVEL),填写旅客所乘坐的舱位等级(F、C 或 Y)。

(17) CS 费用的支付(CASH PAYMENT),填写已支付给旅客的赔偿费用,并用指定的英语字母加以区别。A(ADVANCE)临时生活用品补偿费;D(DELIVERY)行李地面运送费用;F(FINAL)行李最终赔偿金额;I(INSURANCE)保险费用;X(OTHER)其他费用。

(18) DB 行李牌目的站。填写行李牌上所显示的航程终点站的三字代码(不一定就是旅客的目的站)。

(19) BL 最后一次见到行李的航站。填写旅客最后一次见到行李的航站的三字代码。

(20) KT 临时生活用品。TOILET KIT,有的航空公司不支付临时生活用品补偿费,而是发放临时生活用品,须在该栏填写。

(21) PA 永久地址(PERMANENT ADDRESS),填写旅客的永久地址,包括邮编和电子邮件地址。

(22) PN 联系电话(PERMANENT PHONE NO.),填写旅客的永久联系电话。

(23) TA 临时地址(TEMPORARY ADDRESS),填写旅客的临时联系地址。

(24) DV 有效期(DATE VALID UNTIL),填写旅客临时地址的有效期。

(25) TP 临时联系电话(TEMPORARY PHONE NO.),填写旅客的临时联系电话。

(26) DAMAGE DESCRIBE 破损情况。行李破损时填写。

(27) BD 行李信息(BAGGAGE DETAILS),填写行李的具体详细信息。

(28) CD 内物破损(CONTENTS DAMAGE),填写内物破损的具体情况(用于 DPR 案件)。

(29) LP 遗失物件(LOST PROPERTY),填写内物遗失的具体情况(用于 DPR 案件)。

(30) PT 称谓(PASSENGER'S TITLE),填写 MR、MISS、MRS 或 MS。

(31) TK 机票号码(TICKET NUMBER),填写旅客的机票号码。

(32) 逾重行李重量(EXCESS BAGGAGE WEIGHT),填写旅客已付费的逾重行李的重量。

(33) BX 逾重行李票号码(EXCESS BAGGAGE TICKET NUMBER),填写旅客的逾重行李票号码。

(34) LD 行李当地交付说明(FORWARDING/DELIVERY INSTRUCTION),填写行李运抵后在当地交付方式的说明。

(35) BW 所有托运行李的总件数和重量(TOTAL NUMBER AND WEIGHT OF CHECKED BAGGAGE),填写旅客所有托运行李的总件数和重量。如果没有填入"NIL"。

(36) 已收到行李的总件数和重量(TOTAL NUMBER AND WEIGHT OF BAG(S) RECEIVED)。填写旅客已收到行李的总件数和重量。

(37) NW 发生运输事故的行李的总件数和重量(TOTAL NUMBER AND WEIGHT OF BAG(S) MISHANDLED),填写发生少收(或破损/内物短少)的行李的总件数和重量。

(38) 查询热线(FOR LOCAL INQUIRES,PLEASE CONTACT),填写本站行李查询办公室的电话和传真号码。

(39) DATE 填制日期。填写制单日期。

(40) AG 填制人(AGENT'S SIGNATURE),工作人员在此签名,电报中填写格式。SHALNMU/PJ。

(41) 旅客签名(PASSENGER'S SIGNATURE)。请旅客在此签名。

第六节 行李损失责任与赔偿

一、责任范围

行李损失责任与赔偿的责任范围包括以下四个方面。

（1）旅客的托运行李在承运的过程中，如发生遗失、损坏、污染、短缺或延误运输，承运人应负赔偿责任。

（2）部分行李损失，则按该损失行李的重量在全部重量中的比例承担责任。

（3）实际承运该行李的承运人承担行李的赔偿责任。

（4）对于逾重行李的逾重部分，如未交付逾重行李费，对该部分承运人可不负担赔偿责任。

二、免除条件

行李损失责任与赔偿责任免除的条件如下。

（1）自然灾害或其他无法控制的原因。

（2）由于遵守国家有关法律、政府规章、命令和旅行条件的规定，或由于旅客没有遵守这些规定。

（3）由于行李本身的性质、缺陷或内部物品所造成的变质、减量、破损或毁灭等。

（4）行李内装有按规定不能夹入托运行李内运输的物品（如发生损坏，承运人只按一般责任赔偿）。

（5）拴挂了免除责任行李牌。

（6）外包装完好，但内物损坏（除旅客能证明属承运人的责任）。

（7）旅客行李内装物品对他人物品或承运人造成损害，旅客应承担赔偿责任。

三、赔偿限额

根据国内航空运输承运人赔偿责任限额规定国内航空运输承运人（以下简称承运人）应当在下列规定的赔偿责任限额内按照实际损害承担赔偿责任，但是《中华人民共和国民用航空法》另有规定的除外。

（1）对每名旅客随身携带物品的赔偿责任限额为人民币3000元。

（2）对旅客托运的行李和对运输的货物的赔偿责任限额，为每千克人民币100元。

（3）已办理声明价值的行李，应按声明价值赔偿，声明价值附加费不退。声明价值高于实际价值，按实际价值赔偿。

四、赔偿时限

对于损坏、遗失或正在查找过程中的行李，行查人员应当及时告知旅客提出行李赔偿的时限。

（1）行李损坏：应当在交付行李时立即向承运人提出索赔要求，收到行李之日起其7天内提出。

(2) 行李的延误：行李应当交付给旅客之日起 21 天以内提出。

(3) 行李的遗失：行李应当交付给旅客之日起 21 天以内提出。

五、诉讼时效

从飞机到达目的地点之日起，或从飞机应当到达之日起，或从运输停止之日起计算起，诉讼时效为两年，否则就丧失任何损失的诉讼权。

第二篇

民航国际客运

第六章 国际客运组织与法规

第一节 国际民航组织与有关公约

一、国际民航组织(ICAO)

国际民用航空组织(International Civil Aviation Organization, ICAO)简称国际民航组织,成立于 1947 年,是联合国系统中负责处理国际民航事务的专门机构。总部设在加拿大蒙特利尔,迄今已有 193 个会员国。其主要活动是研究国际民用航空的问题,制定民用航空的国际标准和规章,鼓励使用安全措施、统一业务规章和简化国际边界手续。

(一)ICAO 的成立

国际民航组织前身为根据 1919 年《巴黎公约》成立的空中航行国际委员会(ICAN)。由于第二次世界大战对航空器技术发展起到了巨大的推动作用,使得世界上已经形成了一个包括客货运输在内的航线网络,但随之也引起了一系列急需国际社会协商解决的政治上和技术上的问题。因此,在美国政府的邀请下,52 个国家于 1944 年 11 月 1 日至 12 月 7 日参加了在芝加哥召开的国际会议,签订了《国际民用航空公约》《国际航班过境协定》《国际航空运输协定》(通称《芝加哥公约》),按照公约规定成立了临时国际民航组织(PICAO)。1947 年 4 月 4 日,《芝加哥公约》正式生效,国际民航组织也因之正式成立,并于 5 月 6 日召开了第一次大会。同年 5 月 13 日,国际民航组织正式成为联合国的一个专门机构。1947 年 12 月 31 日,"空中航行国际委员会"终止,并将其资产转移给"国际民用航空组织"。

(二)法律地位

国际民航组织是国际法主体,这种主体资格是由成员国通过《芝加哥公约》赋予的。《芝加哥公约》第 47 条规定:"本组织在缔约国领土内应享有为履行其职能所必需的法律能力。凡与有关国家的宪法和法律不相抵触时,都应承认其完全的法人资格。"同时,《芝加哥公约》还详尽规定了国际民航组织作为一个独立的实体在国际交往中所应享有的权利和承担的义务。应该说,它已经具备了一个国际法主体所必须具有的三个特征,即必须具有独立进行国际交往的能力;必须具有直接地享有国际法赋予的权利以及必须构成国际社会中地位平等的实体。

国际民航组织的权利能力和行为能力主要表现在以下几个方面。

(1) 协调国际民航关系。努力在国际民航的各领域协调各国的关系及做法,制订统一的标准,促进国际民航健康、有序的发展;解决国际民航争议。多年来,国际民航组织充当协调人,在协调各国关系上发挥过不可替代的作用。

(2) 缔结国际条约。国际民航组织不仅参与国际条约的制定,还以条约缔约方的身份签订国际条约。

(3) 特权和豁免。国际民航组织各成员国代表和该组织的官员,在每个成员国领域内,享有为达到该组织的宗旨和履行职务所必需的特权和豁免。

(4) 参与国际航空法的制定。在国际民航组织的主持下,制定了很多涉及民航各方面活动的国际公约,从《芝加哥公约》及其附件的各项修正到制止非法干扰民用航空安全的非法行为,以及国际航空司法方面的一系列国际文件。

国际民航组织是政府间的国际组织,联合国的专门机构。国际民航组织是各主权国家以自己本国政府的名义参加的官方国际组织,取得国际民航组织成员资格的法律主体是国家,代表这些国家的是其合法政府。对此,《芝加哥公约》第 21 章做出了明确规定,排除了任何其他非政治实体和团体成为国际民航组织成员的可能,也排除了出现两个以上的政府机构代表同一国家成为国际民航组织成员的可能。

(三) 宗旨和目的

国际民航组织的宗旨和目的在于发展国际航行的原则和技术,促进国际航空运输的规划和发展,以便实现下列各项目标:保证全世界国际民用航空安全的、有序的发展;鼓励为和平用途的航空器的设计和操作艺术;鼓励国际民用航空应用的航路、机场和航行设施;满足世界人民对安全、正常、有效和经济的航空运输的需要;防止因不合理的竞争而造成经济上的浪费;保证缔约国的权利充分受到尊重,每一缔约国均有经营国际空运企业的公平的机会;避免各缔约国之间的差别待遇;促进国际航行的飞行安全;普遍促进国际民用航空在各方面的发展。

以上八条共涉及国际航行和国际航空运输两个方面问题。前者为技术问题,主要是安全;后者为经济和法律问题,主要是公平合理,尊重主权。两者的共同目的是保证国际民航安全、正常、有效和有序的发展。

(四) 组织机构

国际民航组织由大会、理事会和秘书处三级框架组成。

1. 大会

大会是国际民航组织的最高权力机构,由全体成员国组成。大会由理事会召集,一般情况下每三年举行一次,遇有特别情况时或经五分之一以上成员国向秘书长提出要求,可以召开特别会议。大会决议一般以超过半数通过。参加大会的每个成员国只有一票表决权。但在某些情况下,如《芝加哥公约》的任何修正案,则需三分之二以上票数通过。

大会的主要职能为:选举理事会成员国,审查理事会各项报告,提出未来三年的工作计划,表决年度财政预算,授权理事会必要的权力以履行职责,并可随时撤回或改变这种权力,审议关于修改《芝加哥公约》的提案,审议提交大会的其他提案,执行与国际组织签订的协议,处理其他事项等。

大会召开期间,一般分为大会、行政、技术、法律、经济五个委员会对各项事宜进行讨论和决定,然后交大会审议。

2. 理事会

理事会是向大会负责的常设机构,由大会选出的 36 个缔约国组成。理事国分为三类:第一类是在航空运输领域居特别重要地位的成员国,第二类是对提供国际航空运输的发展有突出贡献的成员国,第三类是区域代表成员国。

理事会设主席一名。主席由理事会选举产生,任期三年,可连选连任。理事会每年召开三次会议,每次会议会期约为两个月。理事会下设财务、技术合作、非法干扰、航行、新航行系统、运输、联营导航、爱德华奖八个委员会。每次理事会开会前,各委员会先分别开会,以便将文件、报告或问题提交理事会。

理事会的主要职责包括:执行大会授予并向大会报告本组织及各国执行公约的情况;管理本组织财务;领导属下各机构工作;通过公约附件;向各缔约国通报有关情况,以及设立运输委员会,研究、参与国际航空运输发展和经营有关的问题并通报成员国,对争端和违反《芝加哥公约》的行为进行裁决等。

3. 秘书处

秘书处是国际民航组织的常设行政机构,由秘书长负责保证国际民航组织各项工作的顺利进行,秘书长由理事会任命。秘书处下设航行局、航空运输局、法律局、技术合作局、行政局五个局以及财务处、外事处。此外,秘书处有一个地区事务处和七个地区办事处,分别设在曼谷、开罗、达喀尔、利马、墨西哥城、内罗华和巴黎。地区办事处直接由秘书长领导,主要任务是建立和帮助各缔约国实行国际民航组织制定的国际标准和建设措施以及地区规划。

(五)国际民航组织的主要工作

国际民航组织按照《芝加哥公约》的授权,发展国际航行的原则和技术。近二十年来,各种新技术飞速发展,全球经济的环境也发生了巨大变化,对国际民用航空的航行和运输管理制度形成了前所未有的挑战。为加强工作效率和针对性,继续保持对国际民用航空的主导地位,国际民航组织制订了战略工作计划,重新确定了工作重点,于 1997 年 2 月由其理事会批准实施。

1. 法规(constitutional affairs)

修订现行国际民航法规条款并制定新的法律文书。

2. 航行(air navigation)

制定并刷新关于航行的国际技术标准和建议措施是国际民航组织最主要的工作,《芝加哥公约》的 18 个附件有 17 个都是涉及航行技术的。战略工作计划要求这一工作跟上国际民用航空的发展速度,保持这些标准和建议措施的适用性。

规划各地区的国际航路网络、授权有关国家对国际航行提供助航设施和空中交通与气象服务、对各国在其本国领土之内的航行设施和服务提出建议,是国际民航组织"地区规划(regional air navigation planning)"的职责,由 7 个地区办事处负责运作。近年来,由于各国越来越追求自己在国际航行中的利益,冲突和纠纷日益增多,致使国际民航组织的统一航行规划难以得到完全实施。战略工作计划要求加强地区规划机制的有效性,更好地协调各国的不同要求。

3. 安全监察(safety oversight program)

近年来全球民航重大事故率平均为1.44架次/百万架次,随着航空运输量的增长,如果这一比例不降下来,事故的绝对次数也将上升到不可接受的程度。国际民航组织从20世纪90年代初开始实施安全监察规划,主要内容为各国在志愿的基础上接受国际民航组织对其航空当局安全规章的完善程度以及航空公司的运行安全水平进行评估。这一规划已在第32届大会上发展成为强制性的"航空安全审计计划(safety audit program)",要求所有的缔约国必须接受国际民航组织的安全评估。

安全问题不仅在航空器运行中存在,在航行领域的其他方面也存在,例如空中交通管制和机场运行等。为涵盖安全监察规划所未涉及的方面,国际民航组织在近年还发起了"在航行域寻找安全缺陷(program for identifying safety shortcomings in the air navigation field)"计划。

4. 制止非法干扰(aviation security)

制止非法干扰,即我国通称的安全保卫或空防安全。这项工作的重点为敦促各缔约国按照安全保卫规定的标准和建议措施,特别加强机场的安全保卫工作,同时大力开展国际民航组织的安全保卫培训规划。

5. 实施新航行系统(ICAO CNS/ATM systems)

新航行系统,即"国际民航组织通信、导航、监视/空中交通管制系统",是集计算机网络技术、卫星导航和通信技术以及高速数字数据通信技术为一体的革命性导航系统,将替换现行的陆基导航系统,大大提高航行效率。20世纪80年代末期,由国际组织提出概念,20世纪90年代初完成全球规划,现已进入过渡实施阶段。这种新系统要达到全球普遍适用的程度,尚有许多非技术问题要解决。战略工作计划要求攻克的难题包括:卫星导航服务(GNSS)的法律框架、运行机构,全球、各地区和各国实施进度的协调与合作、融资与成本回收等。

6. 航空运输服务管理制度(air transport services regulation)

国际民航组织在航空运输领域的重点工作为"简化手续(facilitation)",即"消除障碍以促进航空器及其旅客、机组、行李、货物和邮件自由的、畅通无阻的跨越国际边界"。18个附件中唯一不涉及航行技术问题的就是对简化手续制定标准的建议措施的附件9"简化手续"。

在航空运输管理制度方面,1944年的国际民航会议曾试图制定一个关于商业航空权的多边协定来取代大量的双边协定,但未获多数代表同意。因此,目前国家之间商业航空权的交换仍然由双边谈判来决定。国际民航组织在这方面的职责为:研究全球经济大环境变化对航空运输管理制度的影响,为各国提供分析报告和建议,为航空运输中的某些业务制订规范。战略工作计划要求国际民航组织开展的工作有修订计算机订座系统营运行为规范、研究服务贸易总协定对航空运输管理制度的影响。

7. 统计(statistics)

《芝加哥公约》第54条规定,理事会必须要求、收集、审议和公布统计资料。这不仅对指导国际民航组织的审议工作是必要的,而且对协助各国民航当局根据现实情况制定民航政策也是必不可少的。这些统计资料主要包括:承运人运输量、分航段运输量、飞行始发地和目的地、承运人财务、机队和人员、机场业务和财务、航路设施业务和财务、各国注册的航空器、安全、通用航空以及飞行员执照等，国际民航组织的统计工作还包括经济预测和协助各国规划民航发展。

8. 技术合作

20世纪90年代以前，联合国发展规划署援助资金中5%用于发展中国家的民航项目，委托给国际民航组织技术合作局实施。此后，该署改变援助重点，基本不给民航项目拨款。鉴于不少发展中国家引进民航新技术主要依靠外来资金，国际民航组织强调必须继续维持其技术合作机制，资金的来源，一是靠发达国家捐款，二是靠受援国自筹资金，委托给国际民航组织技术合作局实施。目前，不少发达国家认为国际民航组织技术合作机制效率低，人员多，还要从项目资金中提取13%管理费，很少向其捐款，主要选择以双边的方式直接同受援国实施项目。

9. 培训

国际民航组织向各国和各地区的民航训练学院提供援助，使其能向各国人员提供民航各专业领域的在职培训和国外训练。战略工作计划要求，今后培训方面的工作重点是加强课程的标准化和针对性。

(六) 我国加入情况

我国是国际民航组织的创始成员国之一，1944年11月9日，中国政府签署了《芝加哥公约》，并于1946年2月20日交存了批准书，成为国际民航组织的创始成员国。1950年5月，中华人民共和国政府致电联合国秘书长和国际民用航空组织，要求驱逐我国台湾当局的代表。1971年11月19日，国际民航组织第74届理事会通过决议，承认中华人民共和国政府的代表为中国驻国际民航组织的唯一合法代表。1974年2月15日，中华人民共和国政府致函国际民航组织，承认《芝加哥公约》并从即日起恢复参加国际民航组织的活动，同时声明，1949年10月1日以后，台湾当局盗用中国政府名义在《芝加哥公约》的其他议定书上的签字和批准都是非法的和无效的。同时，对不定期飞行，我国声明需事先向我国政府申请，在得到答复接受后方能进入；对公约第十八章"争端和违约"的执行，以不损害我国主权为原则。1974年9月24日至10月15日，中国代表团出席了国际民航组织第21届会议并当选为理事国。同年12月，我国政府派出了驻国际民航组织理事会的代表。在2004年9月举行的第35届国际民航组织大会上，我国积极竞选一类理事国。目前，在蒙特利尔设有中国驻国际民航组织理事会代表处。

二、《芝加哥公约》

《芝加哥公约》(Chicago Convention)签署于美国芝加哥，也称《国际民用航空公约》(Convention on International Civil Aviation)，为管理世界航空运输奠定了法律基础。

(一)《芝加哥公约》的主要内容

1. 主权原则

缔约国对其领空享有完全的和排他的主权；飞入或飞经该国领空应获批准并受限制；国内航段运载权可以对外国关闭；不妨害该国安全(设立禁区)；遵守当地国法律。

2. 航空器国籍

航空器具有其登记国的国籍；航空器不能具有双重国籍；载有国籍和登记标志才能从事

国际航行;携带有关适航证件。

3. 统一规则与方便航行

遵守统一的国际标准;无差别对待原则;便利空中航行的措施;不订立与公约相抵触的协议。

4. 搜寻援救与事故调查

搜寻援救是国际义务;以航空器失事地点国家为主;有关国家参加;附件 13 和有关手册是技术细节。

(二) 航空自由权

《芝加哥公约》后来成为定义航空自由权(AIR FREEDOM)的基础。

(1) 国家 A 的航班可以在国家 B 的领空做不经停的穿越飞越,称为国家 B 给予国家 A 的第一种自由权。

(2) 国家 A 的航班可以在国家 B 做技术性经停(包括机务维修、加油等),称为国家 B 给予国家 A 的第二种自由权。

(3) 国家 A 的航班可以将国家 A 的旅客和货物运输到国家 B,称为国家 B 给予国家 A 的第三种自由权。

(4) 国家 A 的航班可以将国家 B 的旅客和货物运输到国家 A,称为国家 B 给予国家 A 的第四种自由权。

(5) 国家 A 的航班可以将国家 B 的旅客和货物不经过国家 A 运输到国家 C,称为国家 B 给予国家 A 的第五种自由权。

(6) 国家 A 的航班可以将国家 B 的旅客和货物经过国家 A 运输到国家 C,称为国家 B 给予国家 A 的第六种自由权。

(7) 国家 A 的航班完全在其本国或地区领域以外经营独立的航线,在境外两国或地区间载运客货的权利。

(8) 国家 A 的航班在他国或地区领域内两地间载运客货的权利(境内经营权)。

根据公约的精神,各国之间通常给予相互平等的航空自由权。

关于《芝加哥公约》的具体内容,感兴趣的读者可参看有关参考书籍,也可以访问国际民航组织的有关网址。

三、《华沙条约》

《华沙条约》(Warsaw Convention)签订于 1929 年 10 月 12 日,全称是《统一国际航空运输某些规则的条约》,是民航国际旅客运输中第一部重要的航空法律。《华沙条约》于 1933 年 2 月 13 日生效。我国于 1958 年 7 月 20 日送交了加入书,使该公约于同年 10 月 18 日在我国生效。

《华沙条约》共分五章 41 条,对国际航空运输的定义、运输凭证和承运人责任做出了明确规定。

《华沙条约》特别规定,在运输过程中由于承运人的过失使旅客、托运人或收货人遭受损失,承运人应该承担赔偿责任。公约同时规定,承运人对每名旅客的最大赔偿责任是 12.5 万金法郎,行李和货物每千克 250 金法郎,旅客手提行李每人不超过 5000 金法郎。这里的金法郎是指含有900/1000成色的65.5克黄金的金法郎。这些金额可以折合成任何国家的货币,并取整数。

四、《蒙特利尔公约》

随着历史的发展,《华沙条约》中的某些规定已显陈旧,而且相关修订文件数量较多。为了使《华沙条约》及其相关文件现代化和一体化,ICAO起草定稿了《蒙特利尔公约》,并在1999年5月在蒙特利尔召开的国际航空法大会上由参加国签署。中国和其他51个国家在该大会上签署了该项公约。

需要说明的是,政府签署该项公约并不代表该国同意加入,只有在本国立法机构批准该公约并提交批准书后,此公约才对该国生效。《蒙特利尔公约》正式生效后将取代现有的《华沙公约》文件。

(一)蒙特利尔公约的主要内容和特点

《蒙特利尔公约》共有七章57条。根据其规定,国际航空承运人应当对旅客的人身伤亡、行李和货物损失以及由于延误造成旅客、行李或货物的损失承担责任并予以赔偿。

1. 旅客人身伤亡的赔偿

《蒙特利尔公约》的最大特点是其通过两步递进形式为旅客人身伤亡赔偿引进了无限制责任的概念。

第一步是无论有无过错,承运人必须对旅客的人身伤亡承担赔偿10万特别提款权(约合13.5万美元),承运人不得免除或者限制其责任。第二步是如果旅客的人身伤亡是由承运人的过错造成的,则承运人承担的责任无限制。但10万提款权以上的赔偿责任在下述情况下可以免除:损失不是由于承运人或者其受雇人、代理人的过失或者其他不当行为、不作为造成的;损失完全是由第三人的过失或者其他不当作为、不作为造成的。

此外,事故发生后承运人应当按照国内法的要求,及时向索赔人先行付款,以应其经济需要。先行付款不构成对责任的承认,并可从随后的损害赔偿金中抵消。此规定可以使受害旅客家属不需要通过冗长昂贵的法律诉讼就可以获得初步的赔偿,更符合现代经济的赔偿需求。

2. 行李损失的赔偿

1) 托运行李和非托运行李

对于托运行李,只要损失事件在航空器上或处于承运人掌管之下,承运人就应当承担责任,除非损失是由于行李的固有缺陷、质量或者瑕疵造成的。对非托运行李,即承运人对由其本身、受雇人或者代理人的过错造成的损失承担责任。

2) 行李损失的责任限额

以每名旅客1000特别提款权为限,除非旅客在交运托运行李时特别声明其交付利益,并支付附加费。

3. 货物损失的赔偿

只要造成货物损失的事件是在航空运输期间发生的,承运人就应当承担责任。但由下述原因造成的,承运人可不承担责任。

(1) 货物的固有缺陷、质量或者瑕疵。

(2) 承运人或者其受雇人、代理人以外的人包装货物的,货物包装不良。
(3) 战争行为或者武装冲突。
(4) 公共当局实施的与货物入境、出境或者过境有关的行为。

承运人对货物损失承担每千克17特别提款权的责任限额,除非托运人在交运包件时特别声明其交付利益,并支付附加费。

4. 旅客、行李或者货物延误的损失赔偿

只要承运人证明其为避免损失的发生,已经采取一切合理的措施或者不可能采取此种措施的,承运人不承担责任。否则,承运人应当承担责任,旅客的延误赔偿以每名旅客4150特别提款权为限。

5. 管辖权范围的扩大

如果承运人在旅客的主要且永久居住地有业务经营,则旅客或其家属可以在该居住地的当事国领土内提起诉讼。

对旅客、行李和货物运输的有关凭证予以简化,更加符合现代社会的要求。

(二)《蒙特利尔公约》的严格责任制度

1. 严格责任制度

《华沙公约》对承运人的责任认定采用的是过错推定责任和相对过错责任制度。《蒙特利尔公约》规定,承运人对旅客伤亡承担不高于10万特别提款权的严格责任。严格责任制度的引进大大增加了承运人对旅客进行赔偿的可能性。在10万特别提款权以上部分,承运人的责任认定依然采用过错推定责任,但取消了《华沙公约》中关于相对过错责任的规定,而且过错推定责任项下的两个免责规定非常苛刻,在绝大多数空难事故中,承运人很难利用这两个免责条款为自己辩护。

2. 责任限额

《华沙公约》和《海牙议定书》规定,如果损失不是由于承运人故意或者明知可能造成损失而轻率作为或不作为造成的,则承运人对旅客的责任以固定金额为限(《华沙公约》规定12.5万金法郎,《海牙议定书》规定为25万金法郎)。而《蒙特利尔公约》取消了责任限额对承运人的保护,这意味着承运人将根据旅客的实际受损程度做出赔偿,而且《蒙特利尔公约》10万特别提款权的严格责任是《海牙议定书》责任限额的8倍。

同时,《蒙特利尔公约》规定的各项责任限额每隔五年进行一次复审,当通货膨胀超过10%时可以对责任限额进行修订。当通货膨胀超过30%时,则自动进行复审程序。

3. 其他

《蒙特利尔公约》增加旅客主要且永久居所作为可选的诉讼地之一。对倾向给予人身伤亡较高赔偿金额的发达国家来说,这一规定对其公民或居住者是相当有利的。

《蒙特利尔公约》对"国际运输"的定义以及要求承运人按照国内法先行赔付索赔人的规定,对航空事故的保险理赔都有重要的影响。

2003年7月31日,美国参议院批准了《蒙特利尔公约》,确立了该公约在美国的法律地位。9月5日,美国政府向国际民航组织(ICAO)提交了批准书,从而使美国成为第30个批准该公约的ICAO成员国。喀麦隆也于当天向ICAO递交了批准书。

根据《蒙特利尔公约》第 53 条的规定,当 ICAO 收到第 30 份批准书后的第 60 天,公约将在递交批准书的国家之间生效。因此,《蒙特利尔公约》将在 2003 年 11 月 4 日对美国、日本、加拿大、墨西哥、哥伦比亚等 31 个批准国正式生效。但是该公约目前在中国并没有生效。

4.《东京条约》及其他航空刑法

1971 年《蒙特利尔公约》《东京条约》《海牙公约》为代表的航空刑法体系,处理航空器上的犯罪行为。具体:《东京条约》,1963 年 9 月 14 日缔结于东京,全称为《关于在航空器上犯罪及其他某些行为的公约》;《海牙公约》,1970 年缔结于海牙,全称为《制止非法劫持航空器公约》;《蒙特利尔公约》,1971 年缔结于蒙特利尔,全称为《制止危害民用航空安全的非法行为公约》。

第二节 国际航空运输协会

国际航空运输协会(International Air Transport Association,IATA)是由各国航空公司于 1945 年成立的世界范围的非政府组织,其前身是国际航空业务协会(International Air Traffic Association)。1944 年 4 月,各国航空公司在哈瓦那审议了协会章程,58 家航空公司签署了文件。1945 年 10 月,国际航空运输协会第一届年会在加拿大蒙特利尔召开。

一、宗旨和目的

国际航空运输协会的宗旨及目的如下。

(1)为世界人民的利益,促进安全、准时和经济的航空运输的发展,扶持航空商业并研究与之相关的问题。

(2)为直接或间接从事国际航空运输服务的各航空运输企业提供协作的途径。

(3)为开展与国际民航组织、其他国际组织和地区航空公司协会的合作提供便利。

二、IATA 成员

国际航空运输协会的会员分为正式会员和准会员两类。国际航空运输协会会籍向获得符合国际民航组织成员国身份的政府所颁发执照的任何提供定期航班的经营性公司开放。国际航空运输协会正式会员向直接从事国际经营的航空公司开放,而国际航空运输协会准会员身份只向国内航空公司开放。国际航空运输协会现有两百多家会员航空公司。

申请加入国际航空运输协会的航空公司如果想成为正式会员,必须符合下列条件:批准其申请的政府是有资格成为国际民航组织成员的国家政府;在两个或两个以上国家间从事航空服务。其他航空公司可以申请成为准会员。

国际航空运输协会的执委会负责审议航空公司的申请并有权决定接纳航空公司成为正式会员或准会员。

为防止会员拖欠会费,国际航空运输协会的章程明文规定,如果一个会员在 180 天之内未缴纳会费、罚金或其他财政义务,也没有能够在此期限内做出履行此类义务的安排,那么该会员的权利将受到限制,不再拥有表决权,其代表也不可以成为国际航空运输协会任何机

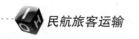

构的成员,但是其会员资格并未终止,仍然享有根据 IATA 章程所应享有的其他权利和义务。

任何会员可以自行通知国际航空运输协会理事长退出该组织,并自通知发出之日起 30 天生效。如果会员违反了国际航空运输协会的有关章程或规定,或者航空公司所代表的国家被国际民航组织除名,或者会员宣告破产,执行委员会可以取消其会员资格。

三、IATA 的组织机构

1. 全体会议

全体会议是国际航空运输协会的最高权力机构,每年举行一次会议,经执行委员会召集,也可随时召开特别会议。所有正式会员在决议中都拥有平等的一票表决权,如果不能参加,也可授权另一正式会员代表其出席会议并表决。全体会议的决定以多数票通过。在全体会议上,审议的问题只限于涉及国际航空运输协会本身的重大问题,如选举协会的主席和执行委员会委员、成立有关的委员会以及审议本组织的财政问题等。

2. 执行委员会

执行委员会是全会的代表机构,对外全权代表国际航空运输协会。执委会成员必须是正式会员的代表,任期分别为一年、二年和三年。执委会的职责,包括管理协会的财产、设置分支机构、制定协会的政策等。执委会的理事长是协会的最高行政和执行官员,在执委会的监督和授权下行使职责并对执委会负责。在一般情况下,执委会应在年会即全体会议之前召开,其他会议时间由执委会规定。执委会下设秘书长、专门委员会和内部办事机构,维持协会的日常工作。目前执委会有 30 名成员。

3. 专门委员会

国际航空运输协会分为运输、财务、法律和技术委员会。各委员会由专家、区域代表及其他人员组成并报执委会和大会批准。目前运输委员会有 30 名成员,财务委员会有 25 名成员,技术委员会有 30 名成员,法律委员会有 30 名成员。

4. 分支机构

国际航空运输协会总部设在加拿大蒙特利尔,但主要机构还设在日内瓦、伦敦和新加坡。国际航空运输协会还在安曼、雅典、曼谷、达卡、雅加达、吉达、吉隆坡、迈阿密、内罗毕、纽约、波多黎各、里约热内卢、圣地亚哥、华沙、华盛顿以及我国香港设有地区办事处。

四、IATA 的主要工作

根据 1978 年国际航空运输特别大会决定,国际航空运输协会的活动主要分为行业协会活动和运价协调活动两大类。1988 年又增加了行业服务。

1. 运价协调

国际航空运输协会通过召开运输会议确定运价,经有关国家批准后即可生效。第二次世界大战以后,确立了通过双边航空运输协定经营国际航空运输业务的框架。在此框架内,由哪一家航空公司经营哪一条航线以及运量的大小,由政府通过谈判确定,同时,在旅客票价和货物运费方面也采用一致的标准,而这个标准的运价规则是由国际航空运输协会制订的。如有争议,有关国家政府有最后决定的权利。为便于工作,协会将全球划分为三个区域,即一区,包括所有北美洲和南美洲大陆及与之毗连的岛屿,格陵兰群岛、百慕大群岛、西印度群岛和加勒比海群岛、夏威夷群岛(包括中途岛和帕尔迈拉);二区,包括欧洲全部(包括俄罗斯联邦在欧洲的部分)和与之毗连的岛屿,冰岛、亚速尔群岛、非洲全部和与之毗连的岛屿、阿森松岛和地处伊朗伊斯兰共和国西部并包括其在内的亚洲部分;三区,包括除二区已包括部分的亚洲全部和与之毗连的岛屿,东印度群岛的全部、澳大利亚、新西兰和与之毗连的岛屿以及除一区所包括之外的所有的太平洋岛屿。

2. 运输服务

国际航空运输协会制定了一整套完整的标准和措施以便在客票、货运单和其他有关凭证以及对旅客、行李和货物的管理方面建立统一和程序,这也就是所谓的"运输服务",主要包括旅客、货运、机场服务三个方面,也包括多边联运协议。

3. 代理人事务

国际航空运输协会在1952年就制定了代理标准协议,为航空公司与代理人之间的关系设置了模式。协会举行一系列培训代理人的课程,为航空销售业造就合格人员。协会近年来随自动化技术的应用发展制定了适用客、货销售的航空公司与代理人结算的"开账与结算系统"和"货运账目结算系统"。

4. 法律

国际航空运输协会的法律工作主要表现在为:世界航空的平稳运作而设立出文件和程序的标准;为会员提供民用航空法律方面的咨询和诉讼服务;在国际航空立法中,表达航空运输承运人的观点。

5. 技术

国际航空运输协会对《芝加哥公约》附件的制定起到了重要的作用,目前在技术领域仍然进行着大量的工作,主要包括:航空电子和电信、工程环境、机场、航行、医学、简化手续以及航空保安等。

1993年,中国国际航空公司、东方航空公司和南方航空公司正式加入了国际航空运输协会。此后,我国其他航空公司也相继加入了国际航空运输协会。

第三节 世界贸易组织、《服务贸易总协定》与航空运输附件

世界贸易组织的前身是缔约于1947年、正式生效于1948年的关税与贸易总协定,它是一项有关关税和贸易的多边国际协定,同时也是一个调整缔约国之间经济贸易关系方面的国际组织。根据客观形势的要求,关税与贸易总协定于1994年更改为世界贸易组织,总部位于瑞士日内瓦。

1986年9月在乌拉圭发起的乌拉圭回合,最后于1994年4月15日发表了"马拉喀什部长宣言",并最终形成了世界贸易组织国际法体系的《服务贸易总协定》。

《服务贸易总协定》包括29条和8个附件,航空运输附件是其中之一。《服务贸易总协定》将服务贸易定义为"国际服务的提供",包括某项服务的生产、分配、营销、销售等一系列活动。《服务贸易总协定》认为,服务贸易的形式包括以下内容。

（1）跨境服务：表示从一国境内向其他国家境内提供的服务，它没有人员、物资的流动，而是通过电信、邮电、互联网等实现的。

（2）境外消费：表示在一国境内为来自其他国家的消费者提供的服务。

（3）商业存在：某一国的服务者通过到其他国家境内成立公司、分支机构等实体来为其他国家的用户提供服务，它是服务贸易中最普遍的形式。

（4）自然人移动：某一国的自然人通过在其他国家的存在来为有关用户提供服务。

通过这样四种形式，促进服务贸易在国际的发展，进而实现《服务贸易总协定》的宗旨，即"通过建立一个具有各项准则和规则的服务贸易多边纪律框架，在政策透明和逐步自由化的条件下，扩大服务贸易，并以此作为促进所有贸易伙伴及发展中国家和地区经济增长的一种手段"。

《服务贸易总协定》除确定了适用于所有服务行业的一般性规则及适用于各项特定服务行业共性方面的规则外，还以8个附件及其他相关文件为一些特定的服务行业确定了具有针对性的补充规定。

在民航运输服务领域里，早在1990年国际民航组织就与当时的关税与贸易总协定达成共识：在民航运输业的"硬约束"方面，即航空权、航路、航空器适航、飞行安全、人员执照等方面要受国际民航组织签署的协议和颁发的规则的约束；在民航运输业的"软约束"方面，即民用航空器贸易、民航客货运输销售、计算机订座、航空器及附件的维修方面，需要受到当时的关税与贸易总协定的原则和规则的约束。

以上述共识为基础，《服务贸易总协定》中的民用航空运输附件要求各参加方将最惠国待遇、国民待遇、市场准入、政策透明等贸易自由化的原则应用于航空器维修服务、航空客货运输市场营销服务、计算机订座服务等方面，并将这些市场的开放列入各自的义务承诺表。

服务贸易总协定《民用航空运输附件》的内容参见本章拓展阅读2。

对世界贸易组织、服务贸易总协定（包括民航运输附件）感兴趣的读者可以访问国际贸易组织的网站。

拓展阅读1

IATA 主要成员基本信息

代码	英文名称/中文名称	总部（英文）/总部（中文）
EI	Aer Lingus/爱尔兰航空公司	Dublin, Ireland/都柏林,爱尔兰
SU	Aeroflot/俄罗斯国际航空公司	Moscow, Russia/莫斯科,俄罗斯
AR	Aerolineas Argentinas/阿根廷航空公司	Buenos Aires, Argentina/布宜诺斯艾利斯,阿根廷
AC	Air Canada/加拿大航空公司	Montreal, Canada/蒙特利尔,加拿大
CA	Air China/中国国际航空公司	Beijing, China/北京,中国
AF	Air France/法国航空公司	Paris, France/巴黎,法国
AI	Air India/印度国际航空公司	Mumbai, India/孟买,印度
UL	Airlanka/斯里兰卡航空公司	Colombo, Sri Lanka/科伦坡,斯里兰卡
NX	Air Macau Company/澳门航空公司	Macau, China/澳门,中国
NZ	Air New Zealand/新西兰航空公司	Auckland, New Zealand/奥克兰,新西兰
AZ	Alitalia/意大利航空公司	Rome, Italy/罗马,意大利

第六章 国际客运组织与法规

续表

代码	英文名称/中文名称	总部(英文)/总部(中文)
NH	All Nippon Airways/全日本航空公司	Tokyo,Japan/东京,日本
AA	American Airlines/美利坚航空公司	Dallas,Texas,America/达拉斯,美国
OS	Austrian Airlines/奥地利航空公司	Vienna,Austria/维也纳,奥地利
BA	British Airways/英国航空公司	London,UK/伦敦,英国
CI	China Airlines/中华航空公司	Taipei,China/台北,中国
CX	Cathay Pacific Airways/国泰航空公司	Hong Kong,China/香港,中国
MU	China Eastern Airlines/中国东方航空公司	Shanghai,China/上海,中国
CZ	China Southern Airlines/中国南方航空公司	Guangzhou,China/广州,中国
MX	Mexicana/墨西哥航空公司	Mexico City,Mexico/墨西哥城,墨西哥
CO	Continental Airlines Inc./大陆航空公司	Houston,America/休斯敦,美国
DL	Delta Air Lines/三角航空公司	Atlanta,Georgia,America/亚特兰大,美国
LH	Deutsche Lufthansa/德国汉莎航空公司	Cologne,Germany/科隆,德国
KA	Hong Kong Dragon Airlines/港龙航空公司	Hong Kong SAR,China/香港,中国
MS	Egypt Air/埃及航空公司	Cairo,Egypt/开罗,埃及
LY	EL AL Israel Airlines/以色列航空公司	Tel Aviv,Israel/特拉维夫,以色列
EK	Emirates Airlines/酋长国航空公司	Dubai,U.A.E/迪拜,阿拉伯联合酋长国
AY	Finnair/芬兰航空公司	Helsinki,Finland/赫尔辛基,芬兰
GA	Garuda Indonesia/印尼鹰航空公司	Jakarta,Indonesia/雅加达,印度尼西亚
GF	Gulf Air/海湾航空公司	Bahrain,Bahrain/巴林,巴林
IB	Iberia/西班牙(伊比利亚)航空公司	Madrid,Spain/马德里,西班牙
IR	IRAN AIR/伊朗航空公司	Tehran,Iran/德黑兰,伊朗
JL	Japan Airlines/日本航空公司	Tokyo,Japan/东京,日本
JU	JAT/南斯拉夫航空公司	Belgrade,Yugoslavia/贝尔格莱德,南斯拉夫
KL	KLM/荷兰皇家航空公司	Amsterdam,Netherlands/阿姆斯特丹,荷兰
KE	Korean Airlines/大韩航空公司	Seoul,Korea/首尔,韩国
KU	Kuwait Airways/科威特航空公司	Kuwait/科威特
MA	MALEY(Hungarian Airlines)/匈牙利航空公司	Budapest,Hungary/布达佩斯,匈牙利
NW	Northwest Airlines Inc./西北航空公司	Minneapolis,America/明尼阿伯利斯,美国
MH	Malaysia Airlines System/马来西亚航空公司	Kuala Lumpur,Malaysia/吉隆坡,马来西亚
OA	Olympic Airways/奥林匹克航空公司	Athens,Greece/雅典,希腊
PK	Pakistan Int. Airlines/巴基斯坦国际航空公司	Karachi,Pakistan/卡拉奇,巴基斯坦
PR	Philippine Air Lines/菲律宾航空公司	Manila,Philippines/马尼拉,菲律宾

87

续表

代码	英文名称/中文名称	总部(英文)/总部(中文)
LO	Polish Airlines LOT/波兰航空公司	Warsaw,Poland/华沙,波兰
QF	Qantas Airways/快达航空公司	Sydney,Australia/悉尼,澳大利亚
AT	Royal Air Maroc/摩洛哥皇家航空公司	Casablanca,Morocco/卡萨布兰卡,摩洛哥
RJ	Royal Jordanian/约旦皇家航空公司	Amman,Jordan/安曼,约旦
SN	SABENA/比利时航空公司	Brussels,Belgium/布鲁塞尔,比利时
SK	SAS/北欧航空公司	Stockholm,Sweden/斯德哥尔摩,瑞典
SV	Saudi Arabian Airlines/沙特阿拉伯航空公司	Jeddah,Saudi Arabia/吉达,沙特阿拉伯
SQ	Singapore Airlines/新加坡航空公司	Singapore,Singapore/新加坡
SA	South African Airways/南非航空公司	Johannesburg,South Africa/约翰内斯堡,南非
SR	Swissair/瑞士航空公司	Zurich,Switzerland/苏黎世,瑞士
SD	Sudan Airways/苏丹航空公司	Khartoum,Sudan/喀土穆,苏丹
TP	TAP Air Portugal/葡萄牙航空公司	Lisbon,Portugal/里斯本,葡萄牙
TG	Thai Airways International/泰国国际航空公司	Bangkok,Thailand/曼谷,泰国
TK	Turkish Airlines/土耳其航空公司	Istanbul,Turkey/伊斯坦布尔,土耳其
UA	United Air Lines/美国联合航空公司	Chicago,America/芝加哥,美国
RG	Varig/瓦里格航空	Rio de Janeiro,Brazil/里约热内卢,巴西
US	USAIR Inc./合众国航空公司	Washington,USA/华盛顿,美国
VS	Virgin Atlantic Airways/维尔京大西洋航空公司	Crawley,UK/苏塞克斯,英国
VA	VIASA/委内瑞拉航空公司	Caracas,Venezuela/加拉加斯,委内瑞拉

拓展阅读2

服务贸易总协定中航空运输服务附件(*Annex on air transport services*)

1. This Annex applies to measures affecting trade in air transport services, whether scheduled or non-scheduled, and ancillary services. It is confirmed that any specific commitment or obligation assumed under this Agreement shall not reduce or affect a Member's obligations under bilateral or multilateral agreements that are in effect on the date of entry into force of the WTO Agreement.

2. The Agreement, including its dispute settlement procedures, shall not apply to measures affecting: (a) traffic rights, however granted; (b) services directly related to the exercise of traffic rights, except as provided in paragraph 3 of this Annex.

3. The Agreement shall apply to measures affecting: (a) aircraft repair and maintenance services; (b) the selling and marketing of air transport services; (c) computer reservation system (CRS) services.

4. The dispute settlement procedures of the Agreement may be invoked only where obligations or specific commitments have been assumed by the concerned Members and where dispute settlement procedures in bilateral and other multilateral agreements or arrangements have been exhausted.

5. The Council for Trade in Services shall review periodically, and at least every five years, developments in the air transport sector and the operation of this Annex with a view to considering the possible further application of the Agreement in this sector.

6. Definitions:

(a) Aircraft repair and maintenance services mean such activities when undertaken on an aircraft or a part thereof while it is withdrawn from service and do not include so-called line maintenance.

(b) Selling and marketing of air transport services mean opportunities for the air carrier concerned to sell and market freely its air transport services including all aspects of marketing such as market research, advertising and distribution. These activities do not include the pricing of air transport services nor the applicable conditions.

(c) Computer reservation system (CRS) services mean services provided by computerized systems that contain information about air carriers' schedules, availability, fares and fare rules, through which reservations can be made or tickets may be issued.

(d) Traffic rights mean the right for scheduled and non-scheduled services to operate and/or to carry passengers, cargo and mail for remuneration or hire from, to, within, or over the territory of a Member, including points to be served, routes to be operated, types of traffic to be carried, capacity to be provided, tariffs to be charged and their conditions, and criteria for designation of airlines, including such criteria as number, ownership, and control.

第七章
国际客运地理

第一节　国际客运地理的基本概念

一、国际航协分区基础与半球的划分

国际航协(IATA)为了更好地协调世界各国航空运输企业的业务,根据相关国家之间航空运输往来的密切程度,将全球划分为三个区(traffic conference area,AREA,也有人将其简称为TC),即一区、二区和三区(也即 AREA 1/AREA 2/AREA 3,或 TC1/TC2/TC3)。在每个区里还划分为若干个子区(SUB-AREA,也有称为次区)。但由于划分标准不一,子区的划分有很多版本,这里只介绍最常见的划分方法。

(一)一区的构成

一区主要包括全部南美洲、北美洲大陆及其相邻岛屿、格陵兰群岛、百慕大群岛、西印度群岛、加勒比海岛屿以及夏威夷群岛(包括中途岛和巴尔米拉环礁)。

一区下还可以划分为四个子区,具体如下。

(1)北大西洋子区(或称为北美子区)主要包括:美国(US)、加拿大(CA)、墨西哥(MX)、圣皮埃尔和密克隆(PM)。

(2)中大西洋子区(或称为中美子区)主要包括:贝利兹(BZ)、哥斯达黎加(CR)、洪都拉斯(HN)、萨尔瓦多(SV)、危地马拉(GT)、尼加拉瓜(NI)等国家及其相邻岛屿。

(3)南大西洋子区(或称为南美子区)主要包括:阿根廷(AR)、巴西(BR)、智利(CL)、秘鲁(PE)、厄瓜多尔(EC)、玻利维亚(BO)、法属圭亚那(GF)、苏里南(SR)、圭亚那(GY)、乌拉圭(UY)、巴拿马(PA)、委内瑞拉(VE)、哥伦比亚(CO)、巴拉圭(PA)等国家及其相邻岛屿。

(4)加勒比海子区主要包括:安圭拉(AI)、海地(HT)、安提瓜和巴布达(AG)、牙买加(JM)、阿鲁巴(AW)、马提尼克(MQ)、巴巴多斯(BB)、蒙特塞拉特(MS)、英属维尔京群岛(VG)、尼维斯和圣基茨(KN)、开曼群岛(KY)、荷属安的列斯(AN)、古巴(CU)、圣卢西亚(LC)、多米尼加(DO)、格林纳达(GP)、特立尼达和多巴哥(TT)、圣文森特和格林纳丁斯(VC)、特鲁克和凯科斯群岛(TC)、瓜德罗普岛(GP)。

北美洲有着世界上最高效的运输体系,对于当地的经济发展起到了重要的作用。

美国航空运输业的"金三角"是洛杉矶—芝加哥—亚特兰大。其中亚特兰大机场、芝加哥奥黑尔机场、洛杉矶机场三个机场是世界旅客吞吐量前三的机场。

北美地区与欧洲地区的航线、北美地区与东亚地区的航线是世界上最繁忙的航线之一。各种现代化飞机的出现更使纽约、华盛顿与巴黎、伦敦、东京之间的距离近在咫尺。

而且北美地区有着许多著名的国家公园,其拥有的自然风景非常壮观,而田野乡村的景致又别具一格。同时,北美地区还有很多文化设施,包括博物馆、歌剧院等,吸引了众多游客。

南美洲幅员辽阔,地形复杂,各个地区之间有水运和空运连接,安第斯山脉崎岖蜿蜒,位于南美洲大陆西部,是世界上最长的山脉,是南美洲的一道天然屏障,目前仅有飞机能够征服它。南美洲国家如巴西、阿根廷等,水运非常发达,可以通往世界各地。其铁路设施比较健全,但由于铺设的是陈旧的单轨,因而限制了其效率的提高。其他的内陆国家,如玻利维亚、巴拉圭等运输业需要继续发展。

南美洲的航空运输近二十年来发展迅速,当地居民可以乘坐当地航空公司的航班到达世界上任何一个角落。航空网不仅延伸到北美洲、欧洲、大洋洲和亚洲,甚至在非洲也可看到南美洲国家航空公司的飞机在起降。

南美洲拥有著名的海滩、桑巴舞蹈和探戈舞蹈、嘉年华,同时还有充满激情的音乐以及热烈的生活氛围。南美洲还有神秘的哥伦比亚文化,有着令人惊叹不已的西班牙、葡萄牙殖民时期留下的建筑,还有从亚马逊森林到安第斯山脉以及巴塔哥尼亚高原的美丽风景。

(二) 二区的构成

二区里主要包括欧洲全部(含乌拉尔山脉以西的国家)及其相邻岛屿,全部非洲及其相邻岛屿,阿森松岛和亚洲西部包括伊朗在内的国家。二区可以划分为以下三个子区。

(1) 欧洲子区包括地理欧洲的国家以及在地理上属于北非的阿尔及利亚、摩洛哥和突尼斯。另外,还包括位于欧亚两大洲交界地的土耳其。主要包括:阿尔巴尼亚(AL)、希腊(GR)、俄罗斯(乌拉尔山以西)(RU)、阿尔及利亚(DZ)、匈牙利(HU)、圣马利诺(SM)、安道尔(AD)、冰岛(IS)、斯洛伐克(SK)、亚美尼亚(AM)、爱尔兰(IE)、斯洛文尼亚(SI)、奥地利(AT)、意大利(IT)、西班牙(ES)、阿塞拜疆(AZ)、拉脱维亚(LV)、白俄罗斯(BY)、列支敦士登(LI)、瑞典(SE)、比利时(BE)、立陶宛(LT)、瑞士(CH)、卢森堡(LU)、波斯尼亚-黑塞哥维那(BA)、突尼斯(TN)、马其顿(MK)、土耳其(TR)、保加利亚(BG)、马耳他(MT)、乌克兰(UA)、克罗地亚(HR)、摩尔多瓦(MD)、英国(GB)、捷克(CZ)、摩纳哥(MC)、南斯拉夫(YU)、丹麦(DK)、摩洛哥(MA)、爱沙尼亚(EE)、荷兰(NL)、芬兰(FI)、挪威(NO)、法国(FR)、波兰(PL)、格鲁吉亚(GE)、葡萄牙(PT)、德国(DE)、直布罗陀(GI)、罗马尼亚(RO)。

与其相关的概念还有:欧洲大陆(指所有上述欧洲国家,但除去阿尔及利亚、冰岛、爱尔兰、突尼斯、英国)、伊比利亚半岛(指直布罗陀、葡萄牙、西班牙)、斯堪的那维亚(丹麦(不包括格陵兰岛)、挪威、瑞典)。

(2) 中东子区包括位于阿拉伯半岛上的中东国家和地理概念上隶属于非洲的埃及、苏丹两国。另外,塞浦路斯通常被视为欧洲的一部分,但它也被划分到中东子区。中东子区主要包括:巴林(BH)、塞浦路斯(CY)、埃及(EG)、伊朗(IR)、伊拉克(IQ)、以色列(IL)、约旦(JO)、科威特(KW)、黎巴嫩(LB)、卡塔尔(QA)、沙特阿拉伯(SA)、苏丹(SD)、阿曼(OM)、叙利亚(SY)、也门(YE)、阿拉伯联合酋长国(包括阿布扎比、迪拜、沙迦、富查伊拉、阿治曼)(AE)。

(3) 非洲子区是除去阿尔及利亚、摩洛哥、突尼斯、埃及、苏丹五国外其他在地理上属于非洲的国家。中非包括马拉维(MW)、赞比亚(ZM)、津巴布韦(ZW);东非包括布隆迪(BI)、肯尼亚(KE)、坦桑尼亚(TZ)、吉布提(DJ)、卢旺达(RW)、乌干达(UG)、埃塞俄比亚(ET)、索马里(SO);南非包括博茨瓦纳(BW)、莫桑比克(MZ)、纳米比亚(NA)、莱索托(LS)、南非(ZA)、斯威士兰(SZ);西非包括安哥拉(AO)、几内亚(GN)、贝宁(BJ)、几内亚比绍(GW)、布基纳法索(BF)、利比里亚(LR)、喀麦隆(CM)、马里(ML)、佛得角(CV)、毛里塔尼亚(MR)、中非共和国(CF)、尼日尔(NE)、乍得(TD)、尼日利亚(NG)、刚果(CG)、科特迪瓦(CI)、塞内加尔(SN)、圣多美和普林西比(ST)、赤道几内亚(GQ)、塞拉里昂(SL)、加蓬(GA)、多哥(TG)、冈比亚(GM)、扎伊尔(ZR)、加纳(GH)。

欧洲有关客运的历史源远流长。人们一直在研究如何大量、快速地运输旅客。18 世纪,欧洲最早发明了蒸汽火车,为人类做出了不可磨灭的贡献。铁路迅速延伸到欧洲的每一个重要城市,大大加速了欧洲城市之间的发展。1883 年"东方快车"(ORIENT EXPRESS)铁路公司正式营运,开始了它从巴黎到伊斯坦布尔的横贯欧洲大陆的运输。第二次世界大战以后,汽车和飞机崛起,对铁路构成了巨大挑战,但铁路运输依然是欧洲旅客运输业的重要组成部分,每年均要运送数以百万计的旅客。由于欧洲濒临大西洋,内陆也有一些河流湖泊,所以水路运输是欧洲非常重要的运输方式。驳船、摆渡船、客船以及其他一些海上运行的船只都非常重要,每年都载运了大量旅客和货物。汽车对于欧洲人来说也是重要的交通工具,许多大城市之间均有高速公路连接。航空运输在近四十年来变得日益流行,欧洲境内以及世界范围乘坐飞机旅行已经普及。

欧洲是人类思想和科学的发源地,也是 19 世纪工业革命的摇篮,同时还是艺术家的摇篮,拥有很多历史古迹,例如:白金汉宫、威斯敏斯特教堂、圣保罗大教堂、凯旋门、罗浮宫、宙斯神庙、帕尔特农神庙、科洛西姆斗兽场、大杂技场、国家歌剧院、美泉宫、多瑙河、红场、克里姆林宫、勃兰登堡门、圣母教堂等。

此外,欧洲还有很多美丽的自然风光,从挪威壮观的峡湾到瑞典、芬兰安静的湖泊,从英格兰乡村迷人的景致到奥地利的滑雪圣地,从地中海两岸的阳光到瑞士的森林等。

另外,欧洲还有很多传统节日、传统美味佳肴,结合丰富的艺术财富,许多著名城市都为旅客提供了众多诱人的文化活动,包括狂欢节、音乐会、歌剧、戏剧、斗牛活动等。

非洲是世界上交通运输业比较落后的一个洲,目前还没有形成完整的交通运输体系。交通运输以公路为主,另有铁路、海运等方式。大多数交通线路从沿海各个港口伸向内陆,彼此之间相互孤立。虽然南非的交通比较发达,但其他地区的运输线路几乎是一片空白。现在,这一状况正在改变之中。

航空运输是非洲综合运输的一部分,早期就开始了发展,但由于缺乏财政支持,基本处于待发展阶段。即使这样,许多国家也没有放弃航空运输,一些国家提出了合营的方案,但总体上不成功。非洲航空运输最完善的是从北部的摩洛哥穿越阿尔及利亚、突尼斯、埃及到南非的航空网络。

非洲是一个充满神奇色彩的地方,有着强烈节奏的舞蹈、鼓声以及有着强烈色彩的面具和各种祭祀用具都会给人留下深刻的印象。同时,非洲东部还有一些濒临灭绝的珍贵野生动物等。另外,很多非洲国家都有着丰富的矿藏和文物宝藏。在地中海沿岸有着非常舒适的热带海洋气候以及风光。著名景观有尼罗河、金字塔、狮身人面像等。

(三)三区的构成

三区里主要包括除去二区部分之外的全部亚洲地区及其临近的岛屿,所有东印度群岛,澳大利亚、新西兰及其相邻岛屿,除去一区以外的其他太平洋岛屿。三区可以划分为如下四个子区。

(1) 南亚次大陆子区主要指位于南亚次大陆的国家(地区),包括阿富汗(AF)、尼泊尔(NP)、孟加拉国(BD)、巴基斯坦(PK)、不丹(BT)、斯里兰卡(LK)、马尔代夫(MV)、印度(包括安达曼群岛)(IN)。

(2) 东南亚子区主要指位于东南亚的国家(地区)以及在地理上属于中亚的国家(地区),包括中国(CN)、中国香港(HK)、中国澳门(MO)、中国台湾(TW)、文莱(BN)、柬埔寨(KH)、关岛(GU)、印度尼西亚(ID)、哈萨克斯坦(KZ)、吉尔吉斯斯坦(KG)、老挝(LA)、马来西亚(MY)、马绍尔群岛(MH)、密克罗尼西亚(FM)、蒙古国(MN)、缅甸(BU)、北马里亚纳群岛(MP)、贝劳(PW)、菲律宾(PH)、新加坡(SG)、俄罗斯(乌拉尔山以东部分)(RZ)、塔吉克斯坦(TJ)、泰国(TH)、土库曼斯坦(TM)、乌兹别克斯坦(UZ)、越南(VN)。

(3) 东亚子区包括日本(JP)、韩国(KR)、朝鲜(KP)。

(4) 西南太平洋子区主要指位于西南太平洋的国家(地区)和岛屿(但不包括隶属于一区的岛屿),包括美属萨摩亚(AS)、纽埃(NU)、澳大利亚(AU)、巴布亚新几内亚(PG)、库克群岛(CK)、萨摩亚群岛(WS)、斐济(FJ)、所罗门群岛(SB)、汤加(TO)、法属波利尼西亚(PF)、基里巴斯(KI)、瓦卢(TV)、瑙鲁(NR)、瓦努阿图(VU)、新西兰(NZ)、瓦利斯群岛和富图纳群岛(WF)、新喀里多尼亚群岛(NC)。

三区的亚洲人口众多,地域广大,人们需要利用各种不同的运输方式旅行。同时,由于经济水平差距较大,所以只要是能够想象到的运输方式都可以在这里找到。例如,以骆驼、牛、大象为代表的动物运输,以公共汽车、轿车、卡车为代表的汽车运输,以火车为代表的铁路运输,以飞机为代表的航空运输,另外自行车和摩托车也是当地重要的运输方式。

即使在亚洲范围内,由于所处的地理位置不同,各种运输方式的发展也极不均衡。例如,印度仅有三分之一的村庄铺设了公路,但铁路所延伸的范围非常广泛。在俄罗斯远东地区,由于冬季寒冷的气候,人们在冬季很难做长途旅行。位于南亚的珠穆朗玛峰是世界最高峰,同时也构成了影响交通运输的天然巨大障碍。日本由于经济发达,从而形成了一整套相对完整的高效率的运输体系。

亚洲的航空运输网络发展非常健全,这不仅表现在亚洲范围内,而且表现在其与相邻各洲的紧密联系,像日本、韩国、东南亚各国、南亚各国以及中东国家,都拥有连接国内各主要城市和欧洲、大洋洲、美洲主要航空港的航班。

亚洲是人类文明的发源地。很早以前这里诞生了人类三大宗教,即佛教、伊斯兰教和基督教,所以亚洲的人文传统、语言习惯、宗教建筑和文化活动对于旅客来讲都有着巨大的魅力。同时,亚洲拥有从热带到寒带的多个气候带,自然景色丰富多样,既有壮观的珠穆朗玛峰,又有旖旎的热带风光,还有一望无际的草原。主要的旅游景观包括故宫、八达岭长城、鱼尾狮像、裕华园、香港海洋公园、香港跑马场、香港山顶公园等。在亚洲主要的城市里,旅游

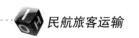

设施非常便利,但在一些比较偏远的城市和地区,旅游业还不发达。

大洋洲位于亚洲和南美洲、北美洲之间,向南遥对南极洲,是联系各洲航线的必经之路。许多国际海底光缆均通过这里,海洋航运成为国与国、城市与城市之间相互交往的重要手段。大洋洲幅员辽阔,人烟稀少且分布不均,所以早在1986年大洋洲就建设成了16000km的公路网,把大洋洲紧密联系在一起。正因如此,澳大利亚汽车业发达,平均每两个人一辆车。澳大利亚水运比较发达,拥有将近60个海岸出口原材料,是经济的重要组成部分。

澳大利亚与新西兰的航空运输非常发达,各个岛屿之间的航空网络也很健全。与欧洲、北美洲、亚洲之间的航班频繁,与非洲、南美洲之间也有航班往来。

大洋洲有各种各样的奇异景观,既有悉尼繁忙的都市街景,也有悠闲的郊外风光,伴随着富饶的土地、珍稀的动物、广阔的草原、平整的沙滩,还有壮丽的山峰和茂密的热带丛林。

(四)半球的划分

根据关于各区的划分,国际航协又定义了半球的概念,即东半球(EASTERN HEMISPHERE),包括二区和三区;西半球(WESTERN HEMISPHERE),只包括一区。

二、城市与机场三字代码

相对于国家的二字代码,国际航协还为国际上每一个通航的城市规定了一个三字代码。同时每一个机场都有独一无二的三字代码。

三、国际旅客运输方向代号

由于地球上任意两点之间都可能有若干条航线,所以有必要对航线进行分类。国际航协通过多年的探索,结合各个成员航空公司的实践,总结归纳出航线可以用以下运输方向代号(简称为GI)来表示。需要指出,这些方向代号均表示航程始发地与航程目的地之间的全航程的方向代号,并非指航程中某一航段的方向代号。

(1) AT:全称为ATLANTIC,表示跨越大西洋的航线。例如,PAR—LON—NYC。

(2) PA:全称为PACIFIC,表示跨越太平洋的航线。例如,BJS—HKG—YVR。

(3) AP:全称为ATLANTIC & PACIFIC,表示既跨越大西洋、又跨越太平洋的航线。例如,BJS—TYO—YVR—NYC—LON。

(4) WH:全称为WESTERN HEMISPHERE,表示完全在西半球范围旅行的航线。例如,YVR—SEA—MEX。

(5) EH:全称为EASTERN HEMISPHERE,表示完全在东半球范围旅行的航线。例如,LON—PAR—BJS。

(6) PN:全称为PACIFIC AND NORTH AMERICA,表示跨越太平洋和北美航线。例如,SYD—LAX—MEX—SCL。

(7) SA:全称为VIA SOUTH ATLANTIC,表示跨越南大西洋的航线,专指南大西洋子区和东南亚之间跨越约翰内斯堡的航线。例如,RIO—HKG(跨越约翰内斯堡)。

(8) TS:全称为TRANS SIBERIA航线,表示在二区和三区之间存在着欧洲和日本/韩国/中国台湾之间的不经停航段的航线。例如,BKK—TYO—STO。

(9) FE:全称为FAR EAST航线,表示俄罗斯(乌拉尔山以西部分)、乌克兰与三区之间存在着不经停航段的航线。例如,MOW—HKG—POM。

注意:如果一条航线已经是 TS 航线,则它不能再被视为 FE 航线。

(10) RU:全称为 RUSSIAN 航线,表示俄罗斯的欧洲部分与三区之间,在俄罗斯和日本/韩国/朝鲜之间存在直达航班,且不经过其他欧洲国家的航线。例如,MOW—SEL—PUS。

(11) PO:POLAR,北极航线,指在二区和三区之间旅行,经过 ANC(安克雷奇)的航线。例如,TYO—ANC—STO。

另外,由于航行技术的发展,不断有新航路诞生,旧航路退出,所以方向代号本身也在不断变化,在使用时应注意。

第二节 时差问题

一、日期与时间的表达

在日期的表达中,先用两位数字表示日期,再用英文 3 字代码表示月份,最后用两位数字表示年份。其中,表示日期时若只有一位数字,则在前补 0。表示月份的英文 3 字代码是:一月份—JAN、二月份—FEB、三月份—MAR、四月份—APR、五月份—MAY、六月份—JUN、七月份—JUL、八月份—AUG、九月份—SEP、十月份—OCT、十一月—NOV、十二月—DEC。表示年份时只用年份的最后两位数字。例如,2021 年 1 月 2 日可以表示为"02JAN21",2002 年 10 月 11 日可以表示为"11OCT02"等。在时间的表达中,先用两位数字表示"点",再用两位数字表示"分"。

我国民航采用 24 小时制,所以前两位数字是从"00"到"24"。若不够两位数,则前补 0。例如,上午 8 点 50 分,表示为"0850";下午 4 点 30 分表示为"1630";晚上 10 点 20 分表示为"2220"。但在北美地区多使用 12 小时制,所以需要在数字后再标注 A 或 P 表示上午或下午。例如,上午 8 点 50 分,表示为"0850A";下午 4 点 30 分表示为"0430P";晚上 10 点 20 分表示为"1020P"。

特别需要指出,12 小时制里,午夜 12 点表示为"1200M"(M 是 MIDNIGHT 的缩写);午夜 12 点 30 分表示为"1230A",午夜 1 点 30 分表示为"0130A"。中午 12 点表示为"1200N"(N 是 NOON 的缩写),中午 12 点 30 分表示为"1230P",中午 1 点表示为"0100P"。

二、时区

由于地球的自转和公转,导致地球上不同地点的人在不同的时间看到日出和日落。为了解决时间计量的要求,人们将地球划分为 24 个标准时区,每个时区东西跨 15 经度。以 0°经线为基准线,从 7°30′W 到 7°30′E 为 0 时区。向东有 12 个时区,向西有 12 个时区,分别定义为东 1 区、东 2 区……东 12 区、西 1 区、西 2 区……西 12 区。显然东 12 区和西 12 区是同一时区,两者中心线即为 180°经线。国际日期变更线也大致与 180°经线重合。

三、标准时间、当地时间与时差

为了解决不同时区对于时间的表达要求,国际标准化组织规定以处于 0 时区的英国格林尼治天文台的时间为国际标准时间(也称为格林尼治标准时间,即 greenwich mean time,简称为 GMT),东 1 区、东 2 区……东 12 区的当地时差分别为＋0100、＋0200……＋1200,西 1 区、西 2 区……西 12 区的当地时差分别为－0100、－0200……－1200,即在 GMT 时间基础上加上相应时差即为当地时间。

但某些国家也根据自己的需要对时差进行了一定的调整。关于时差的具体数值,可参见表 7-1。

表 7-1 世界各地时差表

标准时差	地 区
＋1200	西伯利亚(157.5°E～172.5°E)、新西兰、斐济群岛
＋1100	库页岛、西伯利亚(142.5°E～157.5°E)
＋1000	澳大利亚(东部)、西伯利亚(127.5°E～142.5°E)、塔斯马尼亚岛、新几内亚
＋0930	澳大利亚(中部)
＋0900	日本、西伯利亚(112.5°E～127.5°E)、朝鲜、西伊里安、摩鹿加群岛
＋0800	中国、帝汶、婆罗洲、澳大利亚(西部)、萨拉瓦克、西伯利亚(97.5°E～112.5°E)、西里伯斯、菲律宾、越南
＋0730	新加坡、马来西亚
＋0700	柬埔寨、西伯利亚(82.5°E～97.5°E)、爪哇、苏门答腊、泰国、巴厘、邦加、马杜拉岛、老挝、龙目
＋0630	缅甸
＋0600	西伯利亚(67.5°E～82.5°E)、孟加拉国
＋0530	印度、斯里兰卡
＋0500	俄罗斯欧洲部分(52.5°E以东)、西伯利亚(67.5°E以西)、巴基斯坦、新地岛、马尔代夫
＋0430	阿富汗
＋0400	俄罗斯欧洲部分(40.0°E～52.5°E)、沙特阿拉伯(达兰)、阿曼、毛里塔尼亚、留尼汪岛
＋0330	伊朗
＋0300	也门、伊拉克、乌干达、埃塞俄比亚、俄罗斯欧洲部分(40.0°E以西)、科威特、法尼亚、沙特阿拉伯(除达兰)、索马里、坦桑尼亚、马达加斯加
＋0200	(东欧标准时):以色列、埃及*、塞浦路斯、希腊、克里特、赞比亚、叙利亚*、苏丹、斯威士兰、土耳其*、南亚共和国、西南非洲、伊尔(东部)、芬兰、保加利亚、搏茨瓦纳、马拉维、莫桑比克、约旦、利比亚、卢旺达、罗马尼亚*、黎巴嫩、莱索托、罗得西亚
＋0100	(中欧标准时):阿尔巴尼亚、安哥拉、意大利*、梵蒂冈*、荷兰、加蓬、喀麦隆、科西嘉*、刚果、扎伊尔(西部)、撒丁、圣马利诺、西西里岛、直布罗陀、瑞士、瑞典、西班牙、斯匹次卑尔根群岛、赤道几内亚、达荷美、捷克斯洛伐克*、乍得、中非、突尼斯*、丹麦、德国、尼日利亚、尼日尔、挪威、匈牙利、法国、比利时、波特兰、马耳他、南斯拉夫、卢森堡、列支敦士登
0000	(西欧标准时)(格林尼治标准时):冰岛、爱尔兰*、阿尔及利亚、安哥拉*、英国*、上沃尔特、加纳、加那利群岛、刚比亚、几内亚、塞拉勒内、西属撒哈拉、塞内加尔、象牙海岸、多哥、葡萄牙、马德拉、马里、毛里塔尼亚、摩洛哥

续表

标准时差	地 区
－0100	亚速尔群岛、葡属几内亚
－0200	格陵兰
－0300	阿根廷、乌拉圭*、格陵兰(除图勒地区)、法属圭亚那、巴西(东部)*
－0330	加拿大(东部及纽芬兰)*、荷属圭亚那
－0400	加拿大(东部)*、格陵兰(图勒地区)、智利*、多巴哥、特立尼达、巴拉圭、巴西(中部)、波多黎各、委内瑞拉、玻利维亚、爱德华群岛、库拉索、瓜德罗普、百慕大群岛、巴巴多斯、马提尼克
－0500	(北美东部标准时)：厄瓜多尔、加拿大(东部的一部分)*、古巴、哥伦比亚、牙买加、多米尼加、海地、巴拿马、巴西(西部)、美国(东部各州)、秘鲁
－0600	(北美中央标准时)：英属洪都拉斯*、加拿大(中部的一部分)*、危地马拉、哥斯达黎加、萨尔瓦多、尼加拉瓜、美国(中部各州)*、洪都拉斯、墨西哥(除西北部)
－0700	(北美山区标准时)：加拿大(中部的一部分)*、美国(山区部分各州)*、墨西哥(西北部的一部分)
－0800	(北美太平洋标准时)：阿拉斯加(137°W 以东)、加拿大(西部的一部分)*、美国(太平洋沿岸各州)*、墨西哥(西部的一部分)
－0900	阿拉斯加(137°W ～ 141°W)
－1000	阿拉拉斯加(141°W～162°W)、夏威夷
－1100	阿拉斯加(162°W 以西)

注意：* 表示该地区实行夏令时间。

例 7-1 GMT 时间为 2019 年 5 月 16 日 1230 时，处于东 8 区的北京当地时间是多少呢？

解：由于北京当地时差为＋0800，则北京当地时间为(1230/16MAY02＋(＋0800))，即 2030/16MAY19。这在中国民航订座系统 CRS 里也可以查询时差资料。

四、有关飞行时间的计算

在国际客运中经常遇到有关飞行时间的计算问题。由于旅客时刻表、订座系统等均按照当地时间公布航班信息，所以相关各方均关心飞行时间。例如，旅客需要了解全程飞行时间，航空公司需要通过飞行时间计算从目的地出发时或抵达目的地时的当地时间等。所以要掌握有关飞行时间的计算。飞行时间从根本上说等于同一时间体系下降落时间与起飞时间之差。

例 7-2 UA033 航班执行巴黎 PAR(＋0100)到纽约 NYC(－0500)的航班。起飞时间为当地时间 2 月 1 日 17 点 30 分，降落时间为当地时间 2 月 1 日 18 点 55 分，计算此航班的飞行时间。

解：按照格林尼治标准时间体系计算

　　GMT(PAR)＋(＋0100)＝1730/01FEB => GMT(PAR) ＝ 1630/01FEB
　　GMT(NYC)＋(－0500)＝1855/01FEB => GMT(NYC) ＝ 2355/01FEB
　　此航班飞行时间 ＝ 2355/01FEB－1630/01FEB ＝ 0725

答案为 7 小时 25 分钟。

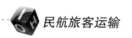

拓展阅读

国际主要城市与机场三字代码

国　家	城　市	代　码	机　场	代　码
CANADA 加拿大	Ottawa 渥太华	YOW	Mirabel Dorval	YMX YUL
	Montreal 蒙特利尔	YMQ		
	Toronto 多伦多	YTO		
	Vancouver 温哥华	YVR		
USA 美国	Chicago 芝加哥	CHI	John F Kennedy La Guardia Newark Dulles International R.Reagan National	JFK LGA EWR IAD DCA
	Los Angeles 洛杉矶	LAX		
	Miami 迈阿密	MIA		
	Newyork 纽约	NYC		
	San Francisco 旧金山市	SFO		
	Washington D.C. 华盛顿	WAS		
ARGENTINA 阿根廷	Buenos Aires 布宜诺斯艾丽斯	BUE	Ministro Pistarini	EZE
BOLIVIA 玻利维亚	La Paz 拉巴兹	LPB		
BRAZIL 巴西	Brasilia 巴西利亚	BSB	Galeao Congonhas Viracopos	GIG CGH VCP
	Rio De Janeiro 里约热内卢	RIO		
	Sao Paulo 圣保罗	SAO		
CHILE 智利	Santiago De Chile 圣地亚哥	SCL		
COLOMBIA 哥伦比亚	Bogota 波哥大	BOG		
ECUADOR 厄瓜多尔	Quito 基多	UIO		
FRENCH GUIANA 法属圭亚那	Cayenne 剀恩	CAY		

续表

国　家	城　市	代码	机　场	代码
PARAGUAY 巴拉圭	Asuncion 阿松森	ASU		
PERU 秘鲁	Lima 利马	LIM		
SURINAM 苏里南	Paramaribo 帕拉马里博	PBM		
URUGUAY 乌拉圭	Montevideo 蒙特维罗	MVD		
VENEZUELA 委内瑞拉	Caracas 加拉加斯	CCS		
BAHAMAS 巴哈马	Nassau 那索	NAS		
BARBADOS 巴巴多斯	Bridgetown 布里奇顿	BGI		
COSTA RICA 哥斯达黎加	San Jose 圣约瑟	SJO		
CUBA 古巴	Havana 哈瓦那	HAV		
GUATEMALA 危地马拉	Guatemala City 危地马拉城	GUA		
HAITI 海地	Port Au Prince 太子港	PAP		
HONDURAS 洪都拉斯	Tegucigalpa 特古斯加巴	TGU		
JAMAICA 牙买加	Kingston 金斯敦	KIN		
MEXICO 墨西哥	Mexico City 墨西哥城	MEX	Morelos	TLC
	Acapulco 阿卡普罗	ACA		
NICARAGUA 尼加拉瓜	Managua 马那瓜	MGA		
PANAMA 巴拿马	Panama City 巴拿马城	PTY		
TRINIDAD & TOBAGO 特立尼达和多巴哥	Port Of Spain 西班牙港	POS		
AUSTRIA 奥地利	Vienna 维也纳	VIE		
BELGIUM 比利时	Brussels 布鲁塞尔	BRU		

续表

国　　家	城　　市	代　码	机　　场	代码
BULGARIA 保加利亚	Sofia 索菲亚	SOF		
CYPRUS 塞浦路斯	Nicosia 尼科西亚	NIC		
	Larnaca 拉纳卡	LCA		
CZECH REP 捷克	Prague 布拉格	PRG		
DENMARK 丹麦	Copenhagen 哥本哈根	CPH		
FINLAND 芬兰	Helsinki 赫尔辛基	HEL		
FRANCE 法国	Paris 巴黎	PAR	Charles De Gaulle	CDG
	Marseille 马赛	MRS	Orly	ORY
GERMANY 德国	Berlin 柏林	BER	Tegel	TXL
	Frankfurt 法兰克福	FRA	Ternpelhol Schoenefeld	THF SXF
GREECE 希腊	Athens 雅典	ATH		
HUNGARY 匈牙利	Budapest 布达佩斯	BUD		
ICELAND 冰岛	Reykjavik 雷克雅未克	REK		
IRELAND 爱尔兰	Dublin 都柏林	DUB		
ITALY 意大利	Rome 罗马	ROM	Leonardo Da VinciL (Fiumicino)	FCO
	Milan 米兰	MIL		
MALTA 马耳他	Valletta 瓦莱塔	MLA		
NETHERLANDS 荷兰	Amsterdam 阿姆斯特丹	AMS		
	Rotteerdam 鹿特丹	RTM		
NORWAY 挪威	Oslo 奥斯陆	OSL	Fornebu	FBU

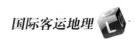

续表

国　家	城　市	代　码	机　场	代　码
POLAND 波兰	Warsaw 华沙	WAW		
PORTUGAL 葡萄牙	Lisbon 里斯本	LIS		
ROMANIA 罗马尼亚	Bucharest 布加勒斯特	BUH	Otopeni	OTP
RUSSIA 俄罗斯	Moscow 莫斯科	MOW	Sheremetyevo	SVO
	St Petersburg 圣彼得堡	LED		
SPAIN 西班牙	Madrid 马德里	MAD		
	Barcelona 巴塞罗那	BCN		
SWEDEN 瑞典	Stockholm 斯德哥尔摩	STO	Arlanda	ARN
SWITZERLAND 瑞士	Zurich 苏黎世	ZRH		
	Geneva 日内瓦	GVA		
TURKEY 土耳其	Ankara 安卡拉	ANK	Esenboga	ESB
	Istanbul 伊斯坦布尔	ISB		
UNITED KINGDOM 英国	London 伦敦	LON	Heathrow	LHR
	Edinburgh 爱丁堡	EDI	Gatwick	LGW
ALGERIA 阿尔及利亚	Algiers 阿尔及尔	ALG		
ANGOLA 安哥拉	Luanda 卢安达	LAD		
CAMEROON 喀麦隆	Douala 杜阿拉	DLA		
CONGO 刚果	Brazzaville 布拉柴维尔	BZV		
COTE D'IVOIRE 科特迪瓦	Abidjan 阿比让	ABJ		
DJIBOUTI 吉布提	Djibouti 吉布提	JIB		
EGYPY 埃及	Cairo 开罗	CAI		

续表

国　家	城　市	代　码	机　场	代　码
ETHIOPIA 埃塞俄比亚	Addis Ababa 亚的斯亚贝巴	ADD		
GABON 加蓬	Libreville 利伯维尔	LBV		
KENYA 肯尼亚	Nairobi 内罗毕	NBO		
	Mombasa 蒙巴萨	MBA		
LIBERIA 利比里亚	Monrovia 蒙罗维亚	MLW		
LIBYA 利比亚	Tripoli 的黎波里	TIP		
MAURITIUS 毛里求斯	Port Louis 路易港	MRU		
MOZAMBIQUE 莫桑比克	Maputo 马普托	MPM		
NAMIBIA 纳米比亚	Windhoek 温得和克	WDH		
NIGERIA 尼日利亚	Lagos 拉各斯	LOS		
RWANDA 卢旺达	Kigali 基加利	KGL		
SENEGAL 塞内加尔	Dakar 达喀尔	DKR		
SIERRA LEONE 塞拉里昂	Freetown 弗里敦	FNA		
SOUTH AFRICA 南非	Cape Town 开普敦	CPT		
	Johannesburg 约翰内斯堡	JNB		
SUDAN 苏丹	Khartoum 喀土穆	KRT		
TANZANIA 坦桑尼亚	Dar Es Salaam 达累斯萨拉姆	DAR		
TUNISIA 突尼斯	Tunis 突尼斯	TUN		
ZAMBIA 赞比亚	Lusaka 卢萨卡	LUN		
ZIMBABWE 津巴布韦	Harare 哈拉雷	HRE		
BAHRAIN 巴林	Manama 麦纳麦	BAH		

续表

国　家	城　市	代　码	机　场	代码
BANGLADESH 孟加拉	Dhaka 达卡	DAC		
CAMBODIA 柬埔寨	Phnom Pehn 金边	PNH		
CHINA 中国	Beijing 北京	BJS	AIRPORT 首都机场	PEK
	Shanghai 上海	SHA	HONGQIAO AIRPORT 虹桥机场	SHA
			PUDONG AIRPORT 浦东机场	
	Guangzhou 广州	CAN		PVG
	Hong Kong 香港	HKG		
INDIA 印度	Delhi 德里	DEL		
	Mumbai 孟买	BOM		
INDONESIA 印度尼西亚	Jakarta 雅加达	JKT		
IRAN 伊朗	Tehran 德黑兰	THR		
ISRAEL 以色列	Tel Aviv 特拉维夫	TLV		
JAPAN 日本	Osaka 大阪	OSA	Narita 成田国际机场	NRT
	Tokyo 东京	TYO	Haneda 羽田机场	HND
JORDAN 约旦	Amman 安曼	AMM		
KOREA,SOUTH 韩国	Seoul 首尔	SEL		
KOREA,NORTH 朝鲜	Pyongyang 平壤	FNJ		
KUWAIT 科威特	Kuwait 科威特	KWI		
LEBANON 黎巴嫩	Beirut 贝鲁特	BEY		
MALAYSIA 马来西亚	Kuala Lumpur 吉隆坡	KUL		
NEPAL 尼泊尔	Kathmandu 加德满都	KTM		

续表

国　家	城　　市	代　码	机　　场	代　码
OMAN 阿曼	Muscat 马斯喀特	MCT		
PAKISTAN 巴基斯坦	Islamabad 伊斯兰堡	ISB		
	Karachi 卡拉奇	KHI		
PHILIPPINES 菲律宾	Manila 马尼拉	MNL		
QATAR 卡塔尔	Doha 多哈	DOH		
SAUDI ARABIA 沙特阿拉伯	Riyadh 利雅得	RUH		
	Jeddah 吉达	JED		
SINGAPORE 新加坡	Singapore 新加坡	SIN		
SRI LANKA 斯里兰卡	Colombo 科伦坡	CMB		
SYRIA 叙利亚	Damascus 大马士革	DAM		
THAILAND 泰国	Bangkok 曼谷	BKK		
UNITED ARAB EMIRATES 阿拉伯联合酋长国	Abu Dhabi 阿布扎比	AUH		
	Dubai 迪拜	DXB		
VIET NAM 越南	Hanoi 河内	HAN		
	Ho Chi Ninh City 胡志明市	SGN		
AUSTRALIA 澳大利亚	Canberra 堪培拉	CBR		
	Sydney 悉尼	SYD		
	Melbourne 墨尔本	MEL		
	Perth 珀斯	PER		
FIJI 斐济	Nadi 那迪	NAN		

续表

国　家	城　市	代　码	机　场	代　码
NEW ZEALAND 新西兰	Wellington 惠灵顿	WLG		
	Auckland 奥克兰	AKL		
	Christchurch 克赖斯特彻其（基督城）	CHC		

第八章 航班安排

第一节 OAG 简介

OAG 的全称是 *OFFICIAL AIRWAYS GUIDE*,是 OAG 公司出版的《世界航班手册》。从 1999 年 6 月开始改为每月出版一次,其中可列举世界各个主要城市之间约近 1000 个航空公司的航班。

另外,OAG 公司每年出版四期 FLIGHT GUIDE 的补充读物,其间介绍了世界上 200 多个国家的护照、签证、健康规定以及免费行李额度等。

关于 OAG 的详细内容,感兴趣的读者可以参考有关书籍,也可以访问 OAG 的网上站点。OAG 主要包括以下章节。

(1) International Time Calculator:介绍各国时差。
(2) IATA:介绍国际航协及其成员航空公司。
(3) Airlines of The World:主要介绍世界各个航空公司的简况。
(4) US Airline Telephone Numbers:美国各航空公司电话号码。
(5) Airline Code Numbers:航空公司数字代码。
(6) Airline Designator Codes Code Share:代码共享航空公司。
(7) Aircraft Codes:机型代号。
(8) City/Airport Codes:城市/机场代号。
(9) Two-Letter State Codes:二字州代号。
(10) Airport Terminals:机场候机楼。
(11) Flight Routings:航班路线。
(12) Minimum Connecting Times:最短衔接时间。
(13) Schedule Texts Explained:时刻表中有关术语之解释。
(14) Worldwide City-To-City Schedules:世界城市航班时刻表。

其中,世界城市航班时刻表是主要内容,其在正文"世界城市航班时刻表"之前还介绍了"如何使用世界城市航班时刻表"。

一、世界城市航班时刻表

世界城市航班时刻表是按照 FROM 结构，根据字母顺序编制的。下面的例子介绍了加拿大艾德蒙顿航班时刻表，如图 8-1 所示。

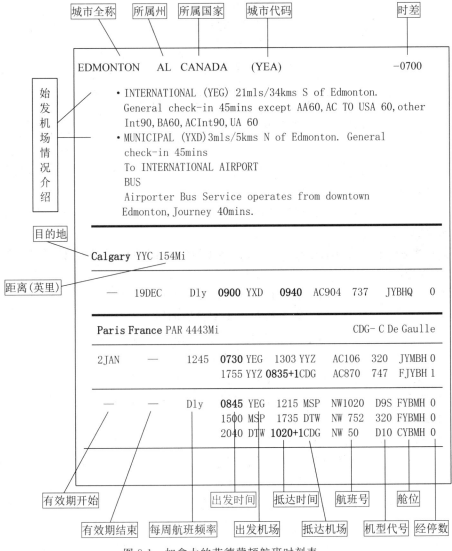

图 8-1　加拿大的艾德蒙顿航班时刻表

注释：

(1) 始发地机场情况介绍：介绍机场有关情况，包括地理位置、值机时间等。

(2) AA60：表示 AA(美利坚航空公司)在该机场的值机时间需要 60 分钟。

(3) Int：表示国际航班。(Dom：表示国内航班。)

(4) mins：表示分钟。

(5) Hrs：表示小时。

(6) 有效期开始日期：表示航班开始运行的时间。如果是"—"，表示没有限制。

(7) 有效期结束日期：表示航班结束运行的时间。如果是"—"，表示没有限制。

(8) 每周航班频率：Dly 表示每天运行。

    1 星期一运行
    2 星期二运行
    3 星期三运行
    4 星期四运行
    5 星期五运行
    6 星期六运行
    7 星期日运行
    X 后列日期以外的日期运行

例如，X12 表示除去星期一、星期二以外，航班在星期三、星期四、星期五、星期六和星期日运行。

(9) 出发时间：表示航班在始发地（或转机点）起飞的当地时间，其中深色印刷的时间是从始发地出发的当地时间。

(10) 出发机场：表示航班在始发地（或转机点）起飞的机场；如果一个城市有两个以上机场，需要注明。

(11) 抵达时间：表示抵达转机点（或目的地）的当地时间，其中深色印刷的时间是抵达目的地的当地时间。

    －1 表示相对于出发日期的前一天抵达
    ＋1 表示相对于出发日期的后一天抵达
    ＋2 表示相对于出发日期的后两天抵达
    ＋3 表示相对于出发日期的后三天抵达

(12) 抵达机场：表示抵达转机点（或目的地）的机场代号。

(13) 航班号：表示相应航段的承运人及航班。如果在承运人代码后有符号★，表示代码共享航班。

(14) 机型代号：表示该航班所使用机型。

(15) 舱位：表示该航班所具有的舱位等级。

(16) 经停数：表示该航班中的经停点数量。

由图 8-1 可以看出，在 OAG 体系中，两个城市间的航班可以分成两类，一类是直达航班，例如 YEA—CALGARY。另一类是带有转机点的航班，例如 YEA—PARIS。

但是，由于旅客的运输需求非常复杂，很多旅客需要去往多个城市，那么，只考虑城市之间的航班是不够的，还需要考虑不同航班之间的衔接问题，即需要考虑最佳衔接航班的问题。

二、最佳衔接航班

最佳衔接航班的概念本身并不是固定不变的概念，旅客的不同要求决定了不同的最佳标准。例如，有的旅客希望不同航班的中间衔接时间最短，有的旅客希望乘坐同一航空公司的航班，等等。

那么，分析旅客的各种要求可以发现，只要是衔接航班问题，就需要考虑在某个转机点的机场不同航班能否衔接的问题。

在 OAG 资料中有一章专门介绍了最短衔接时间(minimum connecting time,MCT)问题。

OAG 资料按照字母顺序介绍了世界各国主要国际机场的 MCT 问题,图 8-2 是巴西里约热内卢机场的示例。

City	Interline	Online	
Rio De Janiero,RJ,Brazil			→ 城市与国家
GIG(International)			→ 机场代号(名称)
Dom	1:00		→ 国内转机 1 小时
RG	:50		→ RG 跨航转机 50 分钟
RG		:30	→ RG 同航转机 30 分钟
Int			→ 国际转机
Dom TO Int	2:00		→ 国内转国际 2 小时
Int TO Dom	1:30		→ 国际转国内 1 小时 30 分钟
UA TO/FROM ALL	1:10		→ UA 转其他 1 小时 10 分钟
RG		1:00	→ RG 同航转机 1 小时
Int TO Int	1:00		→ 国际转机 1 小时
RG		:50	→ RG 同航转机 50 分钟
SDU(Santos Dumont)			→ 机场代号(名称)
Dom TO Dom	2:00		→ 国内跨航转机 2 小时
RG TO/FROM ALL	1:00		→ RG 跨航转机 1 小时

图 8-2　巴西里约热内卢机场最短衔接时间

第二节　航班安排

一、航线安排

现在,航空公司和旅行社都非常重视航线的合理安排,因为合理的航线安排不仅可以缩短飞行时间,同时,也能为旅客降低开支,并为航空公司和旅行社赢得利润。

例如,一名旅客从 PAR 出发,最终返回 PAR,整个航程要经过以下城市,即 ATH、BEG、GVA、LON、MAD、OSL、STO 和 VIE。

显然,有很多种航线可以安排,下面是两个例子,如图 8-3、图 8-4 所示。安排航线总的原则是不要交叉、不要重复。只有不交叉、不重复,才能保证航程距离尽可能短,时间尽可能节约。

由以上两个例子不难看出,显然图 8-4 所代表的航线安排比图 8-3 航程更短,时间更省,价格上也可能更经济。

二、衔接航班安排

在确定了最佳航线后就要考虑如何安排最佳衔接航班。在考虑航班问题时,首先考虑直达航班,其次考虑公布的转机航班,最后考虑衔接航班。

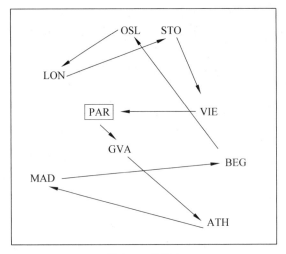

图 8-3 航线 1

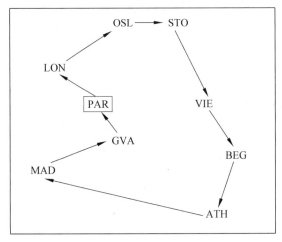

图 8-4 航线 2

参看图 8-1,在 OAG 中公布的城市对之间的航班主要包括两部分,第一部分是直达航班,如 YEG—YYC;其次,第二部分是公布的转机航班,如 YEG—PAR,又包括一次转机、两次转机等情况。如果以上两种方法均不能找到合理的结论,就要考虑第三种情况,即考虑衔接航班。

下面举例说明如何处理衔接航班的问题。

例 8-1 某旅客已经购买从伦敦(LONDON)的去往澳大利亚悉尼的航班 QF201,该航班预计于当地时间 10 月 17 日(星期五)中午 12 点 15 分从希思罗机场(LHR)起飞,悉尼时间 10 月 18 日晚上 8 点 45 分抵达。该旅客现在芬兰首都赫尔辛基,其要求:

(1) 乘坐芬兰航空公司(AY)的航班由赫尔辛基前往伦敦。

(2) 尽可能晚一些从赫尔辛基出发,但又能够稳妥地衔接后续航班。

有关资料如表 8-1 所示。

表 8-1 赫尔辛基到伦敦的有关航班

Validity		Days of				Flight			
From	To	Services	Dep	Arr	No.	Acft	Class	Stops	
FROM	**HELSINKI** FINLAND			**HEL**				Continued	
London	UK LON				LHR—HEATHROW			LGW—Gatwick	
—	25OCT	6	0730	0930LGW	AY921	D9S	CSZMT	1	
26OCT	—	67	0730	0930LGW	AY921	D9S	CSZMT	1	
—	25OCT	1234567	0800	0910LHR	AY831	M80	CSZMT	0	
26OCT	—	1234567	0810	0915LHR	AY831	M80	CSZMT	0	
—	25OCT	1234567	0900	1050LHR	BA795	340	CSZMT	1	
26OCT	—	1234567	0905	1015LHR	BA795	340	CSZMT	0	
—	25OCT	1234567	1005	1110LHR	AY833	744	CSZMT	0	
26OCT	—	1234567	1005	1115LHR	AY833	340	CSZMT	0	
—	24OCT	123457	1125	1230LHR	BA797	D9S	CSZMT	0	
26OCT	—	123457	1125	1235LHR	BA797	340	CSZMT	0	

如表 8-1 所示，从赫尔辛基去往伦敦的航班很多，按照旅客对时间和承运人的要求，可以选择的航班只有 AY831、AY833（AY921 航班周五不执行，所以不能选择）。

表 8-2 介绍了伦敦的有关最短衔接时间。根据表 8-2，乘坐 AY 航班的旅客抵达 LON 时只能进 1 号候机楼，乘坐 QF 航班的旅客进 2 号候机楼。而 1 号候机楼、2 号候机楼之间国际转机时间只有 1 小时 15 分，AY833 航班的降落时间（1110）和 QF202 航班的起飞时间（1215）之间相差 1 小时 5 分，不能满足最短衔接时间的要求。按照旅客后续航班起飞时间的要求，符合条件的航班只能是：AY831。

表 8-2 伦敦最短衔接时间

City	Interline Online
London，England，LON	
Heathrow（LHR）	
Terminal 1	
AA，AC，AY，AZ，BA，BD，BI，BQ，CP，CX，CY，EI，FI，GF，IB，IL，JE，LH，LY，MN，NZ，OS，SA，SK，SN，TP，UA，UK，UL，Y2，VS	
Dom—Dom	:45
Dom—Int	:45
All to LY	2:30
Int—Dom	:45
LY to all	1:30
Int—Int	:45
All to LY	2:30
Terminal 2	

续表

City	Interline Online
AF，AH，AT，AV，AZ，BA，CP，HY，IB，OA，OK，OU，QF，RB，RO，SR，SU	
Terminal 3	
AI，AR，BR，BT，BW，CA，CK，EK，ET	
Terminal 4	
QR，RG，RJ，T5，UL	
Terminal 1 to Terminal 2	
Dom—Int	1:10
All to LY	1:30
Int—Int	1:15
LY from/to All	2:30
Terminal 1 to Terminal 3	

可见，选择最佳航班，无论哪种标准，都要符合 MCT 的要求。同时可以利用 CRS 系统处理比较复杂的航班问题，有兴趣的读者可参考有关资料。

第九章 国际客运业务基础

第一节 基本概念

一、旅客的划分

（一）按照年龄划分旅客身份

按照年龄,旅客可以划分为婴儿、儿童及成人。

（1）婴儿(简称为 INF)：指在旅行开始日尚未达到 2 周岁生日的旅客称为婴儿。

（2）儿童(简称为 CHD)：指在旅行开始日尚未达到 12 周岁生日,但已达到或超过 2 周岁生日的旅客称为儿童。

（3）成人(简称为 ADU)：指在旅行开始日已经达到或超过 12 周岁生日的旅客称为成人。

上述年龄限制适用于旅行开始之日,且应用于整个航程,不必考虑婴儿或儿童旅客的旅行中超过了 2 周岁或 12 周岁等问题。一般情况下,婴儿票价为成人票价的 10%,儿童票价为成人票价的 67% 或 75%。

（二）按照其他标准划分旅客身份

按照其他标准,旅客身份可以划分为：学生旅客,简称为 SD;青年旅客,简称为 ZZ;军人旅客,简称为 MM 等类型旅客。

划分旅客的身份可以更好地了解旅客构成,细分市场,从而推出更有针对性的服务,这也是航空公司收益管理的基础。

二、中途分程点、非中途分程点、转机点、客票点与经停点

中途分程点(STOPOVER POINT)是指旅客在航程中某点暂时中断航程,停留 24 小时以上,然后搭乘另一航班离开。例如,某旅客购买联程机票,做如下旅行。

　　　　　　BJS—FRA　　抵达 FRA 当地时间是 1000/02MAR
　　　　　　FRA—LON　　从 FRA 出发的当地时间是 1400/05MAR

则 FRA 可以被视为中途分程点。

非中途分程点(NO STOPOVER POINT)是指旅客在航程中某点暂时中断航程,停留24小时以内,然后搭乘另一航班离开。例如,某旅客购买联程机票,做如下旅行。

  BJS—FRA 抵达FRA当地时间是1000/02MAR
  FRA—LON 从FRA出发的当地时间是1900/02MAR

则FRA可以视为非中途分程点。

转机点(TRANSFER POINT)是指旅客在航程中某点暂时中断航程,停留一段时间后,然后搭乘另一航班离开。转机点包括中途分程点和非中途分程点。

另外,转机还可以分为跨航转机(INTERLINE TRANSFER)和同航转机(ONLINE TRANSFER),前者是不同承运人之间的转机,后者是同一承运人之间的转机。

转机还可以根据国际、国内划分为国际转国际(INTERNATIONAL TRANSFER)、国内转国内(DOMESTIC TRANSFER)、国际转国内(INTERNATIONAL—DOMESTIC TRANSFER)和国内转国际(DOMESTIC—INTERNATIONAL TRANSFER)。

客票点(TICKETING POINT 或 TICKETED POINT)是指在客票上列明的点。应该包括始发地、目的地和转机点(包括中途分程点和非中途分程点)。

经停点(TRANSIT POINT)是指旅客在航程中某点暂时中断航程,停留一段时间后,然后搭乘同一航班离开去往下一地点。例如,某旅客购买国航单程机票做如下旅行。

  BJS—SHA 旅客乘坐国航991航班抵达上海,时间1500/02MAY
  SHA—YVR 旅客办理相关手续后继续乘坐该航班前往温哥华,起飞时间
       1900/02MAY

其中,SHA被视为经停点。经停点是不在客票上体现出来的。

以上概念是国际航协统筹考虑各国情况后总结归纳的。由于历史的原因,这些概念在我国民航,甚至部分外航时可能会被混用。在使用这些概念时要注意了解其特定的含义,规范使用,防止发生歧义。

三、销售代号

在国际客运中,销售代号简称为ISI(international sale indicator),相对于国内客运是特殊的。

销售代号包括四种代号,即SITI、SITO、SOTI和SOTO。

(1) SITI：sale inside ticket inside,即国内销售国内出票。
(2) SITO：sale inside ticket outside,即国内销售国外出票。
(3) SOTI：sale outside ticket inside,即国外销售国内出票。
(4) SOTO：sale outside ticket outside,即国外销售国外出票。

有的资料将"SALE"翻译成"付款"也可以。这里的国内、国外均相对于旅客选定的运输始发国,与旅客自身的国籍无关。

注意：
(1) 在销售代号中,美国/加拿大视为同一国家。
(2) 在销售代号中,斯堪的纳维亚三国(即挪威(NORWAY)、丹麦(DENMARK)和瑞典(SWEDEN))视为同一国家。

例9-1 旅客航程为YVR—BJS,若旅客自己在YVR出票,其亲属在美国LAX为其付

款,则销售代号为 SITI。

例 9-2 旅客航程为 CPH(丹麦哥本哈根)—BJS,若旅客在挪威 OSL 出票,其亲属在瑞典 STO 付款,其销售代号为 SITI。

例 9-3 旅客航程为 HKG—SEA,若旅客在 HKG 出票,其赞助人在北京为其付款,则销售代号为 SITI。

四、相关的非航空业务

在旅客进行国际旅行时,除了机票以外还会遇到有关护照、签证、健康检疫证明、税、海关和货币的问题。从事国际客运的工作人员在工作过程中也经常需要回答旅客提出的问题,进行有关查询。

(一)护照

1. 概念

护照(PASSPORT)是由具有公共权威性的国家机关颁发给本国公民或外裔本国公民的正式官方文件。护照既可以证明护照持有人可以合法地进入另一国家,也可以作为有效身份证明。旅客可以使用护照购买机票。

2. 特性

中国内地公民去往国外旅行,通常需要持有中华人民共和国政府颁发的正式护照。我国香港特别行政区、澳门特别行政区的公民也需要持有特区政府颁发的护照。其他国家公民来往我国,也需要持有相应国家颁发的护照。

护照存在着有效期,通常是 10 年。一般情况下,在整个旅行过程中,旅客护照必须在有效期内使用。也有一些国家,允许旅客护照在超出有效期一定时间内使用。

各个国家颁发的护照形式不同,但基本都包含以下内容:姓(英文表述为 FAMILY NAME 或 SURNAME);名(英文表述为 GIVEN NAME 或 FIRST NAME);国籍(英文表述为 NATIONALITY);出生日期(英文表述为 DATE OF BIRTH);出生地点(英文表述为 PLACE OF BIRTH);性别(英文表述为 SEX);颁发日期(英文表述为 DATE OF ISSUE);有效期截止日期(英文表述为 DATE OF EXPIRY)。除此之外,各国的护照还可能包含某些反映各国特殊要求的其他内容。

3. 种类

常用的护照可以分为以下类型:正常护照、居住在本国的外裔公民护照、外交护照或称领事护照(主要为官方外交人员使用的护照)、官方护照(主要为执行政府任务的出国人员使用的护照)。另外,一些国际组织(例如联合国、国际红十字会等)也根据有关国际法律向工作人员或难民发放相应的旅行证明。

(二)签证

1. 概念

签证(VISA)是各国政府对于非本国公民和非本国外裔公民所发放的允许进入或再进入本国的官方证明。某些国家允许旅客在进入国境的地点申请并获得签证(也称"落地签证"),也有一些国家要求旅客在旅行开始之前申请并获得签证,还有一些国家允许某些国家

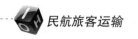

的旅客免签证进入。

从事民航国际客运的工作人员应能够回答旅客以下有关签证方面的问题：始发国对签证的要求；中途分程点、非中途分程点和经停点所在国家(或地区)对签证的要求；目的地国家对于签证的要求；如果返回始发国，始发国对于签证的要求；在进入某一国家时，除了对签证的要求外，该国是否还要旅客同时提供回程或后续航程机票、船票等。旅客可以自行或委托有关人员向有关国家申请签证。

2. 种类

世界各国的签证种类繁多。根据往返次数划分，可以划分为单次往返签证、多次往返签证等。根据停留时间长短划分，可以划分为短期签证、长期签证等。根据旅客性目的划分，可以划分为以下类型。

(1) 访问者签证：主要根据旅客的访问目的来划分，包括学生签证、工作签证、旅游签证、探亲签证等。

(2) 过境签证：主要为过境旅客签发的签证。

(3) 申根国家签证：申根国家指奥地利、比利时、法国、德国、希腊、意大利、卢森堡、荷兰、葡萄牙、西班牙等欧洲联盟成员国。旅客只要获得其中某一国家的签证，就可以在所有申根国家免签证旅行。申根国家签证亦包括四种，即机场过境签证、转机签证、(三个月)短期停留签证和长期停留签证。

(三) 税、健康检疫(卫生检疫和动植物检验检疫)、海关、货币

很多国家都对国际旅客征收不同名义、不同金额的税费。征收地点可以在宾馆、汽车租赁公司等，但主要是在旅客离开本国的地点，包括机场、码头等。还有很多国家规定可以在机票上附加某些价外税，由航空公司及其代理人代收。

世界各国均对进出本国的旅客，特别是进入本国的旅客(包括本国公民和外国公民)提出健康检疫的要求，以防止疾病(特别是某些恶性传染病)进入本国。主要的检查方式是由专业的检疫人员检查旅客随身携带的健康证明(HEALTH CERTIFICATE)，检查其是否已经接种疫苗。也可以对某些来自传染病高发的特殊地区或某些特殊旅客进行强制健康检查、接种疫苗，在个别情况下甚至可以拒绝其入境。通常，疫苗接种包括强行疫苗接种和建议疫苗接种两种方式。

在国际客运中，海关是各国管理旅客进出国境时所携带物品的专门机构。通常各国海关会对旅客带入或带出国境的某些物品进行限制，包括对于某些物品禁止带入或带出，对于某些物品可以在缴纳有关的关税后带入或带出，甚至可以免税携带一定数量的物品出入国境等。

在国际旅行中，旅客经常面临各种货币问题。各国均有自己的法定货币及相应的货币管理制度，旅客应了解各国有关货币使用的规定。

(四) 信息查询

各国关于护照、签证、税、健康检疫、海关和货币的规定会定期公布在旅游信息手册(travel information manual, TIM)中。另外，也可通过中国民航 CRS 系统进行有关查询。

第二节 运价计算基础

一、运价、货币与中性运价单位（FARE & CURRENCY & NUC）

1. 货币代号与最小进位单位

在国际客运中需要大量使用外币代号来表达运价，因此有必要了解各国货币代号。货币代号是国际标准化组织（ISO）根据各国货币的英文全称缩写而来，包括代码代号和数字代号两种。例如，中国货币的代码代号是 CNY，数字代号是 156。

在使用货币代号表达运价或其他费用时，先写货币代号，再写金额，然后根据有关小数点位数的规定填写位数。例如，人民币 2500 元，可以表达为 CNY2500.00。再如，美元 1452.2 元，可以表达为 USD1452.00。常用货币及代号如表 9-1 所示。

表 9-1　常用货币以及代号

国家名称	货币名称	货币代号	票价最小进位单位	其他费用最小进位单位	小数点位数
澳大利亚	澳大利亚元	AUD/036	1	0.01	2
加拿大	加拿大元	CAD/840	1	0.01	2
中国	人民币	CNY/156	10	1	2
欧洲地区	欧元	EUR/978	0.01	0.01	2
日本	日元	JPY/392	100	10	0
美国	美元	USD/840	1	0.01	2

2. 货币之间转换

在国际客运中，包括一些货币转换的问题。货币转换率是由外汇交易市场上买卖双方的交易决定的。银行作为金融机构，可以代理顾客用现钞在外汇交易市场上进行交易。所以，货币转换的主要比率是现钞的银行卖出价 BSR（bankers' selling rate）和现钞银行买入价 BBR（bankers' buying rate）。例如，银行公布的人民币对美元的比率就是：BBR USD1.00＝CNY6.367，CNY1.00＝USD0.1571（BSR CNY6.367 ＝ USD1.00）。

需要指出，根据我国有关法律，人民币是中华人民共和国境内唯一合法使用的货币，且人民币只是在经常项目下可兑换，所以业务人员不能接受旅客使用外币支付的票款，即使是按照银行兑换率进行兑换也是不可以的。

3. NUC 与各国货币的转换

在国际客运中，各国公布的国际运价除了用当地货币表达以外，还需要用 NUC 货币来表达。NUC 的全称是 Neutral Unit of Construction，即中性运价单位，最小单位为 0.01，低于 0.01 部分只舍不入。该货币并不是真实的货币。其与各国货币的比率称为 IROE（IATA rate of exchange）。国际航协清算所规定，每年 2、5、8、11 四个月最后一个交易周里美元与各国货币的平均比率作为 NUC 与各国货币的比率，即 IROE。使用期从第三个月的 1 日开始，三个月内有效。

4. 运价计算的顺序

运价计算的顺序为：首先，NUC 计算票价；其次，根据 IROE 将 NUC 运价转换为运输始发国（country of commencement，COC）货币；最后，根据 BSR/BBR 转换为旅客付款货币。

二、税费（TAXES & CHARGES）

1. 税费代号与金额

在国际客运中，会牵扯到各国税费的有关计算。这些税费均以一定的税费代号加上相应金额来表达。例如，XF USD2.00，表示美国政府对于从美国境内某些机场出发的旅客征收的"旅客设施费"（passenger facility charges），税费代号为 XF，金额为 2 美元。如果旅客支付的不是所要求的货币，那么需要根据有关汇率进行转换。类似的税费很多，需要业务人员能够准确处理。

2. 税费资料查阅

最常用的税费资料可以从订座系统 CRS 中获得。即通过计算航程运价，系统自动分析航程，然后根据有关税费要求得到税费资料，并加入有关运价结果之中。如果需要详细了解税费资料，可以查阅国际航协 PAT 资料的有关章节。

三、行李（BAGGAGE）

1. 行李的构成

旅客在旅行中携带的行李包括以下三种。

（1）交运行李（CHECKED BAGGAGE）：旅客在始发地交给航空公司并获得行李牌、在目的地凭行李牌提取的物品。

（2）除此之外，由旅客自行携带的行李称为 UNCHECKED BAGGAGE。其中包括手提行李（HAND BAGGAGE），指能够放入行李架或座椅下方（要求尺寸和重量均未超过航空公司规定）的手提物品和指定的其他物品，这些物品通常包括：一个手提包；一件外套大衣或一条围巾或一条旅行用毛毯；一把雨伞或一柄手杖；一台小型摄像机或一副望远镜；一定数量的阅读材料；航班飞行过程中需要的婴儿食品；残疾旅客专用的可折叠轮椅。

（3）自理行李（CABIN BAGGAGE）：除去规定物品以外旅客带入客舱并在旅行全程内携带的物品。

除此之外，国际航协还规定了航空公司接受旅客行李的条件，各个航空公司也针对不同的情况提出了自己的行李运输条件，目的是保证旅行安全。旅客可以免费携带的行李额度包括交运行李和自理行李，而不仅仅包括交运行李。免费携带行李额（FREE ALLOWANCE）国际上分为两种，即计重概念和计件概念。

2. 计重概念

计重概念（WEIGHT CONCEPT）适用于国际上大部分航班。在该概念下，对成人和儿童旅客，可以免费携带的行李额度是头等舱 40 千克（88 磅）、公务舱 30 千克（66 磅）、经济舱 20 千克（44 磅）。对婴儿旅客，没有免费携带的行李额度。

当两个或两个以上的旅客在同一航班上时，在双方自愿的前提下，免费行李额度可以合并计算。当整个航程涉及不同舱位等级时,免费行李额度根据不同航段而不同。当旅客携带行李超过规定额度时,超过部分每千克收取相应航段上公布成人单程经济舱运价的1.5%。最小计费重量为0.5千克,不足部分向上提升。

3. 计件概念

计件概念(PIECE CONCEPT)主要适用于始发/到达美国或加拿大的航程。在该概念下,对成人和儿童旅客,可以免费携带的行李额度是头等舱和公务舱,每人携带两件交运行李,每件最长、最宽、最高之和不得超过158厘米(62英寸),每件重量不能超过32千克(70磅),每人携带一件自理行李,每件最长、最宽、最高之和不得超过115厘米(45英寸),每件重量不能超过32千克(70磅);经济舱,每人携带两件交运行李,每件最长、最宽、最高之和不得超过158厘米(62英寸),且两个的和不得超过273厘米(107英寸),每件重量不能超过32千克(70磅),每人携带一件自理行李,每件最长、最宽、最高之和不得超过115厘米(45英寸),每件重量不能超过32千克(70磅)。对于婴儿旅客,无论舱位等级,都可以免费携带一件交运行李,最长、最宽、最高之和不得能超过115厘米(45英寸),重量不能超过32千克(70磅)。另可携带可折叠婴儿车或婴儿用摇篮等。

当两个或两个以上的旅客在同一航班上时,在双方自愿的前提下,免费行李额度可以合并计算。当整个航程涉及不同舱位等级时,免费行李额度根据不同航段而不同。当旅客携带行李超过规定额度时,各国各个航空公司的处理差异较大。

4. 行李的赔偿与声明价值费

根据《华沙公约》,在运输过程中,若行李发生损害,航空公司赔偿的额度是有限制的。若旅客认为行李价值超过此数,可交纳声明价值附加费后办理声明价值。

办理行李声明价值的条件是:旅客和航空公司认为行李的价值超出了最高赔偿限额,且航空公司认为能够接受;办理声明价值有最高额度;声明价值的行李必须与旅客同机运输;自理行李、手提行李和小动物不予办理;旅客交纳声明价值附加费,声明价值附加费=(行李的声明价值-最高赔偿额度)×5‰;办理声明价值行李的重量不能包括在免费行李额内,应将其单独过秤,全部重量按逾重行李运价交付运费。

第十章 运价计算原理与应用

第一节 PAT 简介与运价计算基本步骤

一、PAT 简介

PAT（PASSENGER AIR TARIFF）是国际航协（IATA）与国际航空电信技术协会（SITA）共同出版发行的国际旅客运输资料，它承诺使用该资料的航空公司包括了世界排名前五十位的绝大多数航空公司，该资料是民航国际客运比较权威的参考资料。

（一）总规则（General Rules）

总规则每年出版四期，主要包括国家代码、城市代码和名称、缩略语、运价的使用规则、行李、行业佣金、折扣运价、旅客运输、付款、奖励性团体旅游等。

（二）西半球运价（Western Hemisphere FARES）

西半球运价分为季刊和月刊两种。

（1）季刊，每年出版四期（1、4、7、10 月出版）。主要内容包括货币兑换率、运价等级/类别代码、西半球内和东西半球间的行业和承运人的普通和特殊运价，西半球和东西半球间的综合旅游运价，行业和承运人的比例运价表，超里程附加计算表等。

（2）月刊，每年出版八期（2、3、5、6、8、9、11、12 月出版）。除季刊中包含的内容外，还包括有关西半球的运价规则、指定航程等内容。

（三）西半球运价规则（Western Hemisphere FARES RULES）

西半球运价规则每年出版四期，主要包括西半球内和东西半球间的普通和特殊运价以及综合旅游运价的行业规则、西半球和东西半球间的承运人的运价规则、指定航程表、超里程附加计算表等。

（四）东半球运价（Eastern Hemisphere FARES）

与西半球运价类似，分为季刊和月刊，但范围仅限于运价区间的起点和终点均在东半球内的情况。季刊有时与东半球运价规则手册合并一册出版。

(五) 东半球运价规则(Eastern Hemisphere FARES RULES)

东半球运价规则每年出版四期,主要包括东半球内和东西半球间的普通和特殊运价以及综合旅游运价的行业规则、东半球内承运人的运价规则、指定航程表、超里程附加计算表等。

(六) 最大允许里程(Maximum Permitted Mileage)

最大允许里程每年出版一期,公布部分城市对间的最大允许里程。

二、运价的种类

根据不同角度,国际客运价格可以划分为不同的种类。

(一) 普通运价(NORMAL FARE)和非普通运价(UNNORMAL FARE)

普通运价是指适用于头等舱、公务舱和经济舱的全额票价,通常没有附加条件。也包括适用于儿童、婴儿的在普通运价基础上带有一定折扣的运价。非普通运价是指带有一定限制的折扣运价。

(二) 直达公布运价(DIRECT PUBLISHED FARE)、比例运价(ADD-ON FARE)和组合运价(COMBINATION FARE)

按照运价构成方式划分,国际运价可以划分为直达公布运价、比例运价和组合运价。

(1) 直达公布运价是指PAT中公布的城市对之间的直达运价,包括普通运价和特殊运价。它不仅适用于两点间的直达航程,也在一定条件下适用于非直达航程。其可分为指定航程运价(SPECIFIED ROUTING FARE)和里程制运价(MILLEAGE SYSTEM FARE)两种形式。指定航程运价是一种国家间的协议运价,通常在公布的运价后面附录有数字编号,可以在对应的航程表中查出指定的经过点,甚至查出指定的承运人。当非直达航程可以满足给定的条件时,可以直接使用该运价。里程制运价是基于国际有关计算过程可以计算出来的运价。

(2) 比例运价是指由直达公布运价和给定附加值相加构成的直达运价,主要适用于两点间没有公布直达票价的情况。

(3) 组合运价是指由若干航段(或次航程)运价组合而成的全程运价。

三、指定航程运价

在PAT的总规则中规定,对于某些包括转机点的非直达航程而言,其运价适用条件规定如果航程经由某个(或某些)特定点,可以直接使用从该航程起点到终点(或折返)点的直达运价,而无须考虑其他因素,如表10-1所示。

表10-1 Specified Routings

Between	And	Via
Adelaide	Jakarta	Sydney/Melbourne
Beijing	Nagasaki	Shanghai
Beijing	Osaka	Shanghai-Nagasaki (Note3)
Beijing	Tokyo	Shanghai-Nagasaki-Osaka (Note2)

续表

Between	And	Via
⋮	⋮	⋮
Shanghai	Osaka	Nagasaki
Shanghai	Tokyo	Nagasaki/Osaka（Note1）
⋮	⋮	⋮
Tokyo	Beijing	Dalian
NOTES： 1. Only 1 stopover shall be permitted at Nagasaki/Osaka. 2. Only 1 stopover shall be permitted at Shanghai/Nagasaki/Osaka. 3. Only 1 stopover shall be permitted at Shanghai/Nagasaki.		

使用指定航程运价时,应注意以下规定。

(1) 可以经由更直接的航程(即指定的经由点可以省略),但不能增加新的点,也不能改变指定经由点的顺序。例如,参见表 10-1,下列航程可以直接使用 Beijing—Tokyo 直达运价。

$$\text{Beijing—X/Shanghai—X/Nagasaki—Osaka—Tokyo}$$

$$\text{Beijing—X/Osaka—Tokyo}$$

但下列航程不符合要求,不能直接使用 Beijing—Tokyo 直达运价。

$$\text{Beijing—X/Shanghai—Fukoka—Osaka—Tokyo}$$

$$\text{Beijing—Osaka—Nagasaki—Tokyo}$$

(2) 在指定航程表中,可以按照公布的方向,也可以按反方向顺序使用。例如,下列航程可以直接使用 Beijing—Tokyo 直达运价。

$$\text{Tokyo—Nagasaki—X/Shanghai—Beijing}$$

$$\text{Tokyo—X/Osaka—Beijing}$$

(3) 在使用指定航程运价时,还要遵守注释(即 NOTES)中规定的条件。例如,NOTE1 规定仅允许在 Nagasaki 或 Osaka 有一次中途分程,因此下列航程不能使用指定航程运价

$$\text{Shanghai—Nagasaki—Osaka—Tokyo}$$

因为其不满足对中途分程的限制。

除此之外,在东、西半球运价规则手册中也有关于指定航程的内容。

四、基于里程制的运价计算基本过程

(一) 计算步骤

根据国际航协 1999 年推出运价计算基本过程样本,客运运价计算可以归纳为以下步骤。

1. 票价组合点(fare construction points,FCP)

票价组合点也称为票价折回点(fare break point,FBP)。FCP 的作用是确定运价计算

区间(fare construction component,运价区间或区间);确定运价区间的始发地、目的地。

2. 中性货币单位(neutral units of construction,NUC)

查阅 PAT 中运价部分,确定运价区间的始发地、目的地之间的公布运价,这些运价通常用 NUC 来表达。

3. 条件(conditions,COND)

COND 用于查阅 PAT 运价的限制条件

4. 最大允许里程(maximum permitted mileage,MPM)

使用对应运价区间始发地、目的地之间的公布运价,该运价对应着一个限定的里程数,称为 MPM。

如表10-2所示,BEIJING 到 ABADAN 的 Y 舱单程公布票价为 NUC1041.43,限制条件为 Y205,MPM 为 EH 方向4682英里(miles)。Y 舱、C 舱、F 舱来回程运价没有公布,则为单程公布运价的2倍。

表10-2 运价信息表

FARE TYPE	LOCAL CURRENCY	NUC	CARR CODE	RULE	GI MPM & ROUTING
⋮					
BEIJING (BJS) CHINA	YUAN RENMINBI(CNY)				
To ABADAN(ABD)					EH 4682
Y	8620	1041.43		Y205	EH
C	9910	1197.28		Y205	EH
F	12920	1560.94		Y205	EH
YLEE3M	11630	1405.09		Y219	EH
YHEE3M	13960	1686.10		Y219	EH
⋮					

5. 客票点实际里程(ticketed point mileage,TPM)

根据运价区间里所列出的相邻客票点的实际里程,加总计算出的实际里程称为客票点实际里程。显然,如果 TPM< MPM,则全航程运价可以直接使用第二步所查到的 NUC 运价。反之,则不能直接使用。TPM 的数值可以在 PAT General Rules 中第七部分 TPM 中查到,如表10-3所示。

表 10-3　TPM 信息表

BETWEEN/AND	TPM	GI	GI MPM & RQUTING
Beijing	CN		
Addis Ababa	ET	5200	EH
Almaty	KZ	2036	EH
Amsterdam	NL	4864	EH
Anqing	CN	645	EH

由表 10-3 可知，北京和阿的斯亚贝巴(Addis Ababa)之间的实际里程是 5200 英里。

6. 超里程优惠(excess mileage allowance，EMA)

在 TPM＞MPM 时候，如果客票点里包含了某些特定点时，可从 TPM 中减少一定数量，称为超里程优惠。在 PAT 资料 General Rule 2.3.4 小节中可以查到全部 EMA 资料。表 10-4 是其中的例子。

表 10-4　Area 3 EMA

Between	And	Via	Mileage Deduction
Area 3(except when travel is wholly within the South Asian Sub Continent)	A point in Area 3	Both Mumbay(Bombay) and Delhi, or to/from Mumbay(Bombay) via Delhi, or to/from Delhi via Mumbay(Bombay), or via both Islamabad and Karachi, or to/from Karachi via Islambad, or to/from Islambad via Karachi	700

注释：

(1) 运价区间始发地和目的地必须与 Between/And 一致。

(2) Via 所对应的点可以是中途分程点或非中途分程点。且除去 Via 指定的点以外，可以增加新的转机点。如果旅客不经过 Via 指定的点，则不能使用该 EMA。

(3) 每个运价区间内只能使用一次 EMA。

7. 超里程附加(excess mileage surcharge，EMS)

如果用 TPM 减去优惠里程与 MPM 比较还多，则需要进行附加。如表 10-5 所示，可以这样进行附加比例的计算：首先计算(TPM－EMA)/MPM，设其为 S。注意计算到小数点后第五位，第六位后只舍不入。

表 10-5　EMS

S	EMS	EMS 表达式
S≤1.00000	0%	M
1.00000＜S≤1.05000	5%	5M
1.05000＜S≤1.10000	10%	10M
1.10000＜S≤1.15000	15%	15M
1.15000＜S≤1.20000	20%	20M
1.20000＜S≤1.25000	25%	25M
S＞1.25000		重新分段，最低组合，详见本书最低组合部分相关内容

第十章 运价计算原理与应用

8. 中间较高点(higher intermediate point,HIP)(也有资料定义 HIP 对应的运价为 HIF(higher intermediate fare,中间较高点运价))

在 SITI 情况下,中间较高点运价(HIF)产生于三种途径,即如果在一个运价区间内从始发地到中途分程点的公布运价;从中途分程点到目的地的公布运价;在运价计算方向上,中途分程点到中途分程点的公布直达运价;高于始发地到目的地的直达运价(NUC 运价),称为中间较高点运价(HIF),相应的点称为中间较高点(HIP)。如果存在着多个 HIF,则取最高者为全区间的 HIF。

9. 组合运价(constructed fare,CF)

本步计算该运价区间的组合运价。如果运价区间内没有 EMS 和 HIF,则 CF=NUC;如果运价区间内没有 EMS,有 HIF,则 CF=HIF;如果运价区间内有 EMS,没有 HIF,则 CF=NUC×(1+EMS);如果运价区间内有 EMS 和 HIF,则 CF=HIF×(1+EMS);如果最终结果是 NUC 所表达的 CF,则计算到小数点后第二位,以后各位只舍不入。

例 10-1 VIE—CAI—DHA—ISB—KHI—BKK—KUL(SITI)(计算该航程运价)
　　　　　　1471　1173　1460　701　2302　748 (各航段里程数)
运价资料:VIE—KUL　Y　OW　NUC1722.76　MPM7678

解:
FCP　VIE—KUL
NUC Y OW NUC1722.76
COND　—
MPM7678
TPM7855
EMA　—700(VIA ISB & KHI)
　　　7855—700=7155
EMS　M
CF　NUC1722.76

注释:此题中,由于 TPM7855>MPM7678,EMA 适用,查阅 *PAT* 后发现经过 ISB & KHI 的航线,可以优待里程数 700。

10. CF_CHECK

单程(ONE WAY,OW)问题中需要对 CF 进行回拽检查。该检查全称为 back haul check,简称为 BHC 检查。该检查的内容是:如果在某一运价区间内,从始发地到某一中途分程点的公布运价高于始发地到目的地的公布运价,则该航程为单程回拽程(back haul journey),须进行回拽检查。该区间运价不得低于单程回拽程最低限额 BHM(back haul minimum),BHM 等于两倍的最高的区间始发地到中途分程点的公布运价与区间的始发地目的地间公布运价的差值。如低于,则全程运价需要提升到 BHM。

例 10-2
　　SAO—BUE—MVD(计算该段航程运价)
　　1056　140(各航段里程数)

```
SAO—BUE      Y   OW        NUC254.00
SAO—MVD      NUC229.00     MPM1165
```
解：
```
FCP   SAO—MVD
NUC   Y   OW   229.00
COND     —
MPM   1165
TPM   1196
EMA   NONE
EMS   5M
HIP       SAOBUE NUC254.00
8a.CF   NUC266.70
8b.CF   CHECK
BHM = 2×254.00－229.00
    = 279.00＞CF
P=279.00－266.70=12.30
FARE=279.00
```

11. 货币总数(total amount, TTL)

如果存在着多个区间,则把多个区间的CF相加,得到全程CF。

12. TTL_ CHECK

有时对全程的NUC运价进行检查,单程最低组合运价。适用条件是始发地、目的地两点间无公布直达运价;始发地、目的地两点间有公布直达运价,但是超里程附加(EMS)大于25M;始发地、目的地两点间有公布直达运价,且EMS也小于25M,但是采用最低组合的方法计算出来的运价较低。以上条件具备一条,即可使用最低组合计算运价。

(二) 计算方法

将全程划分为一个、两个或两个以上运价区间,分别计算出各区间运价,再将各个区间运价相加,得到全程运价。然后从多个全程运价中选择最低结果。

对于全程运价,应该进行DFUC检查(DIRECT FARE UNDERCUT CHECK)(也称OSC检查(ONEWAY SUBJOURNEY CHECK)),检查最低组合的全程运价不得低于始发地到目的地的公布直达运价。

例 10-3
```
JL        KE        CI          (承运航空公司)
TYO—SEL—TPE—MNL             (计算该段航程运价)
    740   920   731            (各航段里程数)
TYO—SEL   NUC342.92   MPM928
TYO—MNL   703.59      2254
TYO—TPE   445.87      1596
SEL—TPE   444.32      1178
```

SEL—MNL	503.64	1093
TPE—MNL	216.21	897

解：

组合1：

FCP　　TYO—MNL

NUC　　703.59

MPM　　2254

TPM　　2391

EMS　　10M

CF　　773.94

FARE 1 = 773.94

组合2：

FCP　　TYO—TPE　　　　TPE—MNL

NUC　　445.87　　　　　216.21

MPM　　1596

TPM　　1660

EMS　　5M

CF　　NUC468.16　　　NUC216.21

TTL　　NUC684.37

DFUC(OSC)　TYO—MNL　　NUC703.59 > TTL　H=19.22

FARE 2 = 703.59

组合3：

FCP　　TYO—SEL　　　　SEL—MNL

NUC　　342.92　　　　　503.64

MPM　　　　　　　　　　1093

TPM　　　　　　　　　　1651

EMS　　　　　　　　　　OVER25M

这种组合不合适。

组合4：

FCP　　TYO—SEL　　SEL—TPE　　TPE—MNL

NUC　　342.92　　　444.32　　　216.21

CF　　342.92　　　444.32　　　216.21

TOTAL　1003.45

FARE 4 = 1003.45

综合比较，FARE 2 票价最低，可作为最终结果。将NUC货币所表达的最终结果转换为运输始发国货币表达。

1. 当地货币价格(local currency fare, LCF)(有时也称当地销售价格(local selling fare, LSF))

如果旅客付款货币与运输始发国货币不一致，则将运输始发国货币表达的运价转换为旅客付款货币。

2. 出票(ticket,TKT)

在得到 LCF 后还要考虑税费因素,然后计算旅客支付全部票款。由以上计算可以看出,最低组合原理是国际客运运价计算的基本原理。

第二节 来回程/环程及其最低组合

一、概念

来回程(round trip,RT)由一点始发到另一点,最后又回到原始发地的旅程,来回程有两个运价计算区,无论去程和回程的路程是否相同,只要相同等级的运价相同均称为来回程。

环程(circle trip,CT)从始发地出发经过若干不同点,使用连续的航空运输,最后回到始发地的航程,但是不包括已包含在 RT 中的航程。环程有两个或两个以上的运价计算区,而且去程和回程的路程、运价都不相同。

二、RT/CT 的计算方法

选择航程中不同的点为 FCP,形成两个区间,分别定义为 OUTBOUND 和 INBOUND,每个区间使用该区间始发地到目的地的 1/2RT 直达公布运价。然后按运价构成一般原则,计算各个运价区间的运价,再相加,得到全程运价。

如果将全程分成两个区间,且两个 CF 相等,则该航程可以视为 RT,否则为 CT,要进行 CTM 检查。CTM 检查的全称是 circle trip minimum check,表示全程运价不得低于始发地至航程中任意中途分程点之间的普通直达来回程运价。如果低于,需要提升到这个最低限额。由于选择不同的点为 FCP,有可能得到不同的结果,但应取其中最低者为计算结果。需要说明,"计价单元"(PRICING UNIT)使用于环程或来回程时是指完整的环程或来回程,而区间是指环程/来回程的一部分。

例 10-4

```
        BB      CC      DD      EE      FF       GG
ROM —MAD —NYC —CCS —LPB —X/BUE —ROM(计算该段航程运价)
    836    3588    2123    2206   1396    6931   (各航段里程数)
ROM—LPB   1/2RT   Y    NUC1537.79    MPM9050
ROM—BUE           1615.40            9235
```

解:该航程可以认为是一个计价单元,同时包含了两个区间,即 OUTBOUND 区间和 INBOUND 区间。

	OUTBOUND	INBOUND
FCP	ROM—LPB	ROM—LPB
NUC	Y 1/2RT NUC1537.79	NUC1537.79
MPM	9050	9050

TPM	8753	8327
EMA	—	—
EMS	M	M
HIP	—	—
CF	1537.79	1537.79

（不进行 BHC 检查）

TTL   3075.58

由于两个区间的 CF 相等,所以在这种选择 FCP 的方式下全程是 RT,不必进行 CTM 检查。

例 10-5

```
      KL     KL      SR      SR     KL     KL
CUR —AMS —BCN —ZRH —HAM —X/AMS —CUR（计算该段航程运价）
     4869   771    532     432    236    4869（各航段里程数）
CUR—AMS    F   1/2RT   NUC1729.12   MPM5842
CUR—BCN                   1706.95        5792
CUR—ZRH                   1729.12        6216
CUR—HAM                   1796.20        6126
```

求最低运价是多少?

解：票价组合点分别选在 HAM、ZRH 和 BCN

(1) HAM

过程：

	OUTBOUND	INBOUND
FCP	CUR—HAM	CUR—HAM
NUC	F 1/2RT NUC1796.20	NUC1796.20
MPM	6126	6126
TPM	6604	5105
EMA	—	—
EMS	10M	M
HIP	—	—
CF	1975.82	1791.20
TTL	3772.02	
CTM	CTM=3592.40<TTL	

(2) ZRH

	OUTBOUND	INBOUND
FCP	CUR—ZRH	CUR—ZRH
NUC	F 1/2RT NUC1729.12	NUC1729.12
MPM	6216	6216
TPM	6172	5537
EMA	—	

EMS	M	M	
HIP	NONE	CUR—HAM	1796.20
CF	1729.12	1796.20	
TTL	3525.32		
CTM	CTM=3592.40＞TTL		
	P＝67.08		

(3) BCN

	OUTBOUND	INBOUND
FCP	CUR—BCN	CUR—BCN
NUC	F 1/2RT NUC1706.95	1706.95
MPM	5792	5792
TPM	5640	6069
EMA	—	—
EMS	M	5M
HIP	CUR—AMS 1729.12	CUR—HAM 1796.20
CF	1729.12	1886.01
TTL	3615.13	
CTM	CTM=3592.40＜TTL	

可见，ZRH作为票价组合点得到的票价最低。

(1) 如果划分为两个区间后某个区间的EMS＞25M，则说明划分不合理，需要重新划分。

(2) 如果任何划分都导致EMS＞25M，则要采取最低组合的方法，将全程划分为两个或更多个区间。

三、环程/来回程最低组合

与单程类似，如果采用两个运价区间后：某一个或两个区间的始发地、目的地之间没有公布运价；或某一个或两个区间的EMS均大于25M；或EMS不大于25M，但用最低组合得到的运价结果较低；则可以把全程划分为三个或更多个区间，每个区间均采用1/2RT运价，分别计算各个区间的运价后相加得到全程运价，再进行CTM检查。然后从多个全程运价中选择最低结果。在这种划分中，只有在返回运输始发国的区间里，计算方向才与旅行方向相反，其他相同。

例10-6

  GF GF RJ MS
BAH—DXB—AMM—CAI—BAH（计算该段航程运价）
  301 1254 295 1200（各航段里程数）
BAH—DXB RT NUC259.56 MPM 392
BAH—AMM   629.24   1153
BAH—CAI   735.10   1440

DXB—AMM	792.68	1504
DXB—CAI	894.56	1800
AMM—CAI	830.30	354

解：

组合 1：选取 DXB 作为 FCP

	OUTBOUND	INBOUND
FCP	BAH—DXB	BAH—DXB
NUC	Y 1/2RT NUC129.78	NUC129.78
MPM		392
TPM		2749
EMA		NONE
EMS		OVER25M

组合 2：选取 CAI 作为 FCP

	OUTBOUND	INBOUND
FCP	BAH—CAI	BAH—CAI
NUC	Y 1/2RT NUC367.55	NUC367.55
MPM	1440	
TPM	1850	
EMS	OVER25M	

组合 3：选取 AMM 作为 FCP

	OUTBOUND	INBOUND
FCP	BAH—AMM	BAH—AMM
NUC	Y 1/2RT NUC314.62	314.62
MPM	1153	1153
TPM	1555	1495
EMS	OVER25M	OVER25M

由以上组合可以看出，采用两个区间的划分方法不能解决 EMS 大于 25M 的问题，所以，我们必须采用最低组合的办法，将全程划分为三个或三个以上区间。

组合 4：选取 DXB、AMM 作为 FCP，即

FCP　BAH—DXB　DXB—AMM　BAH—AMM

对比前面的计算可以看出，BAH—AMM 区间的 EMS 依然大于 25M，该方法不合适。

组合 5：选取 AMM、CAI 作为 FCP，即

FCP　BAH—AMM　AMM—CAI　BAH—CAI

对比前面的计算可以看出，BAH—AMM 区间的 EMS 依然大于 25M，该方法不合适。

组合 6：选取 DXB、CAI 作为 FCP，即

FCP	BAH—DXB	DXB—CAI	BAH—CAI
NUC	Y 1/2RT NUC129.78	447.28	367.55
MPM	1800		
TPM	1549		

```
EMS   M
CF    129.78                    447.28              367.55
TTL CF 944.61
CTM   CTM＝735.10＜TTL   NO PLUS
```

组合7：选取 DXB、AMM、CAI 作为 FCP,即

```
FCP    BAH—DXB   DXB—AMM   AMM—CAI   BAH—CAI
NUC    129.78    396.34    415.15    367.55
CF     129.78    396.34    415.15    367.55
TOTAL CF 1308.82
```

在七种组合中,能够计算出结果的是组合6和组合7,然后取低,即组合6的结果是最终结果。

第三节　开口程及运价计算

一、概念

开口程基本具备 RT/CT 特点的不完整航程为 OJ。包括单开口和双开口。

单开口的英文名字为 single open jaw,简称 SOJ,其又分为:始发地开口(origin oj,OSOJ 或 OOJ),如 BJS—OSA—TSN;折返点开口(turnaround oj,TSOJ 或 TOJ),如 BJS—SEL……PUS—BJS。

双开口的英文是 double open jaw,简称 DOJ,例如 BJS—TYO……OSA—TSN。

二、计算方法

运价计算方法按照实际乘坐飞机航段的运价之和计算运价;全程按照完整的 RT/CT 计算运价,然后将以上两种方法的结果进行比较取其低。需要说明的是,在使用第一种方法时要注意:当开口航段在同一国家内,且全程不超过两个国际运价区间时,采用 1/2RT;否则采用 OW 运价;在返回运输始发国的区间里,计算方向与旅行方向相反;美国/加拿大视为一个国家;斯堪的那维亚三国(丹麦、挪威和瑞典)视为一个国家;从美加始发经大西洋(AT)抵达欧洲并经大西洋(AT)返回美国/加拿大,则在欧洲境内的不同国家间的开口航段可以视为一个国家内的开口航段;中国民航各主要航空公司也规定,从中国到欧洲再返回中国的航程,在欧洲境内的开口航段视为一个国家内的开口航段。

例 10-7

```
        SA      SR     SK              UT
JNB —ZRH —CPH —AMS ……NCE —JNB(计算该段航程运价)
     5231    591   393    608     5907(各航段里程数)
```

解:

方法一:

```
FCP      JNB—AMS              JNB—NCE
NUC      Y OW NUC1053.74      Y OW NUC1042.25
MPM      6727
TPM      6215
EMS      M
HIP      JNBCPH   NUC1225.35
CF       1225.35                              1042.25
BHC      BHM=2×1225.35－1053.74
            =1396.96＞CF
            P=171.61
TTL      2439.21
```

方法二：

(1) 选 CPH 为断点

```
FCP      JNB—CPH              JNB—CPH
NUC      Y 1/2RT 1225.35      1225.35
MPM      6908                 6908
TPM      5822                 6087
EMA      —                    —
EMS      M                    M
HIP      —                    —
CF       1225.35              1225.35
TTL      2450.70（THIS IS RT）
```

(2) 选 AMS 为断点

```
FCP      JNB—AMS              JNB—AMS
NUC      Y 1/2RT 1053.74      1053.74
MPM      6727                 6727
TPM      6215                 5694
EMA      —                    —
EMS      M                    M
HIP      JNBCPH Y 1/2RT 1225.35
CF       1225.35              1053.74
TTL      2279.09
CTM      CTM=2450.70＞TTL  P=171.61
```

两者比较，可见方法一的票价最低。

三、OJ 的检查

有关 OJ 的检查，均针对方法一(即按照实际乘坐飞机航段的运价之和计算)可以分为以下两种方法。

(1) 始发地最低限额检查(country of origin minimum, COM)。如果在 OJ 中使用 OW

运价,且在 OJ 的第二个或后续计算区间中经过运输始发国内某一点,那么该区间的运价不得低于从该点到该区间中任意一点的直达运价,这些点可以是中途分程点也可以是非中途分程点。

例 10-8

```
        CC    CC    BB    BB(承运航空公司)
BNE—MNL—HKG—MEL—AKL(计算该段航程运价)
      3607  702  4603  1638(各航段里程数)
BNE—HKG    OW Y NUC1147.48    MPM5169
MEL—HKG              1147.48
HKG—AKL              1039.37        6882
```

解:按照实际乘坐飞机航段的运价之和计算

FCP	BNE—HKG	HKG—AKL
NUC	Y OW 1147.48	1039.37
MPM	5169	6882
TPM	4309	6241
EMA	—	—
EMS	M	M
HIP	—	—
CF	1147.48	1039.37
BHC	—	—
COM		MEL—HKG 1147.48＞CF
		P=108.11

TTL   2294.96

(2) 共同点的最低限额检查(common ticket point minmum, CPM)。对 OJ,在使用方法一时,如航程使用 1/2RT 运价,且航程在运输始发国或回转点所在国家内有共同的客票点,从而形成一个完整的 RT/CT 时,则 OJ 的运价不得低于该 RT/CT 的最低运价,该共同点可以是中途分程点或者是非中途分程点。如果从计价单元(PRICING UNIT)的观点看,CPM 检查是要求 OJ 的全程运价不得低于其中完整的 RT/CT,即一个完整的计价单元的最低运价。

例 10-9

```
     CC   BB   DD            DD   CC   DD    EE(承运航空公司)
STO—ROM—X/SEZ—KUL……PEN—KUL—BKK—X/STO—CPH(计算该段航程运价)
    1246  4194  3229         174  748  5137   332(各航段里程数)
```

解:

FCP	STO—KUL	CPH—PEN
NUC	Y 1/2RT 1837.57	1815.99
MPM	8063	8105
TPM	8669	6391

EMA	—	—
EMS	10M	M
HIP	—	—
CF	2021.32	1815.99
TTL	3837.31	

CPM：

	OUTBOUND	INBOUND
FCP	STO—KUL	STO—KUL
NUC	1837.57	1837.57
MPM	8063	8063
TPM	8669	5885
EMA	—	—
EMS	10M	M
HIP	—	—
CF	2021.32	1837.57
TTL	3858.89＞3837.31	
P=21.58		

第四节 混合等级航段运价计算

如果在某个运价计算区间中,有不同服务等级的运输,则需要进行有关混合等级航段的计算。混合等级的运价计算主要有四个步骤。

步骤1：运价为全程按较低服务等级运价加上较高服务等级航段上较高等级运价与较低等级运价的差额。其中,如果航程是单程,在求较低等级运价时,有 BHC 和 DMC 检查；在求等级差额时,如果是连续的较高等级航段,应按连续航段求差额,仍有 EMS 和 HIF,但没有 BHC 和 DMC 检查。如果航程是环程,在求较低等级运价时,有 CTM 检查；在求等级差额时,必须使用与本运价组适用运价方向相同方向上的运价,但在客票表示时仍按实际方向表示。

步骤2：每一组有各自级别的运价,组内不出现混合等级,全程运价为各组运价之和。如有必要,这样计算的各组都要考虑 BHC、DMC 检查。

步骤3：高等级航段所在区间按较高服务等级计算。

步骤4：三者取低。

例 10-10

　　RB　　SK　　KL　　BA　　OS(承运航空公司)

DAM—CPH—AMS—LON—VIE—DAM(计算该段航程运价)

　　1917　　393　　217　　780　　1449(各航段里程数)

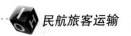

　　　　　Y　　　F　　F　　　Y　　Y

解：

步骤1：选CPH为FCP。

FCP　　　　DAM—CPH　　　　　DAM—CPH
NUC　Y 1/2RT NUC811.80　　　811.80
MPM　　　　　　　　　　　　　2868
TPM　　　　　　　　　　　　　2839
EMS　　　　　　　　　　　　　M
CF　　811.80　　　　　　　　811.80
TTL　1623.60(THIS IS ROUND TRIP)
CTM　NIL

D：

FCP　　　　LON—CPH
NUC　F 1/2RT NUC917.64　　Y 1/2RT　NUC429.03
MPM　712　　　　　　　　　712
TPM　610　　　　　　　　　610
EMS　M　　　　　　　　　　M
CF　F　NUC917.64　　　　　Y　NUC429.03

D＝917.64－429.03＝488.61

Y＋D＝2112.21

步骤2：选LON为FCP。

FCP　　DAM—LON　　　　　　DAM—LON
NUC　Y 1/2RT NUC809.05　　Y 1/2RT NUC809.05
MPM　2799　　　　　　　　　2799
TPM　2527　　　　　　　　　2229
EMS　M　　　　　　　　　　M
HIP　DAMCPH　811.80
CF　　811.80　　　　　　　　809.05
TTL　1620.85
CTM　1623.60＞TTL　P＝2.75

D：

FCP　CPH—LON
NUC　F 1/2RT NUC830.01　　Y 1/2RT NUC512.41
MPM　712　　　　　　　　　712
TPM　610　　　　　　　　　610
EMS　M　　　　　　　　　　M
CF　　830.01　　　　　　　　512.41

D＝830.01－512.41＝317.60

Y＋D＝1623.60＋317.60＝1941.20

步骤3：选AMS为FCP。

FCP	DAM—AMS	DAM—AMS
NUC	Y 1/2RT NUC737.60	737.60
MPM	2692	2692
TPM	2310	2446
EMS	M	M
HIP	DAMCPH 811.80	DAMLON 809.05
CF	811.80	809.05
TTL	1620.85	
CTM	CTM=1623.60＞1620.85	P=2.75

D:

FCP	CPH—AMS	
NUC	F 1/2RT NUC632.51	Y 1/2RT NUC423.45
CF	F 632.51	Y 423.45
D1	=209.06	

FCP	LON—AMS	
NUC	F 1/2RT NUC411.15	Y 1/2RT NUC260.19
CF	F 411.15	Y 260.19
D2	=150.96	

Y+D1+D2=1623.60+209.06+150.96=1983.62

步骤4：三者取低，显然选择LON作为FCP票价更低。

最终结果横式：

DAM RB CPH SK AMS KL LON M DAMCPH811.80BA VIE OS DAM M809.05P DAMCPH2.75D CPHLON M317.60NUC1941.20END

第五节 旁岔程以及相关航程运价计算

如果旅客在某点做两次(含两次)以上的中途分程的情况下称旁岔程(side trip)。旁岔程的计算应分为三个步骤。

步骤1：按照旁岔独立计算注释：在单独计算有关单程/环程/来回程时，需要考虑最低组合的问题。

步骤2：按照打破旁岔计算。

步骤3：两者比较取其低。

例 10-11

LON —FRA —STR —ZRH —FRA —BOM(计算该段航程运价)
     395   97   91   99   4082(各航段里程数)

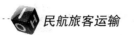

```
           AA     BB     CC     DD     AA
```

解:

步骤1:按照旁岔独立来计算运价。

航程:	OW	SIDE TRIP
	LON—FRA—BOM	FRA—STR—ZRH—FRA
FCP	LON—BOM	FRA—ZRH FRA—ZRH
NUC	1266.22	Y 1/2RT 210.30 210.30
MPM	5863	213
TPM	4478	188
EMS	M	M
CF	1266.22	210.30 210.30
TTL	1686.82	

横式:

TAT: LON AA FRA(BB STR CC ZRH M210.30DD FRA210.30AA BOM M1266.22NUC1686.82END

步骤2:按照打破旁岔来计算运价。

航程:	OW1	OW2
	LON—FRA—STR—ZRH	ZRH—FRA—BOM
FCP	LON—ZRH	ZRH—BOM
NUC	Y OW 433.20	1158.22
MPM	568	5364
TPM	583	4181
EMS	5M	M
CF	454.86	1158.22
TTL	1613.08	
OSC	LON—BOM 1266.82＜TTL NO PLUS	

横式:

LON AA FRA BB STR CC ZRH 5M454.86DD FRA AA BOM M1158.22NUC1613.08END

步骤3:两者比较取低,显然步骤2的结果较低。

第六节 非SITI运价计算

一、单程(OW)以及使用单程运价的OJ

在非SITI条件下,也按照标准步骤计算,但在HIP上有区别,同时对于非SITI的航程还要进行DMC(directional minmimum check),即方向性最低限额检查,详见表10-6。

第十章
运价计算原理与应用

表10-6　非SITI单程运价计算

	SITI	SOTI	SITO	SOTO
其他步骤	同SITI			
HIP		限制在中途分程点	中途分程点和非中途分程点均可	
其他步骤	同SITI			
DMC	不进行	每个使用单程(OW)运价的区间的运价不得低于区间内任意两点在任意方向上的公布直达运价。对于使用最低组合原理计算的多区间运价,若经过DFUC检查后提高到始发地目的地的直达运价,则多区间视为一个区间进行DMC检查		

例10-12

　　BB　　　CC　　　　　　　(承运航空公司)
BJS—X/AMS—PBM　　　SOTI　(计算该段航程运价)
　　217　　4668

IROE为8.2934。

旅客在BJS出票,其资助人在德国的FRA用欧元(EUR)付款。

BBR：1EUR = CNY5.1624

解：

FCP　BJS—PBM

NUC　Y　OW　1189.75

MPM　5798

TPM　4885

EMS　M

HIP　—

(虽然AMS—PBM的运价高于1189.75,由于是SOTI,AMS不能视为HIP点。)

CF　1189.75

BHC　NIL

DMC　PBM—BJS 1270.02＞CF　P = 80.27

IROE　　1270.02×8.2934＝CNY10532.78 ≥CNY10540.00(CNY向上到10.00)

LCF　EUR2041.686≥EUR2041.69 (EUR在0.01四舍五入)

横式：

BJS　BB　X/AMS　CC　PBM　M1189.75P　PBMBJS80.27NUC1270.02END IROE0.5934

二、环程/来回程(CT/RT)

在非SITI条件下,也按照标准步骤计算,但在HIP上有区别,如表10-7所示。

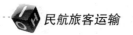

表 10-7 在非 SITI 环程/来回程运价计算

	SITI	SOTI	SITO	SOTO
其他步骤	同 SITI			
HIP	限制在中途分程点		中途分程点和非中途分程点均可	
其他步骤	同 SITI			

例 10-13

```
          BB      CC      BB              （承运航空公司）
      AKL—X/SYD—TYO—AKL      SOTO（计算该航段航程运价）
         1343     4863    5493            （各航段里程数）
```

IROE 为 1.66153；旅客在 NYC 用 USD 付款并出票；BBR：1USD＝NZD1.65137

解：

销售代号为 SOTO

FCP　　AKL—TYO　　AKL—TYO

NUC　F 1/2RT 2064.16　　2064.16

EMS　　　　M

HIP SYDTYO 2090.76

CF　　2090.76　　　　　　2064.16

TOTAL　4154.92

IROE　NZD6903.5≥NZD6904.00（NZD 向上进到 1.00）

LCF　USD4180.7≥USD4181.00（USD 在 0.1 四舍五入）

横式：

AKL BB X/SYD CC TYO M SYDTYO 2090.76 BB AKL 2064.16 NUC454.92 END IROE1.66153

三、使用 1/2RT 运价的 OJ

对于使用 1/2RT 运价的 OJ，其计算时应注意以下要点如表 10-8 所示。

表 10-8 非 SITI 1/2RT 运价的 OJ

	SITI	SOTI	SITO	SOTO
其他步骤	同 SITI			
HIP	限制在中途分程点		中途分程点和非中途分程点均可	
其他步骤	同 SITI			
DMC	不进行		对于非 SITI，每个区间的运价不得低于区间内任意两点在任意方向上的 1/2RT 公布直达运价	

例 10-14

```
          CC              CC            CC              （承运航空公司）
      LON—CPT……DUR—X/CPT—LON（SOTI）      （计算该航程运价）
         6019            774           6019             （各航段里程数）
```

解：

FCP	LON—CPT	LON—DUR
NUC	Y 1/2RT 1166.79	1121.20
MPM		7143
TPM		6793
EMS		M
CF	1166.79	1121.20
DMC	LON—CPTY1/2RT 1166.79＞CF	
	P＝45.59	
TTL	2333.58	

横式：
LON CC CPT 1166.79/—DUR CC X/CPT CC LON M1121.20P LONCPT 45.59 NUC2333.58END

第七节 特殊运价

除了正常的公布运价以外，在国际客运中还有很多特殊运价（SPECIAL FARE）。这些特殊运价种类繁多、结构复杂，应用也最为灵活。

一、特殊运价的标准条件

国际航协在经过多年探索后，总结归纳出特殊运价的特殊之处，并建立了有关特殊运价的计算体系。这个体系的基础就是特殊运价的标准条件。而关于标准条件又有若干类，这里只介绍最常见的两种 SC100 和 SC，SC100 标准条件如表 10-9 所示，SC 标准条件如表 10-10 所示。

表 10-9　SC100 标准条件

编号	标准条件的项目	标准条件的内容
0	适用的航程	没有限制
1	旅客身份	没有限制
2	日期/时间	没有限制
3	季节性	没有限制
4	适用的航班	没有限制
5	订座与出票	APEX 运价： (1) 订座：全计价单元同时订座； (2) 出票：全计价单元同时出票 PEX 运价： 订座与出票：全计价单元出票，同时全计价单元订座。 其他个人旅游价格： (1) 订座与出票：没有限制； (2) 团队旅游价格： (3) 订座：全计价单元订座； (4) 出票：没有限制

续表

编号	标准条件的项目	标准条件的内容
6	最短停留 最短停留的改变	(1) 最短停留：没有限制； (2) 最短停留的改变：医疗原因方可
7	最长停留	一年
8	中途分程点限制	不允许。来回程的回转点不看作中途分程点
9	转机点限制	没有限制
10	组合与连接	(1) 组合：允许与合适的比例运价附加； (2) 连接：END-ON 运价和旁岔运价可以
11	终止日期	没有限制
12	附加收费	没有限制
13	有陪伴旅游	没有限制
14	旅游限制	没有限制
15	销售限制	广告与销售：没有限制
16	罚金	(1) 取消、误机、升舱：没有限制； (2) 更改订座与航程：不允许
17	HIP 和里程系统例外	按照运价规则
18	客票签转	APEX/PEX 运价：有限制； 其他：没有限制
19	儿童和婴儿折扣	儿童：成人 67%； 婴儿：成人 10%
20	导游折扣	不允许
21	代理人折扣	不允许
22	其他折扣	根据运价规则执行

表 10-10　SC 标准条件

编号	标准条件的项目	标准条件的内容
0	适用的航程	没有限制
1	旅客身份	没有限制
2	日期/时间	跨越大西洋/太平洋运价：其日期从跨越大西洋/太平洋之日开始计算
		平时/周末运价：其日期从始发地出发日以及回转点出发日开始计算
		其他运价：其日期从第一个国际航段出发日开始计算
3	季节性	跨越大西洋/太平洋运价：其日期从跨越大西洋/太平洋之日开始计算
		平时/周末运价：其日期从始发地出发日以及回转点出发日开始计算
		其他运价：其日期从第一个国际航段出发日开始计算
4	适用的航班航线	没有限制

续表

编号	标准条件的项目	标准条件的内容
5	订座与出票	APEX 运价： (1) 订座：全计价单元同时订座； (2) 出票：全计价单元同时出票
		PEX 运价： 订座与出票：全计价单元出票，同时全计价单元订座
		其他个人旅游价格 订座与出票：没有限制
		团队旅游价格： (1) 订座：全计价单元订座； (2) 出票：没有限制
6	最短停留 最短停留的改变	最短停留：跨越大西洋/太平洋运价：其日期从跨越大西洋/太平洋之日开始计算
		平时/周末运价：其日期从始发地出发日以及回转点出发日开始计算
		其他运价：其日期从第一个国际航段出发日开始计算
		最短停留的改变：医疗原因方可
7	最长停留	一年
8	中途分程点限制	不允许
9	转机点限制	没有限制
10	组合与连接	(1) 组合：允许与合适的比例运价附加； (2) 连接：END—ON 运价和旁岔运价可以
11	终止日期	没有限制
12	附加收费	没有限制
13	有陪伴旅游	没有限制
14	旅游限制	没有限制
15	销售限制	广告与销售：没有限制
16	罚金	取消、误机、升舱、更改订座与航程：支付罚金
17	HIP 和里程系统例外	按照运价规则
18	客票签转	APEX/PEX 运价：有限制； 其他：没有限制
19	儿童和婴儿折扣	儿童：成人 67%，75%； 婴儿：成人 10%
20	导游折扣	不允许
21	代理人折扣	不允许
22	其他折扣	根据运价规则执行
23～25	未用	
26	团队限制	20 人或以上同时旅行
27	旅行	没有限制
28	未用	
29	押金	没有限制

需要指出,由于 PAT 资料经常更新,标准条件也经常更新,所以需要在使用时注意。

二、特殊运价的查询与使用计算

在明确了标准条件后,可以通过查询特殊运价代号明确该特殊运价的使用条件。

特殊运价在计算出公布运价后继续使用,并要按照国际航协的运价计算标准步骤计算,从而可能为旅客提供价格更加低廉的、同时也符合顾客要求的客运机票。

第八节 比例运价

一、概念

在国际运输中,有很多通航城市之间没有公布直达运价。对于这种情况,可以在另一公布直达运价的基础上附加一部分运费(我们称其为 ADD—ON 运价,即比例运价)构成直达运价。例如,旅客航程为 XMN(厦门)—BKK—LON。

但运价手册中没有 LON — XMN 的公布直达运价,我们可以在比例运价表(表10-11)中查找两点中比较小的城市(即 XMN),表中给出的附加点是 CAN(广州),附加值是 NUC53.16,然后在运价表(表10-12)中查出 CAN—LON 的公布直达运价为 NUC2745.00,因此,按照比例运价的计算规则,XMN—LON 的公布直达运价为 NUC2798.16(53.16+2745.00)。

为了计算运价,我们还需要考虑 XMN—LON 的 MPM。我们可以在比例运价表中查到,MPM 的附加点也是 CAN,附加值为 148,然后在运价手册中查出 CAN—LON 的 MPM 为 9253,则 XMN—LON 的公布直达运价所对应的 MPM 为 9401(148+9253)。

表 10-11 比例运价表

ADD ON CITY AREA	GI	ADD TO	FARE TYPE	RULE	NUC NORMAL/ SPECIAL SPECIAL OW RT	LOCAL CURRENCY NORMAL/ SPECIAL SPECIAL OW RT	MILLEAGE ADD TO
XIAMEN(XMN)	CN						
SEA(EXC HONGKONG)	EH	CAN	Y		53.16	440 880	
SAR/KAZAKSTAN/RUSSIA		CAN	C		68.86	570	
/SWP/TURKMENNISTAN		CAN	F		79.74	660	
┆							
EUROPE	EH/FE	CAN	Y		53.16 106.31	440 880	148 CAN
	EH/FE	CAN	C		68.86	570	
	EH/FE	CAN	F		79.74	660	

表 10-12　运价表

FARE TYPE	LOCAL CURRENCY	NUC	CARR CODE	RULE	GI MPM & ROUTING
⋮					
GUANGZHOU(CAN) CHINA YUAN　RENMINBI(CNY)					
TO LONDON(LON) EH 9253					
Y	22730	2745.00		Y205	EH
C	29550	3568.50		Y205	EH
F	34090	4117.50		Y205	EH
YLEE3M	21680	2618.00		Y219	EH
YHEE3M	24540	2964.10		Y219	EH
⋮					

二、使用说明

比例运价的使用说明如下。

（1）仅当两点间没有直达运价时才能使用比例运价。

（2）应用比例运价时，比例附加可以在航程的起点、终点或两端均使用，但不能在一端连续使用两次以上的比例附加。

（3）比例附加没有方向性，但公布直达运价具有方向性。

（4）比例附加仅能被用于比例运价，不能被视为当地运价。

（5）比例运价的附加点与 MPM 的附加点可能一致，也可能不一致。

例 10-15

XMN　ADD—ON　CAN　PUBLISHED　FARE　LON

NUC53.16　　　　　＋　　　　NUC2745.00　＝　NUC2798.16
MPM148　　　　　＋　　　　MPM9253　　　＝　MPM9401

例 10-16

XMN　ADD—ON　CAN　PUBLISHED　FARE　LON

NUC53.16　　　　　＋　　　　NUC2862.32　＝　NUC2915.48
MPM148　　　　　＋　　　　MPM9253　　　＝　MPM9401

例 10-17

XMN　ADD—ON　CAN　PUBLISHED FARE　LON　ADD—ON　CBG

NUC53.16　　　＋　　　NUC2745.00　＋　NUC116.99　＝　NUC2915.15

XMN　ADD—ON　CAN　PUBLISHED FARE　AMS　ADD—ON　CBG

MPM148　　＋　　MPM9253　　＋　　MPM235　＝　MPM9636

中国航信于 2018 年 8 月完成了国际客票运价计算系统的建设,新一代国际客票运价计算系统完全符合国际标准,能够无缝对接上游销售接口,全面支持标准及非标准数据,新系统大幅提高了运价计算结果的丰富度、准确性和系统性能。国际客运中使用国际客票运价计算系统可以直接计算票价,方便了业务人员,此部分作为国际运价介绍对于空乘专业人员不做具体要求。

第十一章 国际客票填开与使用

第一节 国际客票填开

一、国际客票的概念与种类

国际客运票证是客票上所列承运人和旅客之间航空运输合同订立和运输合同条件的初步证据。承运人只向持有由承运人或者其授权代理人填开的客票的旅客提供运输。

国际客票从来源上可以分为航空公司国际客票和 BSP 国际客票；且客票基本以电子客票的形式出现，少数纸质客票。

二、国际客票的构成与使用

（一）国际客票的构成

无论是 BSP 客票还是航空公司客票，其构成基本类似，在完成客票填开后，各联的使用程序如下。

（1）声明（NOTICE）：向旅客提出中、英文运输条件，包括《华沙公约》中的有关条款。

（2）会计联（AUDIT）：对于 BSP 客票，会计联用于代理人、BSP 结算中心以及航空公司财务人员之间的结算。随着会计联电子版的出现，会计联的结算作用将逐步消失。

（3）出票人联（AGENT）：用于售票处自留备查至少两年。

（4）乘机联（FLIGHT）：有效的乘机联：售票处销售人员→旅客→承运航空公司值机→承运航空公司结算中心→承运航空公司财务人员，记入"运输收入"科目，保留至少两年。

（5）无效的乘机联：自留备查至少两年。

（6）旅客联（PASSENGER）：售票处销售人员→旅客→旅客报销凭证之一。

（二）国际客票的使用

承运人或者其授权代理人应当为每一旅客单独填开客票。

(1) 客票不得转让。

(2) 客票不得涂改,涂改后的客票无效。

(3) 客票上所有的票联必须按照客票填开时规定的顺序使用;如未按顺序使用,需要根据旅客的实际行程重新计算票价。

(4) 客票全部或者部分遗失或者残损,或者旅客出示的客票未包括所有未使用的乘机联和旅客联,出票承运人或者其授权代理人可在旅客提供该航班的有效客票确已填开的满意证明后,在不违反原客票票价限制条件的前提下,为该旅客填开新客票以替代原客票或者部分客票。

三、国际客票有效期

客票自旅行开始之日起,1年内有效。客票全部未使用的,从填开客票之日起,1年内有效。

(1) 客票有效期的计算,自旅行开始或者填开客票之日的次日零时起至有效期满之日的次日零时止。

(2) 旅客退票必须在有效期内提出,旅客签转也必须在有效期内进行,旅客换开客票必须在有效期内进行。

(3) 对于不定期客票(OPEN 票),其有效期为自填开客票之日起 1 年内有效。

(4) 特种票价的客票有效期,按该客票适用票价的有效期计算。

因下列原因之一,造成旅客未能在客票有效期内旅行的,承运人应当按规定延长旅客的客票有效期。

(1) 承运人取消旅客已订妥座位的航班。

(2) 承运人未在航班经停地点降停,而该经停地点是旅客的出发地点、目的地点或者中途分程地点。

(3) 承运人未合理地按照班期时刻进行航班飞行。

(4) 承运人造成旅客错失衔接航班。

(5) 承运人替换了不同的座位等级。

(6) 承运人未提供事先已确认的座位。

(7) 旅客订座时,由于承运人未提供该航班座位,使持有正常票价客票的旅客不能在客票有效期内旅行,承运人应当按规定延长该旅客的客票有效期。

(8) 旅客在旅途中患病,不能如期完成预订旅行的,承运人应当按规定延长该旅客及其陪同人员的客票有效期。

(9) 旅客在旅途中死亡,承运人应当按规定延长该旅客陪同人员的客票有效期。

四、国际客票的填开

(一)国际客票的填开规则

客票打印要清楚,且要使最后的旅客联也能够看清楚。日期一律用两位数字,月份用英文三字缩写,时间按照 24 小时表达。

（二）国际客票的填开要求与识别

客票至少应当包括下列内容。

（1）旅客姓名。

（2）出票人名称、出票时间和地点。

（3）出发地点和目的地点。

（4）出发地点和目的地点均在中华人民共和国境内，而在境外有一个或者数个约定经停地点的，至少注明一个约定经停地点。

（5）旅客航程的最终目的地点、出发地点或者约定的经停地点之一不在中华人民共和国境内，依照所适用的国际航空运输公约的规定，应当在客票上声明此项运输适用该公约的，客票上应当载有该项声明。

客票各栏的填开要求如表 11-1 所示。

1. NAME OF PASSENGER（旅客姓名）

先填姓，再填名，中间用斜线隔开。在姓名之后需加上有关称谓。常见的如下。

（1）MR：男性成年旅客。

（2）MS：女性成年旅客。

（3）UM(unaccompanied minor under 12 years age)：无成年人陪伴的 12 周岁以下儿童。

（4）CHD(child)：儿童旅客，后需接旅客年龄。

（5）INF(infant)：婴儿旅客，后需接旅客年龄。

（6）EXST(extra seat)：额外座位，指旅客需要占用 1 个以上的座位。

例如： SHEN/DIANXIANG　　MS　2EXST

2. FROM/TO（航程）

填写此栏时需要注意以下几点。

（1）前面的×/○栏目表示该点是否为中途分程点，如果不是，需要标注×，否则空白。表 11-2 为航程填写示例。

（2）FROM/TO 栏中填写相应的城市的英文全称。如果两个城市同名，需要在城市名后加注城市代码。

（3）当客票中包括了多余的乘机联时应在有关航程段中标注"VOID"字样，并将无效乘机联撕下按规定处理，如表 11-3 所示。

（4）当一个城市有多个机场时，应在城市名称后面标明机场名称或代码。特别的，如果旅客抵达某城市的某机场，又从该城市的另一机场起飞去往下一城市，需要分别标注两个机场的代码，并用斜线隔开，如表 11-4 所示。

也可将同一城市名填入两行，其后分别填入到达和始发机场代码或名称。此段不使用乘机联，应在有关订座栏中填入 VOID 字样，并将无效乘机联撕下按规定处理。

3. CARRIER（承运人）

承运人栏填写订座航班的承运人的两字代码。如果是两个承运人的代码共享航班，则只需填入首先出现的承运人代码；如果在出票时没有订座且没有指定承运人，则本栏可不填。

表 11-1 国际客票

ISSUED BY		CONJUNCTION TICKETS (24)				PLACE OF ISSUE — AGENCY (26)		
ENDORSMENTS / RESTRICTIONS (CARBON) (21)	NOT TRANS-FERABLE	PASSENGER TICKET AND BAGGAGE CHECK	ORIGIN/DESTINATION (19)					
NAME OF PASSENGER (1)		DATE OF ISSUE (25) B S P	BOOKING REF. (20) ISSUED IN EXCHANGE FOR (22)					
X/O	NOT GOOD FOR PASSAGE	CARRIER	FLIGHT	CLASS	DATE	TIME	STATUS	FARE BASIS	NOT VALID BEFORE	NOT VALID AFTER	ALLOW
	FROM (2)	(3)	(4)	(4)	(5)	(6)	(7)	(8)	(9)	(10)	(11.1)
	TO										
	TO										
	TO										
	BAGGAGE CK/UNCHECKED (11.2)	PCS	WT	UNCHECKED (11.2)		PCS	WT	UNCHECKED	PCS	WT	UNCHECKED (11.1)
FARE (14)		FARE CALCULATION (13)									
EQUIV.FARE PD. (15)											
TAX (16)											
TAX		FORM OF PAYMENT (18)					APPROVAL CODE	TOUR CODE (12)			
TAX		CPN	AIRLINE CODE	FORM AND SERIAL NUMBER 6093320151 2		OK	CURRENCY. (27)	*ORIGINAL ISSUE* (23)			
TOTAL (17)		DO NOT MARK OR WRITE IN THE WHITE AREA ABOVE					CASH COLLECTION	CREDIT BALANCE	COMM. RATE	TAX AMOUNT	
CONTROL NO.											

表 11-2 航程填写示例

×/○	NOT GOOD FOR PASSAGE	
	FROM	
	BEIJING	PEK
×	TO	
	FRANKFURT	FRA
	TO	
	LONDON	LHR

表 11-3 航程中标注"VOID"

×/○	NOT GOOD FOR PASSAGE	
	FROM	
	BEIJING	PEK
	TO	
	LONDON	LHR
	TO	
	VOID	

表 11-4 标注两个机场代码

×/○	NOT GOOD FOR PASSAGE	
	FROM	
	BEIJING	PEK
	TO	
	LONDON	LHR/LGW
	TO	
	FRANKFURT	FRA

例 11-1 航程为 BJS(北京)— FRA(法兰克福),乘坐 CA931/LH7931 航班,客票显示,如表 11-5 所示。

表 11-5 承运人

×/○	NOT GOOD FOR PASSAGE	CARRIER
	FROM	
	BEIJING　　　　PEK	CA
	TO	
	FRANKFURT　　　FRA	

4. FLIGHT/CLASS(航班号/舱位等级)

填入已定航班号,后接舱位等级号,如表 11-6 所示。

表 11-6 航班号/舱位等级填写示例

×/○	NOT GOOD FOR PASSAGE	CARRIER	FLIGHT	CLASS
	FROM			
	BEIJING　　PEK	CA	931	K
	TO			
	FRANKFURT　　FRA			

151

5. DATE(出发日期)

填入 IATA 关于日期的标准表达方式。参看本书第二章。

6. TIME(起飞时间)

填入 IATA 关于日期的标准表达方式。参看本书第二章。

7. STATUS(订座情况栏)

根据实际情况填入订座情况代码。常见的代码如下。

(1) OK：表示座位已经订妥。

(2) RQ：REQUESTED，表示已经申请座位但未获得证实，或已经列入候补。

(3) SA：SUBJECT TO SPACE AVAILABLILITY，表示能否乘机视座位可利用情况而定。通常用于某些票价不允许预先订座时的情况。

(4) NS：NO SEAT，表示不允许单独占座的情况。

通常指婴儿，写法如表 11-7 所示。

表 11-7 婴儿订座填写示例

CARRIER	FLIGHT	CLASS	DATE	TIME	STATUS
CA	931	N O	S E	A	T

另外，如果出票时没有订座，可在 4、5、6、7 栏内标注 OPEN 字样，写法如表 11-8 所示。

表 11-8 OPEN 标注示例

×/○	NOT GOOD FOR PASSAGE	CARRIER	FLIGHT	CLASS	DATE	TIME	STATUS
	FROM BEIJING　PEK	CA	OPEN		OPEN		OPEN
	TO FRANKFURT　FRA						

8. FARE BASIS(票价类别)

承运人在国际客运中大量使用多等级票价，这就需要用多种票价类别代码来表示。IATA 经过多年的实践后提出，票价类别代码由主代码(PRIME CODE)、季节代码(SEASONALITY CODE)、周代码(PART OF WEEK)、日代码(PART OF DAY CODE)、票价和旅客类型代码(FARE AND PASSENGER TYPE CODE)、票价水平代码(FARE LEVEL IDENTIFIER)及航程类型代码(TRIP CODE)组成。

(1) 主代码。主代码是基于舱位等级的代码。主要包括：F 代码(FIRST CLASS)头等舱、P 代码(FIRST CLASS PREMIUM)豪华头等舱、C 代码(BUSINESS CLASS)公务舱、J 代码(BUSINESS CLASS PREMIUM)豪华公务舱、Y 代码(ECONOMY CLASS)经济舱、K 代码(THRIFT CLASS)节俭舱。

(2) 季节代码。季节代码有很多，常见的有：H 代码(HIGH/PEAK SEASON)旺季、M 代码(MIDDLE SEASON)平季、L 代码(LOW SEASON)淡季。

(3) 周代码。周代码又分为 W 代码(WEEKEND)周末代码(常指周五到周日)、X 代码

(WEEKDAY)周中代码(常指周一到周四)。

(4)日代码中还包括 N 代码(NIGHTFARE)夜间票价。

(5)票价和旅客类型代码票价类型代码主要包括:AP(ADVANCED PURCHASE FARE)预付款游览票价;EE(EXCURSION FARE)游览票价;OX(ONE WAY EXCURSION)单程游览票价;PEX(PURCHASE EXCURSION)付款游览票价等。

旅客类型代码主要包括:DT(TEACHER)教师代码;ID(AIR INDUSTRY EMPLOYEE)空运企业员工代码;IN(INFANT)婴儿代码;MM(MILITARY)军人代码;SD(STUDENT)学生代码;ZZ(YOUTH)青年代码。

(6)票价水平代码。当同一等级的票价有不同水平时填写,分别用 1、2、3 表示。

(7)航程类型代码。常见的有:OW(ONE WAY)单程代码;RT(ROUND TRIP)来回程代码;CT(CIRCLE TRIP)环程代码等。例如,YLPX45D2,表示 Y 舱淡季付款游览票价(45 天有效期)中的第 2 等票价;YHGV10L,表示 Y 舱旺季团体(最少 10 人成团)的票价;YLEE1M,表示 Y 舱淡季付款游览票价,有效期 1 个月。

票价类别栏的填写如表 11-9 所示。

表 11-9 票价类别填写

×/○	NOT GOOD FOR PASSAGE	CARRIER	FLIGHT	CLASS	DATE	TIME	STATUS	FARE BASIS
	FROM BEIJING PEK	CA	931	K	10AUG	1010	OK	YLEE1M
	TO FRANKFURT FRA	CA	932	K	28AUG	1730	OK	YLEE1M
	TO BEIJING PEK							

9. NOT VALID BEFORE(在此之前无效)

某些特殊票价对旅客旅行的最早日期进行了限制,则应在相应栏目的"NOT VALID BEFORE"处填写此日期。

10. NOT VALID AFTER(在此之后无效)

某些特殊票价对旅客旅行的最晚日期进行了限制,则应在相应栏目的"NOT VALID AFTER"处填写此日期。

"在此之前无效"与"在此之后无效"栏填写如表 11-10 所示。

表 11-10 "在此之前无效"与"在此之后无效"栏填写示例

CARRIER	FLIGHT	CLASS	DATE	TIME	STATUS	FARE BASIS	NOT VALID BEFORE	NOT VALID AFTER
CA	931	K	10AUG	1010	OK	YLEE1M		20SEP
CA	932	K	OPEN		OEN	YLEE1M	17AUG	20SEP

11.1. ALLOW(免费行李额)

本栏内填写旅客所适用的免费行李额。在计重概念下,对成人和儿童,应按照购票情况填入相应的免费行李额。如,经济舱应填"20KG",公务舱应填"30KG",头等舱应填"40KG"。对婴儿,由于没有免费行李,应填"NIL"或"XX"或"0KG"。在计件概念下,不论成人、儿童还是婴儿,不论舱位等级,可填"PC"。

11.2. BAGGAGE CK/UNCHKED(交运行李/非交运行李)

本栏内由机场值机人员根据旅客在机场交运和非交运行李的情况填写,与售票人员无关。

12. TOUR CODE(旅游代码)

航空公司经常推出个人综合旅游(IIT)或团体综合旅游(GIT)票价,在使用这类票价时需要填入旅游代码。IATA 规定旅游代码有固定的格式,举例说明如下。

IT 4 TG 2 WTR009

其中,IT 表示综合旅游票价;4 表示批准该综合旅游的年份的最后一个数字;TG 表示赞助或批准该综合旅游的承运人代码;2 表示批准该综合旅游的 IATA 分区;WTR009 表示该综合旅游的指定识别代号。

13. FARE CALCULATON(票价计算)

本栏内填写用横式表达的票价计算过程以及用 NUC 或始发国货币表达的票价总额。下列情况必须填写票价计算栏:使用连续客票;换开客票;使用里程票价、组合票价的客票;等等。

14. FARE(票价)

该栏内填写用运输始发国货币表达的票价(由货币代号和金额组成),例如 USD1030.00、CNY7050.00 等。

下列情况需要注意:若旅客使用综合旅游票价,本栏内填写 IT 或 BT;若旅客使用免费机票,本栏内可填写"FREE",或用"运输始发国货币代号"后加"0.00"。

15. EQUIV. FARE PD.(实付等值货币)

如果旅客使用运输始发国货币支付票价,本栏应空白;如果旅客使用 IT 票价,本栏应空白;如果旅客使用非运输始发国货币支付票价,应在本栏填写按照旅客实付等值货币所表达的票价,包括实付等值货币代号和金额。

16. TAX(税费)

本栏分别填入有关国家要求在开票时收取的税费,包括税费货币代码、金额和税费代码。

如果旅客用运输始发国货币支付票价,则税费要使用运输始发国货币支付并在客票上填开。如果旅客用非运输始发国货币支付票价,则税费要使用实际付款货币支付并在客票上填开。

例如,旅客用运输始发国货币支付票价和税款。

FARE	
	CNY10480.00
EQUIV.FARE PD.	
TAX	
	CNY120.00 DE
TAX	
	CNY80.00 FR
TAX	
	CNY185.00 GB

又如,旅客用非运输始发国货币支付票价和税款。

FARE
JPY10480.00
EQUIV.FARE PD.
USD1043.00
TAX
USD12.00 DE
TAX
USD10.00 FR
TAX
USD12.50 GB

如果旅客使用综合旅游票价,如果需要缴纳有关税费,也要在TAX栏中填写。

如果应收税费项目超过三项时,可以将无法填写的税费部分合并后填入TAX的最后一栏,并在后面加注"XT"字样,而将XT所代表的税费明细部分填入签注栏或运价计算区。

如果某个旅客可以享受某个国家的免税,须在TAX中填写EXEMPT,后面加注相应的国家代号。

17. TOTAL(总金额)

本栏内填写用实际支付货币(运输始发国货币或非运输始发国货币)所表达的总票价(包括票价和税款)。例如,旅客用运输始发国货币支付票价和税款。

FARE
CNY10480.00
EQUIV.FARE PD.
TAX
CNY120.00 DE
TAX
CNY80.00 FR
TAX
CNY185.00 GB
TOTAL
CNY10865.00

旅客用非运输始发国货币支付票价和税款。

FARE
JPY10480.00
EQUIV.FARE PD.
USD1043.00
TAX
USD12.00 DE
TAX
USD10.00 FR

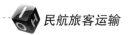

FARE	
	JPY10480.00
TAX	
	USD12.50 GB
TOTAL	
	USD1077.50

如果旅客使用综合旅游票价,不论是否缴纳有关税费,本栏中根据运价规定填写 IT 或 BT。

18. FORM OF PAYMENT（付款方式）

本栏中填写有关付款方式。常见的付款方式有：CASH 表示现金或旅行支票（TRAVELER'S CHECK）；CHECK 或 CHEQUE 表示支票；UN 表示联合国运输申请书；PTA 表示预付款通知等。

如果旅客用信用卡付款,应在此栏内填写信用卡代码和卡号,例如 AX 5436 1234567,表示美国运通卡。如果旅客购买客票时使用了换票等操作,应填入 TKT。如果旅客使用两种或以上的付款方式,应按以下方式：

CASH CNY5000.00 CHECK CNY5000.00

19. ORIGIN/DESTINATION（始发地/目的地）

本栏内填入航程的始发地/目的地的城市/机场三字代码,中间可用斜线分开。在本栏右侧,应填入国际销售代码。例如：

BJS/FRA　SOTI

显然,如果旅客做环程或来回程的旅行,即运输始发地和目的地相同,则本栏的始发地和目的地的代码也相同。例如：

FRA/FRA　SOTO

20. BOOKING REF.（订座记录）/AIRLINE DATA（航空公司数据）

在航空公司客票中,此栏名称为 AIRLINE DATA。无论航空公司客票还是 BSP 客票,此栏内均填写旅客订座记录编号,可在其前面加注订座航空公司的二字代码,中间用斜线分开。订座记录编号通常由 26 个字母和 0 到 9 共 10 个数字组成,不同国家有不同的位数,中国民航由五位组成。例如：

CA/HAB3D

21. ENDORSEMENT/RESTRICTIONS(CARBON)（背书栏/限制栏）

本栏内填写使用客票及乘机联时需要注明的事项。
(1) 签转的授权与签转的限制。例如：

ENDORSABLE TO/CA BY NW AT PEK ONLY

(2) 有关特殊运价的使用限制。
(3) 退款的限制。例如：

NOT ENDORSALBE AND NOT REFUNABLE

(4) 合并税费的明细项目。

(5) 银行兑换率(包括买入价和卖出价等)。例如:

BBR:USD1.00 = JPY138.15

22. ISSUED IN EXCHANGE FOR(运输凭证换开栏)

当客票是由其他运输凭证换开时,需要在此填入有关凭证号码,包括客票、PTA(预付款通知)、MCO(杂费证)等。

如果需要换开连续客票,应填入第一本客票的完整票号以及后续各本客票的最后两位票号。

如果需要换开票证中的部分票联,则在票证号码后加注被换开的票联编号,并加括号。如需要,加"—"连接。例如:

999 3288488888(3—4)/89(1—2)

23. ORIGINAL ISSUE(原始出票)

当换开运输凭证时,在本栏内填入最初被换开的原始凭证的号码以及出票地点、时间和出票人的数字代码。当多次换开时,第二次及以后各次均转写被换开凭证的本栏内容。当换开连续客票时,仅需在本栏内填写该连续客票的第一本客票的票号。

24. CONJUNCTION TICKETS(连续客票)

当航程需要使用两本或两本以上客票时,在本栏内填写第一本客票的完整票号以及后续各本客票的最后两位票号。例如:

784 3288488888/89

25. DATE OF ISSUE(出票日期)

本栏内填写出票日期,通常的格式是日期/月份/年份。如15SEP04。

26. PLACE OF ISSUE—AGENCY(出票地点—出票人)

此栏内填写出票地点和出票人。该栏内通常用钢印或刷卡机压印航空公司售票处的名称、数字代码、出票地点和国家,并由出票人签名生效。

27. REMITTANCE AREA(付款区)

BSP客票的会计联、代理人联上专门设置了付款区。该区由五部分组成。

(1) CURRENCY:货币,该栏内填写实收货币代码。

(2) CASH COLLECTION:现金收受,该栏内填写旅客用现金、支票和其他非信用卡支付的票价金额,但不包括税费。

(3) CREDIT CARD:信用卡结算栏,该栏填入旅客用信用卡支付的票价金额,不包括应收税费。

(4) COMM. RATE:手续费费率,填入销售代理人应收取的用百分比表示的手续费非率,用整数或小数表示,但不需要使用%符号。

(5) TAX AMOUNT:税款栏,填入应收税费金额和代码。如果超过两项税费,要填入税费总额,并加注 XT 字样。需要指出,如果付款区内的某些栏目内没有需要填写的内容时,可以通栏划斜线以表示该栏作废。

付款区的填写示例:

CURRENCY	CASH COLLECTION	CREDIT BALANCE	COMM. RATE	TAX AMOUNT
CNY	36800.00		9	34.00XT

不过，现在订座系统可以方便处理国际票填开的问题。

第二节 MCO 的填开

一、MCO 的概念

MCO（MISCELLANEOUS CHARGES ORDER）可用于收取航空运输及其他服务费用。

MCO 由会计联（AUDIT COUPON）、出具 MCO 人联（AGENT COUPON）、换取服务联（EXCHANGE SERVICE COUPON）和旅客联（PASSENGER COUPON）构成，特别是换取服务联，如同交换凭证，类似于机票的乘机联。

根据换开服务联数量，MCO 有四种，即一联、二联、三联和四联。

MCO 从填开之日起 1 年内有效。根据用途，MCO 可以划分为指定运输用 MCO 和非指定运输用 MCO。其中，指定运输用 MCO 可以用于以下运输服务的费用结算：预付款通知（PTA）、逾重行李、机票退款、预付定金、自愿升舱等额外收费、税款、综合旅游中的地面安排、旅馆膳宿、改变订座或改变航程收费等。

非指定运输的 MCO 可以用于以后的运输或逾重行李，也可以用于机票退款。但非指定运输不允许代理人填开，同时其价值不能超过 750USD 或等值货币。当 MCO 用于退款时，其价值可以超过此限制，但仅限于向原始出票人领取并仅可作为退款使用。

二、MCO 的填开

（一）MCO 填开的注意事项

（1）使用英文大写印刷体字母填开。

（2）在所涉及栏目中的最左边填写价值，使数字、字母符号之间的空格小到不足以插入新的数字或字母符号。

（3）在未使用的栏目中画一条横线，以防止任何未经过授权的填写。

（4）在价值栏内填写一行大写字母。

（5）将所有的数额均按照真实货币表达，不能使用 NUC 表达票价。

（6）用两位数字表示日期，用三位字母代号表示月份，最后用两位数字表示年份。例如，09JUL99 表示 1999 年 6 月 9 日。

（7）使用国际航协在相关资料中的航空公司代号、货币代号、城市/机场代号和国家代号。

（二）MCO 填开的项目

MCO 填开的项目参考图 11-1。

（1）NAME OF PASSENGER：填写旅客的姓名。

（2）TYPE OF SERVICE FOR WHICH ISSUED：填写服务类别，如果需要，还要填写"INCL TAXES"。

（3）AMOUNT IN LETTERS：用文字填写 MCO 价值。对于非指定运输的 MCO、预

第十一章 国际客票填开与使用

ISSUED BY		MISCELLANEOUS CHARGES ORDER			BANK EXCHANGE RATE [6]	DATE AND PLACE OF ISSUE
					EQUIVALENT AMOUNT PAID [7]	
NAME OF PASSENGER [1]					TAX ON MCO [8]	[20]
TYPE OF SERVICE FOR WHICH ISSUED [2]					OTHER CHARGES [9]	
VALUED FOR EX CHANGE	AMOUNT IN LETTERS [3]		CURRENCY [4]	AMOUNT IN FIGURES [5]	TOTAL [10]	AGENT
1	TO AT [11]		ENDORSEMENT [12]	COUPON VALUE [13]	ISSUED IN CONNECTION WITH [21]	
	RESERVATION DATE OR RESIDUAL VALUE IN LETTER			[16]		
2	TO AT [11]		ENDORSEMENT [12]	COUPON VALUE [13]	ENDORSEMENTS/RESTRICTIONS [23]	
	RESERVATION DATE OR RESIDUAL VALUE IN LETTER			[16]	FORM OF PAYMENT [22]	
REMARKS [17]					ISSUED IN EXCHANGE FOR [18]	
					[14] EACH COUPON TO BE [15] VALUE FOR WHICH HONOURED ☐ HONOURED ONLY FOR ☐ TO BE DEDUCTED FROM VALUE SHOWN HERE ORIGINAL OR RESIDUAL VALUE	
ORGINAL AIRLINE FORM SERIAL NUMBER PLACE DATE AGENTS NUMBERIC CODE ISSUE [19]					CPN AIRLINE CODE FORM SERIAL NUMBER CK ⊙ 000 4010123456 3 ⊙	

图 11-1　MCO 的样本

付款通知（PTA）和其他指定的用于航空运输的 MCO，填写运输始发国的货币价值。

（4）CURRENCY：填写 IATA 的三字货币代号。

（5）AMOUNT IN FIGURES：用数字填写 MCO 的总价值（但不能用 NUC 表达）。

（6）BANK EXCHANGE RATE：如果必要，填写货币转换率。

（7）EQUIVALENT AMOUNT PAID：如果必要，填写 MCO 实付等值货币的总额。

（8）TAX ON MCO：填写有关 MCO 的税款。这里只是 MCO 的销售税，不要填写其他税款。

（9）OTHER CHARGES：其他收费。如果必要，填写 PTA 的服务费及其代号 XP。

（10）TOTAL：填写所付货币的代号及其总额。

（11）TO…AT：填写所涉及承运人名称及地点。

（12）ENDORSEMENT：填写每一张换取服务联有关的签转信息。

（13）COUPON VALUE：对于指定运输的 MCO，填写适用于每一张换取服务联指定的价值及其必要的税款；对于非指定运输的 MCO，空白。

（14）EACH COUPON TO BE：仅当使用指定换取服务联价值方法时，在该栏内划×。

（15）VALUE FOR WHICH HONOURED：仅当使用递减方法时，在该栏内划×。

（16）RESERVATION DATE OR RESIDUAL VALUE IN LETTER：对于指定运输的 MCO，填写订座内容及其代号。对于非指定运输的 MCO，当 MCO 的一部分已经被接受用于票证付款时，用字母填写所剩余的价值。

（17）REMARKS：填写用于描述或限制该类服务的信息。

（18）ISSUED IN EXCHANGE FOR：填写换开的客票或 MCO 的号码。

（19）ORGINAL AIRLINE FORM SERIAL NUMBER PLACE DATE AGENTS NUMBERIC CODE：填写原始票证的号码、出票日期、地点、代理人的数字代号，随后的换票应继续抄写这些原始数据。

(20) DATE AND PLACE OF ISSUE & AGENT：用打章机签章并签名。

(21) ISSUED IN CONNECTION WITH：填写与本 MCO 有关的票证号码（如另一本 MCO、客票等）。

(22) FORM OF PAYMENT：填写有关付款方式的代号。

(23) ENDORSEMENTS/RESTRICTIONS：填写对整个 MCO 的签转信息。

第三节　客票的变更与退票

一、变更

一般情况下，客票一旦填开完毕就不能有任何更改。但也有很多时候需要做某些变更，例如航班、旅行时间、承运人，并可能导致票价变更。

按照提出变更要求的主体划分，客票变更（CHANGES TO TICKET）可以划分为旅客的自愿变更（VOLUNTARY）和旅客的非自愿变更（INVOLUNTARY）。

（一）自愿变更

自愿改变航程，按下列规定办理。

（1）旅客应当在未到达客票载明的目的地点前提出。

（2）改变航程后，应当适用原客票第一张乘机联载明的运输开始之日所适用的票价和各项费用。

（3）改变航程后的票价和各项费用与原票价和各项费用的差额，应当由旅客支付或者由承运人退还。

（4）改变航程后填开新客票的有效期应当与原客票所适用的有效期相同，并从原客票第一张乘机联载明的运输开始之次日零时起计算。

（二）非自愿变更

旅客非自愿改变航程的，承运人应当考虑旅客的合理需要，并按下列规定办理。

（1）为旅客安排第一个能够订妥座位的航班或者签转给其他承运人。

（2）改变原客票载明的航程，安排承运人的航班或者签转给其他承运人，将旅客运送到目的地点或者中途分程地点。

（3）旅客提出退票的，按照非自愿退票办理。

（4）协助旅客安排膳宿、地面交通等服务。始发地旅客的费用由旅客自理。

由于国际客运中大量使用不准变更、不准签转、不准改期的低折扣票价，现在旅客提出客票变更的情况比较少。关于客票变更的更复杂情况，有兴趣的读者可以参看 PAT 的 GENERAL RULES 中的有关章节。

二、退票

由于承运人或旅客的原因，运输合同被终止，旅客不能在客票的有效期完成部分或全部航程，可在客票有效期内要求退票。

如果旅客要求退票，应凭客票全部或部分未使用的"乘机联"和"旅客联"办理。且应注

第十一章

国际客票填开与使用

意凭单独的"乘机联"和"旅客联"退票是无效的。退票只限在出票地、航班始发地、终止旅行地的承运人或其销售代理人售票处办理,且票款只能退给客票上列明的旅客本人或客票的付款人。

退票包括非自愿退票和自愿退票。

自愿退票,是指旅客自愿退票。在这种情况下,如果客票全部未使用,从已付票款内扣除适用的费用退还余额。如果客票已部分使用,从已付票款中扣除相当于已使用航段的适用票价的票款和适用的费用,退还余额。

非自愿退票,是指由于航空公司航班取消、提前、延误、航程改变或承运人不能提供原订座位时,旅客退票。在这种情况下,如果客票全部未使用,退还全部未使用票款。如果客票已部分使用,从已付票款中扣除已使用航段票款,其余额与未使用航段票价相比较,取其高者退还旅客,但所退票款不得超过已付票款的总额。

附录1　实行市场调节价的国内航线目录

序号	航段代码	航段	序号	航段代码	航段
1	AAT—FYN	阿勒泰—富蕴	29	AKU—TLQ	阿克苏—吐鲁番
2	AAT—KHG	阿勒泰—喀什	30	AKU—TWC	阿克苏—图木舒克
3	AAT—KJI	阿勒泰—布尔津	31	AKU—URC	阿克苏—乌鲁木齐
4	AAT—KRY	阿勒泰—克拉玛依	32	AKU—YIN	阿克苏—伊宁
5	AAT—SHF	阿勒泰—石河子	33	AOG—PEK	鞍山—北京
6	AAT—TCG	阿勒泰—塔城	34	AQG—CAN	安庆—广州
7	AAT—TLQ	阿勒泰—吐鲁番	35	AQG—FOC	安庆—福州
8	AAT—URC	阿勒泰—乌鲁木齐	36	AQG—NGB	安庆—宁波
9	AAT—YIN	阿勒泰—伊宁	37	AQG—SHA	安庆—上海
10	ACX—BHY	兴义—北海	38	AQG—XMN	安庆—厦门
11	ACX—CKG	兴义—重庆	39	AXF—BAV	阿拉善左旗—包头
12	ACX—KMG	兴义—昆明	40	AXF—EJN	阿拉善左旗—额济纳旗
13	ACX—KWE	兴义—贵阳	41	AXF—ERL	阿拉善左旗—二连浩特
14	ACX—LJG	兴义—丽江	42	AXF—HET	阿拉善左旗—呼和浩特
15	ACX—LLB	兴义—荔波	43	AXF—INC	阿拉善左旗—银川
16	ACX—ZYI	兴义—遵义	44	AXF—RHT	阿拉善左旗—阿拉善右旗
17	AEB—CAN	百色—广州	45	AXF—SIA	阿拉善左旗—西安
18	AEB—CKG	百色—重庆	46	BAR—NNG	琼海—南宁
19	AEB—HAK	百色—海口	47	BAV—CGO	包头—郑州
20	AEB—KWE	百色—贵阳	48	BAV—CIF	包头—赤峰
21	AEB—KWL	百色—桂林	49	BAV—HDG	包头—邯郸
22	AHJ—CKG	阿坝—重庆	50	BAV—LHW	包头—兰州
23	AHJ—CTU	阿坝—成都	51	BAV—PEK	包头—北京
24	AKU—BPL	阿克苏—博乐	52	BAV—SIA	包头—西安
25	AKU—HTN	阿克苏—和田	53	BAV—SJW	包头—石家庄
26	AKU—KHG	阿克苏—喀什	54	BAV—TYN	包头—太原
27	AKU—KRL	阿克苏—库尔勒	55	BAV—UCB	包头—乌兰察布
28	AKU—KRY	阿克苏—克拉玛依	56	BAV—UYN	包头—榆林

附录1 实行市场调节价的国内航线目录

续表

序号	航段代码	航段	序号	航段代码	航段
57	BAV—WUA	包头—乌海	93	BSD—KMG	保山—昆明
58	BAV—WUT	包头—忻州	94	BZX—CTU	巴中—成都
59	BFJ—CGD	毕节—常德	95	CAN—CGD	广州—常德
60	BFJ—CKG	毕节—重庆	96	CAN—CGO	广州—郑州
61	BFJ—CTU	毕节—成都	97	CAN—CKG	广州—重庆
62	BFJ—JHG	毕节—西双版纳	98	CAN—CSX	广州—长沙
63	BFJ—KMG	毕节—昆明	99	CAN—CTU	广州—成都
64	BFJ—KWE	毕节—贵阳	100	CAN—FOC	广州—福州
65	BFJ—LJG	毕节—丽江	101	CAN—HAK	广州—海口
66	BFJ—LLB	毕节—荔波	102	CAN—HFE	广州—合肥
67	BFJ—NNG	毕节—南宁	103	CAN—HGH	广州—杭州
68	BHY—CAN	北海—广州	104	CAN—HRB	广州—哈尔滨
69	BHY—HAK	北海—海口	105	CAN—INC	广州—银川
70	BHY—HNY	北海—衡阳	106	CAN—JGS	广州—井冈山
71	BHY—KHN	北海—南昌	107	CAN—JJN	广州—泉州
72	BHY—KMG	北海—昆明	108	CAN—KHN	广州—南昌
73	BHY—KWE	北海—贵阳	109	CAN—KMG	广州—昆明
74	BHY—KWL	北海—桂林	110	CAN—KOW	广州—赣州
75	BHY—SIA	北海—西安	111	CAN—KWE	广州—贵阳
76	BHY—SZX	北海—深圳	112	CAN—LHW	广州—兰州
77	BPE—DAT	秦皇岛—大同	113	CAN—LJG	广州—丽江
78	BPE—HRB	秦皇岛—哈尔滨	114	CAN—LLB	广州—荔波
79	BPE—NKG	秦皇岛—南京	115	CAN—MXZ	广州—梅州
80	BPE—SJW	秦皇岛—石家庄	116	CAN—NGB	广州—宁波
81	BPE—TAO	秦皇岛—青岛	117	CAN—NKG	广州—南京
82	BPE—TYN	秦皇岛—太原	118	CAN—NNG	广州—南宁
83	BPL—KHG	博乐—喀什	119	CAN—PEK	广州—北京
84	BPL—KJI	博乐—布尔津	120	CAN—SHA	广州—上海
85	BPL—KRL	博乐—库尔勒	121	CAN—SIA	广州—西安
86	BPL—KRY	博乐—克拉玛依	122	CAN—SQJ	广州—三明
87	BPL—NLT	博乐—那拉提	123	CAN—SWA	广州—揭阳
88	BPL—TCG	博乐—塔城	124	CAN—SYX	广州—三亚
89	BPL—TLQ	博乐—吐鲁番	125	CAN—TAO	广州—青岛
90	BPL—URC	博乐—乌鲁木齐	126	CAN—TEN	广州—铜仁
91	BPX—CTU	昌都—成都	127	CAN—TSN	广州—天津
92	BPX—LXA	昌都—拉萨	128	CAN—TXN	广州—黄山

续表

序号	航段代码	航段	序号	航段代码	航段
129	CAN—URC	广州—乌鲁木齐	165	CGO—LHW	郑州—兰州
130	CAN—WNZ	广州—温州	166	CGO—LJG	郑州—丽江
131	CAN—WUH	广州—武汉	167	CGO—NGB	郑州—宁波
132	CAN—WUS	广州—武夷山	168	CGO—NKG	郑州—南京
133	CAN—XMN	广州—厦门	169	CGO—NNG	郑州—南宁
134	CAN—YIC	广州—宜春	170	CGO—PEK	郑州—北京
135	CAN—YIH	广州—宜昌	171	CGO—SHA	郑州—上海
136	CAN—YNT	广州—烟台	172	CGO—SHE	郑州—沈阳
137	CAN—ZHA	广州—湛江	173	CGO—SWA	郑州—揭阳
138	CDE—DLC	承德—大连	174	CGO—SYX	郑州—三亚
139	CDE—JNG	承德—济宁	175	CGO—SZX	郑州—深圳
140	CDE—SJW	承德—石家庄	176	CGO—TAO	郑州—青岛
141	CGD—CGO	常德—郑州	177	CGO—TSN	郑州—天津
142	CGD—CKG	常德—重庆	178	CGO—TXN	郑州—黄山
143	CGD—KWE	常德—贵阳	179	CGO—UCB	郑州—乌兰察布
144	CGO—CGQ	郑州—长春	180	CGO—URC	郑州—乌鲁木齐
145	CGO—CKG	郑州—重庆	181	CGO—UYN	郑州—榆林
146	CGO—CTU	郑州—成都	182	CGO—WNZ	郑州—温州
147	CGO—DAX	郑州—达州	183	CGO—WUT	郑州—忻州
148	CGO—DLC	郑州—大连	184	CGO—XFN	郑州—襄阳
149	CGO—DOY	郑州—东营	185	CGO—XMN	郑州—厦门
150	CGO—DSN	郑州—鄂尔多斯	186	CGO—XNN	郑州—西宁
151	CGO—ENH	郑州—恩施	187	CGO—YNT	郑州—烟台
152	CGO—FOC	郑州—福州	188	CGO—YNZ	郑州—盐城
153	CGO—HAK	郑州—海口	189	CGO—YTY	郑州—扬州
154	CGO—HET	郑州—呼和浩特	190	CGO—ZUH	郑州—珠海
155	CGO—HFE	郑州—合肥	191	CGQ—CIF	长春—赤峰
156	CGO—HGH	郑州—杭州	192	CGQ—CKG	长春—重庆
157	CGO—HRB	郑州—哈尔滨	193	CGQ—CSX	长春—长沙
158	CGO—INC	郑州—银川	194	CGQ—CTU	长春—成都
159	CGO—JJN	郑州—泉州	195	CGQ—HAK	长春—海口
160	CGO—KHN	郑州—南昌	196	CGQ—HFE	长春—合肥
161	CGO—KMG	郑州—昆明	197	CGQ—HGH	长春—杭州
162	CGO—KRY	郑州—克拉玛依	198	CGQ—KHN	长春—南昌
163	CGO—KWE	郑州—贵阳	199	CGQ—KMG	长春—昆明
164	CGO—KWL	郑州—桂林	200	CGQ—NBS	长春—白山

附录1 实行市场调节价的国内航线目录

续表

序号	航段代码	航段	序号	航段代码	航段
201	CGQ—NKG	长春—南京	237	CKG—CTU	重庆—成都
202	CGQ—PEK	长春—北京	238	CKG—DCY	重庆—稻城
203	CGQ—SHA	长春—上海	239	CKG—DLC	重庆—大连
204	CGQ—SIA	长春—西安	240	CKG—DYG	重庆—张家界
205	CGQ—SJW	长春—石家庄	241	CKG—ENY	重庆—延安
206	CGQ—SYX	长春—三亚	242	CKG—FOC	重庆—福州
207	CGQ—SZX	长春—深圳	243	CKG—HAK	重庆—海口
208	CGQ—TAO	长春—青岛	244	CKG—HCJ	重庆—河池
209	CGQ—TGO	长春—通辽	245	CKG—HET	重庆—呼和浩特
210	CGQ—TNA	长春—济南	246	CKG—HFE	重庆—合肥
211	CGQ—TSN	长春—天津	247	CKG—HGH	重庆—杭州
212	CGQ—TVS	长春—唐山	248	CKG—HJJ	重庆—怀化
213	CGQ—TYN	长春—太原	249	CKG—HNY	重庆—衡阳
214	CGQ—WEH	长春—威海	250	CKG—HPG	重庆—神农架
215	CGQ—YNJ	长春—延吉	251	CKG—HRB	重庆—哈尔滨
216	CGQ—YNT	长春—烟台	252	CKG—INC	重庆—银川
217	CHG—DLC	朝阳—大连	253	CKG—JIQ	重庆—黔江
218	CHG—PEK	朝阳—北京	254	CKG—JZH	重庆—九寨沟
219	CHG—TSN	朝阳—天津	255	CKG—KGT	重庆—康定
220	CHG—YSQ	朝阳—松原	256	CKG—KHN	重庆—南昌
221	CIF—DLC	赤峰—大连	257	CKG—KMG	重庆—昆明
222	CIF—HET	赤峰—呼和浩特	258	CKG—KWE	重庆—贵阳
223	CIF—HLD	赤峰—海拉尔	259	CKG—KWL	重庆—桂林
224	CIF—HRB	赤峰—哈尔滨	260	CKG—LHW	重庆—兰州
225	CIF—PEK	赤峰—北京	261	CKG—LJG	重庆—丽江
226	CIF—SHE	赤峰—沈阳	262	CKG—LLB	重庆—荔波
227	CIF—TAO	赤峰—青岛	263	CKG—LNL	重庆—陇南
228	CIF—TNA	赤峰—济南	264	CKG—LPF	重庆—六盘水
229	CIF—TSN	赤峰—天津	265	CKG—LXA	重庆—拉萨
230	CIF—YNT	赤峰—烟台	266	CKG—LZH	重庆—柳州
231	CIH—PEK	长治—北京	267	CKG—NGB	重庆—宁波
232	CIH—TSN	长治—天津	268	CKG—NKG	重庆—南京
233	CIH—TYN	长治—太原	269	CKG—NNG	重庆—南宁
234	CIH—WUH	长治—武汉	270	CKG—NNY	重庆—南阳
235	CIH—YNT	长治—烟台	271	CKG—PEK	重庆—北京
236	CKG—CSX	重庆—长沙	272	CKG—PZI	重庆—攀枝花

续表

序号	航段代码	航段	序号	航段代码	航段
273	CKG—SHA	重庆—上海	309	CSX—HYN	长沙—台州
274	CKG—SHE	重庆—沈阳	310	CSX—HZH	长沙—黎平
275	CKG—SIA	重庆—西安	311	CSX—INC	长沙—银川
276	CKG—SJW	重庆—石家庄	312	CSX—JGS	长沙—井冈山
277	CKG—SWA	重庆—揭阳	313	CSX—JIQ	长沙—黔江
278	CKG—SYX	重庆—三亚	314	CSX—JJN	长沙—泉州
279	CKG—SZX	重庆—深圳	315	CSX—KMG	长沙—昆明
280	CKG—TAO	重庆—青岛	316	CSX—KWE	长沙—贵阳
281	CKG—TEN	重庆—铜仁	317	CSX—LHW	长沙—兰州
282	CKG—TNA	重庆—济南	318	CSX—LJG	长沙—丽江
283	CKG—TSN	重庆—天津	319	CSX—MXZ	长沙—梅州
284	CKG—TYN	重庆—太原	320	CSX—NGB	长沙—宁波
285	CKG—URC	重庆—乌鲁木齐	321	CSX—NKG	长沙—南京
286	CKG—WDS	重庆—十堰	322	CSX—NNG	长沙—南宁
287	CKG—WGN	重庆—邵阳	323	CSX—PEK	长沙—北京
288	CKG—WNZ	重庆—温州	324	CSX—SHA	长沙—上海
289	CKG—WSK	重庆—巫山	325	CSX—SHE	长沙—沈阳
290	CKG—WUH	重庆—武汉	326	CSX—SIA	长沙—西安
291	CKG—XFN	重庆—襄阳	327	CSX—SWA	长沙—揭阳
292	CKG—XIC	重庆—西昌	328	CSX—SYX	长沙—三亚
293	CKG—XMN	重庆—厦门	329	CSX—SZX	长沙—深圳
294	CKG—XNN	重庆—西宁	330	CSX—TAO	长沙—青岛
295	CKG—YYA	重庆—岳阳	331	CSX—TEN	长沙—铜仁
296	CKG—ZAT	重庆—昭通	332	CSX—TNA	长沙—济南
297	CKG—ZUH	重庆—珠海	333	CSX—TSN	长沙—天津
298	CSX—CTU	长沙—成都	334	CSX—TYN	长沙—太原
299	CSX—CZX	长沙—常州	335	CSX—URC	长沙—乌鲁木齐
300	CSX—DLC	长沙—大连	336	CSX—WDS	长沙—十堰
301	CSX—DYG	长沙—张家界	337	CSX—WGN	长沙—邵阳
302	CSX—FOC	长沙—福州	338	CSX—WMT	长沙—遵义
303	CSX—HAK	长沙—海口	339	CSX—WNZ	长沙—温州
304	CSX—HET	长沙—呼和浩特	340	CSX—WUX	长沙—无锡
305	CSX—HFE	长沙—合肥	341	CSX—WXN	长沙—万州
306	CSX—HGH	长沙—杭州	342	CSX—XFN	长沙—襄阳
307	CSX—HRB	长沙—哈尔滨	343	CSX—XMN	长沙—厦门
308	CSX—HUZ	长沙—惠州	344	CSX—XUZ	长沙—徐州

附录1 实行市场调节价的国内航线目录

续表

序号	航段代码	航段	序号	航段代码	航段
345	CSX—YNT	长沙—烟台	381	CTU—SHE	成都—沈阳
346	CSX—ZUH	长沙—珠海	382	CTU—SIA	成都—西安
347	CSX—ZYI	长沙—遵义	383	CTU—SJW	成都—石家庄
348	CTU—DAX	成都—达州	384	CTU—SYX	成都—三亚
349	CTU—DCY	成都—稻城	385	CTU—SZX	成都—深圳
350	CTU—DIG	成都—迪庆	386	CTU—TAO	成都—青岛
351	CTU—DLC	成都—大连	387	CTU—TNA	成都—济南
352	CTU—DYG	成都—张家界	388	CTU—TSN	成都—天津
353	CTU—ENH	成都—恩施	389	CTU—TYN	成都—太原
354	CTU—FOC	成都—福州	390	CTU—URC	成都—乌鲁木齐
355	CTU—GXH	成都—夏河	391	CTU—WMT	成都—遵义
356	CTU—HAK	成都—海口	392	CTU—WNZ	成都—温州
357	CTU—HET	成都—呼和浩特	393	CTU—WUH	成都—武汉
358	CTU—HGH	成都—杭州	394	CTU—XIC	成都—西昌
359	CTU—HRB	成都—哈尔滨	395	CTU—XMN	成都—厦门
360	CTU—JHG	成都—西双版纳	396	CTU—XNN	成都—西宁
361	CTU—JIQ	成都—黔江	397	CTU—YIH	成都—宜昌
362	CTU—JJN	成都—泉州	398	CTU—ZAT	成都—昭通
363	CTU—JZH	成都—九寨沟	399	CTU—ZUH	成都—珠海
364	CTU—KGT	成都—康定	400	CTU—ZYI	成都—遵义
365	CTU—KHN	成都—南昌	401	CWJ—DLU	沧源—大理
366	CTU—KJH	成都—凯里	402	CWJ—KMG	沧源—昆明
367	CTU—KMG	成都—昆明	403	CZX—FOC	常州—福州
368	CTU—KWE	成都—贵阳	404	CZX—PEK	常州—北京
369	CTU—LHW	成都—兰州	405	CZX—TAO	常州—青岛
370	CTU—LJG	成都—丽江	406	CZX—XMN	常州—厦门
371	CTU—LLB	成都—荔波	407	CZX—YIH	常州—宜昌
372	CTU—LPF	成都—六盘水	408	DAT—INC	大同—银川
373	CTU—LXA	成都—拉萨	409	DAT—PEK	大同—北京
374	CTU—NGB	成都—宁波	410	DAT—TNA	大同—济南
375	CTU—NKG	成都—南京	411	DAT—TSN	大同—天津
376	CTU—NLH	成都—宁蒗	412	DAT—TYN	大同—太原
377	CTU—NNG	成都—南宁	413	DAX—KWE	达州—贵阳
378	CTU—PEK	成都—北京	414	DBC—HLD	白城—海拉尔
379	CTU—PZI	成都—攀枝花	415	DCY—KGT	稻城—康定
380	CTU—SHA	成都—上海	416	DCY—LZO	稻城—泸州

续表

序号	航段代码	航段	序号	航段代码	航段
417	DDG—PEK	丹东—北京	453	DLC—TYN	大连—太原
418	DDG—TAO	丹东—青岛	454	DLC—WEF	大连—潍坊
419	DDG—YNT	丹东—烟台	455	DLC—WEH	大连—威海
420	DIG—JHG	迪庆—西双版纳	456	DLC—WUH	大连—武汉
421	DIG—KMG	迪庆—昆明	457	DLC—XMN	大连—厦门
422	DLC—DOY	大连—东营	458	DLC—XUZ	大连—徐州
423	DLC—HAK	大连—海口	459	DLC—YNJ	大连—延吉
424	DLC—HDG	大连—邯郸	460	DLC—YNT	大连—烟台
425	DLC—HET	大连—呼和浩特	461	DLC—YNZ	大连—盐城
426	DLC—HFE	大连—合肥	462	DLC—ZUH	大连—珠海
427	DLC—HGH	大连—杭州	463	DLU—JHG	大理—西双版纳
428	DLC—HIA	大连—淮安	464	DLU—KMG	大理—昆明
429	DLC—HRB	大连—哈尔滨	465	DLU—KWE	大理—贵阳
430	DLC—INC	大连—银川	466	DLU—LZO	大理—泸州
431	DLC—JNG	大连—济宁	467	DLU—SYM	大理—普洱
432	DLC—KHN	大连—南昌	468	DNH—HTT	敦煌—花土沟
433	DLC—KMG	大连—昆明	469	DNH—IQN	敦煌—庆阳
434	DLC—KWE	大连—贵阳	470	DNH—JGN	敦煌—嘉峪关
435	DLC—LHW	大连—兰州	471	DNH—LHW	敦煌—兰州
436	DLC—LYG	大连—连云港	472	DNH—SIA	敦煌—西安
437	DLC—LYI	大连—临沂	473	DOY—PEK	东营—北京
438	DLC—NBS	大连—白山	474	DOY—TSN	东营—天津
439	DLC—NGB	大连—宁波	475	DQA—HLD	大庆—海拉尔
440	DLC—NKG	大连—南京	476	DQA—NBS	大庆—白山
441	DLC—NNG	大连—南宁	477	DQA—SHE	大庆—沈阳
442	DLC—PEK	大连—北京	478	DQA—YNT	大庆—烟台
443	DLC—RIZ	大连—日照	479	DSN—HDG	鄂尔多斯—邯郸
444	DLC—SHA	大连—上海	480	DSN—HET	鄂尔多斯—呼和浩特
445	DLC—SIA	大连—西安	481	DSN—HLD	鄂尔多斯—海拉尔
446	DLC—SJW	大连—石家庄	482	DSN—INC	鄂尔多斯—银川
447	DLC—SZX	大连—深圳	483	DSN—LLV	鄂尔多斯—吕梁
448	DLC—TAO	大连—青岛	484	DSN—LYA	鄂尔多斯—洛阳
449	DLC—TNA	大连—济南	485	DSN—PEK	鄂尔多斯—北京
450	DLC—TNH	大连—通化	486	DSN—SIA	鄂尔多斯—西安
451	DLC—TSN	大连—天津	487	DSN—SJW	鄂尔多斯—石家庄
452	DLC—TVS	大连—唐山	488	DSN—TGO	鄂尔多斯—通辽

附录1 实行市场调节价的国内航线目录

续表

序号	航段代码	航段	序号	航段代码	航段
489	DSN—TYN	鄂尔多斯—太原	525	FOC—TNA	福州—济南
490	DSN—WUA	鄂尔多斯—乌海	526	FOC—TYN	福州—太原
491	DSN—YCU	鄂尔多斯—运城	527	FOC—URC	福州—乌鲁木齐
492	DTU—HRB	五大连池—哈尔滨	528	FOC—WUH	福州—武汉
493	DTU—YSQ	五大连池—松原	529	FOC—WUX	福州—无锡
494	DYG—HNY	张家界—衡阳	530	FOC—XMN	福州—厦门
495	DYG—KHN	张家界—南昌	531	FUG—HGH	阜阳—杭州
496	DYG—KMG	张家界—昆明	532	FUG—SHA	阜阳—上海
497	DYG—KWE	张家界—贵阳	533	FUG—TAO	阜阳—青岛
498	DYG—KWL	张家界—桂林	534	FUO—HAK	佛山—海口
499	DYG—MIG	张家界—绵阳	535	FUO—LCX	佛山—连城
500	DYG—SIA	张家界—西安	536	FYJ—HRB	抚远—哈尔滨
501	DYG—WMT	张家界—遵义	537	FYJ—JMU	抚远—佳木斯
502	DYG—ZYI	张家界—遵义	538	FYN—KJI	富蕴—布尔津
503	ENH—KWE	恩施—贵阳	539	FYN—KRL	富蕴—库尔勒
504	ENH—SIA	恩施—西安	540	FYN—KRY	富蕴—克拉玛依
505	ENH—WUH	恩施—武汉	541	FYN—URC	富蕴—乌鲁木齐
506	ENY—SIA	延安—西安	542	GMQ—XNN	果洛—西宁
507	ENY—TSN	延安—天津	543	GOQ—XNN	格尔木—西宁
508	ERL—HET	二连浩特—呼和浩特	544	GXH—INC	夏河—银川
509	ERL—PEK	二连浩特—北京	545	GYU—INC	固原—银川
510	ERL—TGO	二连浩特—通辽	546	GYU—SIA	固原—西安
511	ERL—TSN	二连浩特—天津	547	HAK—HET	海口—呼和浩特
512	FOC—HRB	福州—哈尔滨	548	HAK—HFE	海口—合肥
513	FOC—HSN	福州—舟山	549	HAK—HGH	海口—杭州
514	FOC—KHN	福州—南昌	550	HAK—HRB	海口—哈尔滨
515	FOC—KMG	福州—昆明	551	HAK—HUZ	海口—惠州
516	FOC—KOW	福州—赣州	552	HAK—INC	海口—银川
517	FOC—KWE	福州—贵阳	553	HAK—KHN	海口—南昌
518	FOC—LHW	福州—兰州	554	HAK—KMG	海口—昆明
519	FOC—NKG	福州—南京	555	HAK—KWE	海口—贵阳
520	FOC—NNG	福州—南宁	556	HAK—KWL	海口—桂林
521	FOC—PEK	福州—北京	557	HAK—LHW	海口—兰州
522	FOC—SHA	福州—上海	558	HAK—LZH	海口—柳州
523	FOC—SIA	福州—西安	559	HAK—NGB	海口—宁波
524	FOC—SWA	福州—揭阳	560	HAK—NKG	海口—南京

续表

序号	航段代码	航段	序号	航段代码	航段
561	HAK—NNG	海口—南宁	597	HET—LFQ	呼和浩特—临汾
562	HAK—PEK	海口—北京	598	HET—LLV	呼和浩特—吕梁
563	HAK—SHA	海口—上海	599	HET—LYA	呼和浩特—洛阳
564	HAK—SHE	海口—沈阳	600	HET—NKG	呼和浩特—南京
565	HAK—SIA	海口—西安	601	HET—NZH	呼和浩特—满洲里
566	HAK—SJW	海口—石家庄	602	HET—NZL	呼和浩特—扎兰屯
567	HAK—SWA	海口—揭阳	603	HET—PEK	呼和浩特—北京
568	HAK—SZX	海口—深圳	604	HET—RLK	呼和浩特—巴彦淖尔
569	HAK—TNA	海口—济南	605	HET—SHA	呼和浩特—上海
570	HAK—TSN	海口—天津	606	HET—SHE	呼和浩特—沈阳
571	HAK—TYN	海口—太原	607	HET—SIA	呼和浩特—西安
572	HAK—URC	海口—乌鲁木齐	608	HET—SJW	呼和浩特—石家庄
573	HAK—WNZ	海口—温州	609	HET—SZX	呼和浩特—深圳
574	HAK—WUH	海口—武汉	610	HET—TAO	呼和浩特—青岛
575	HAK—XMN	海口—厦门	611	HET—TGO	呼和浩特—通辽
576	HAK—XYI	海口—三沙	612	HET—TSN	呼和浩特—天津
577	HAK—ZHA	海口—湛江	613	HET—TYN	呼和浩特—太原
578	HAK—ZUH	海口—珠海	614	HET—UYN	呼和浩特—榆林
579	HCJ—KWE	河池—贵阳	615	HET—WUA	呼和浩特—乌海
580	HCJ—KWL	河池—桂林	616	HET—WUH	呼和浩特—武汉
581	HDG—HET	邯郸—呼和浩特	617	HET—WUT	呼和浩特—忻州
582	HDG—HFE	邯郸—合肥	618	HET—XIL	呼和浩特—锡林浩特
583	HDG—TAO	邯郸—青岛	619	HET—YCU	呼和浩特—运城
584	HDG—XUZ	邯郸—徐州	620	HET—YIE	呼和浩特—阿尔山
585	HDG—ZQZ	邯郸—张家口	621	HFE—HRB	合肥—哈尔滨
586	HEK—HRB	黑河—哈尔滨	622	HFE—HYN	合肥—台州
587	HEK—NDG	黑河—齐齐哈尔	623	HFE—JJN	合肥—泉州
588	HEK—OHE	黑河—漠河	624	HFE—KMG	合肥—昆明
589	HET—HGH	呼和浩特—杭州	625	HFE—KWE	合肥—贵阳
590	HET—HLD	呼和浩特—海拉尔	626	HFE—KWL	合肥—桂林
591	HET—HLH	呼和浩特—乌兰浩特	627	HFE—LHW	合肥—兰州
592	HET—HRB	呼和浩特—哈尔滨	628	HFE—NNG	合肥—南宁
593	HET—HUO	呼和浩特—霍林郭勒	629	HFE—PEK	合肥—北京
594	HET—INC	呼和浩特—银川	630	HFE—SHA	合肥—上海
595	HET—KMG	呼和浩特—昆明	631	HFE—SHE	合肥—沈阳
596	HET—KWE	呼和浩特—贵阳	632	HFE—SIA	合肥—西安

附录1
实行市场调节价的国内航线目录

续表

序号	航段代码	航段	序号	航段代码	航段
633	HFE—SJW	合肥—石家庄	669	HGH—TNA	杭州—济南
634	HFE—SYX	合肥—三亚	670	HGH—TSN	杭州—天津
635	HFE—SZX	合肥—深圳	671	HGH—TYN	杭州—太原
636	HFE—TAO	合肥—青岛	672	HGH—URC	杭州—乌鲁木齐
637	HFE—TXN	合肥—黄山	673	HGH—WEF	杭州—潍坊
638	HFE—TYN	合肥—太原	674	HGH—WUH	杭州—武汉
639	HFE—WEH	合肥—威海	675	HGH—WUS	杭州—武夷山
640	HFE—WNZ	合肥—温州	676	HGH—XMN	杭州—厦门
641	HFE—XFN	合肥—襄阳	677	HGH—XNN	杭州—西宁
642	HFE—XMN	合肥—厦门	678	HGH—YIH	杭州—宜昌
643	HFE—YCU	合肥—运城	679	HGH—YNT	杭州—烟台
644	HFE—YNT	合肥—烟台	680	HGH—YNZ	杭州—盐城
645	HFE—ZUH	合肥—珠海	681	HGH—ZUH	杭州—珠海
646	HGH—HIA	杭州—淮安	682	HIA—SHA	淮安—上海
647	HGH—HRB	杭州—哈尔滨	683	HIA—SJW	淮安—石家庄
648	HGH—INC	杭州—银川	684	HIA—TAO	淮安—青岛
649	HGH—JJN	杭州—泉州	685	HIA—TNA	淮安—济南
650	HGH—KMG	杭州—昆明	686	HIA—TSN	淮安—天津
651	HGH—KOW	杭州—赣州	687	HIA—WUH	淮安—武汉
652	HGH—KWE	杭州—贵阳	688	HIA—YNT	淮安—烟台
653	HGH—KWL	杭州—桂林	689	HJJ—KMG	怀化—昆明
654	HGH—LHW	杭州—兰州	690	HJJ—NNG	怀化—南宁
655	HGH—LJG	杭州—丽江	691	HJJ—SIA	怀化—西安
656	HGH—LYA	杭州—洛阳	692	HJJ—SZX	怀化—深圳
657	HGH—LYG	杭州—连云港	693	HLD—HLH	海拉尔—乌兰浩特
658	HGH—LYI	杭州—临沂	694	HLD—HRB	海拉尔—哈尔滨
659	HGH—NNG	杭州—南宁	695	HLD—JGD	海拉尔—加格达奇
660	HGH—PEK	杭州—北京	696	HLD—NZL	海拉尔—扎兰屯
661	HGH—RIZ	杭州—日照	697	HLD—PEK	海拉尔—北京
662	HGH—SHE	杭州—沈阳	698	HLD—SZX	海拉尔—深圳
663	HGH—SIA	杭州—西安	699	HLD—TGO	海拉尔—通辽
664	HGH—SJW	杭州—石家庄	700	HLD—TSN	海拉尔—天津
665	HGH—SWA	杭州—揭阳	701	HLD—UCB	海拉尔—乌兰察布
666	HGH—SYX	杭州—三亚	702	HLH—HRB	乌兰浩特—哈尔滨
667	HGH—SZX	杭州—深圳	703	HLH—SHE	乌兰浩特—沈阳
668	HGH—TAO	杭州—青岛	704	HLH—YIE	乌兰浩特—阿尔山

171

续表

序号	航段代码	航段	序号	航段代码	航段
705	HMI—KHG	哈密—喀什	741	HRB—WNZ	哈尔滨—温州
706	HMI—KRL	哈密—库尔勒	742	HRB—WUH	哈尔滨—武汉
707	HMI—KRY	哈密—克拉玛依	743	HRB—XMN	哈尔滨—厦门
708	HMI—SHF	哈密—石河子	744	HRB—YKH	哈尔滨—营口
709	HMI—TCG	哈密—塔城	745	HRB—YNT	哈尔滨—烟台
710	HMI—TLQ	哈密—吐鲁番	746	HRB—YSQ	哈尔滨—松原
711	HMI—URC	哈密—乌鲁木齐	747	HRB—ZUH	哈尔滨—珠海
712	HNY—HUZ	衡阳—惠州	748	HSN—KHN	舟山—南昌
713	HNY—KWE	衡阳—贵阳	749	HSN—LYG	舟山—连云港
714	HNY—NNG	衡阳—南宁	750	HSN—SHA	舟山—上海
715	HNY—ZUH	衡阳—珠海	751	HSN—SQD	舟山—上饶
716	HPG—WUH	神农架—武汉	752	HSN—TAO	舟山—青岛
717	HRB—JGD	哈尔滨—加格达奇	753	HSN—XMN	舟山—厦门
718	HRB—JSJ	哈尔滨—建三江	754	HTN—IQM	和田—且末
719	HRB—JXA	哈尔滨—鸡西	755	HTN—KCA	和田—库车
720	HRB—KHN	哈尔滨—南昌	756	HTN—KHG	和田—喀什
721	HRB—KMG	哈尔滨—昆明	757	HTN—KRL	和田—库尔勒
722	HRB—KWE	哈尔滨—贵阳	758	HTN—KRY	和田—克拉玛依
723	HRB—KWL	哈尔滨—桂林	759	HTN—QSZ	和田—莎车
724	HRB—LDS	哈尔滨—伊春	760	HTN—URC	和田—乌鲁木齐
725	HRB—NBS	哈尔滨—白山	761	HTN—YIN	和田—伊宁
726	HRB—NGB	哈尔滨—宁波	762	HTT—XNN	花土沟—西宁
727	HRB—NKG	哈尔滨—南京	763	HUO—SHE	霍林郭勒—沈阳
728	HRB—NNG	哈尔滨—南宁	764	HUO—TGO	霍林郭勒—通辽
729	HRB—OHE	哈尔滨—漠河	765	HUZ—KHN	惠州—南昌
730	HRB—PEK	哈尔滨—北京	766	HUZ—NNG	惠州—南宁
731	HRB—SHA	哈尔滨—上海	767	HXD—XNN	德令哈—西宁
732	HRB—SIA	哈尔滨—西安	768	HYN—WUH	台州—武汉
733	HRB—SJW	哈尔滨—石家庄	769	HZG—INC	汉中—银川
734	HRB—SYX	哈尔滨—三亚	770	HZG—LHW	汉中—兰州
735	HRB—SZX	哈尔滨—深圳	771	HZG—SIA	汉中—西安
736	HRB—TAO	哈尔滨—青岛	772	HZH—KMG	黎平—昆明
737	HRB—TGO	哈尔滨—通辽	773	INC—IQN	银川—庆阳
738	HRB—TNA	哈尔滨—济南	774	INC—JGN	银川—嘉峪关
739	HRB—TSN	哈尔滨—天津	775	INC—KMG	银川—昆明
740	HRB—TYN	哈尔滨—太原	776	INC—LFQ	银川—临汾

附录1 实行市场调节价的国内航线目录

续表

序号	航段代码	航段	序号	航段代码	航段
777	INC—LHW	银川—兰州	813	JIC—LHW	金昌—兰州
778	INC—NKG	银川—南京	814	JIC—UYN	金昌—榆林
779	INC—PEK	银川—北京	815	JIQ—SIA	黔江—西安
780	INC—SHA	银川—上海	816	JIU—WNZ	九江—温州
781	INC—SHE	银川—沈阳	817	JJN—KWE	泉州—贵阳
782	INC—SIA	银川—西安	818	JJN—NKG	泉州—南京
783	INC—SZX	银川—深圳	819	JJN—SHA	泉州—上海
784	INC—TAO	银川—青岛	820	JJN—SIA	泉州—西安
785	INC—TYN	银川—太原	821	JJN—SZX	泉州—深圳
786	INC—UCB	银川—乌兰察布	822	JJN—TSN	泉州—天津
787	INC—URC	银川—乌鲁木齐	823	JJN—WUH	泉州—武汉
788	INC—UYN	银川—榆林	824	JJN—ZUH	泉州—珠海
789	INC—WUA	银川—乌海	825	JMJ—KMG	澜沧—昆明
790	INC—WUH	银川—武汉	826	JNG—PEK	济宁—北京
791	INC—WUT	银川—忻州	827	JNG—SHA	济宁—上海
792	INC—XNN	银川—西宁	828	JNG—TAO	济宁—青岛
793	INC—ZHY	银川—中卫	829	JNG—TYN	济宁—太原
794	IQM—KRL	且末—库尔勒	830	JNG—YNT	济宁—烟台
795	IQM—RQA	且末—若羌	831	JNZ—YNT	锦州—烟台
796	IQM—URC	且末—乌鲁木齐	832	JUH—NGB	池州—宁波
797	IQN—LHW	庆阳—兰州	833	JUH—SHA	池州—上海
798	IQN—SIA	庆阳—西安	834	JUH—WNZ	池州—温州
799	JDZ—NGB	景德镇—宁波	835	JUH—XMN	池州—厦门
800	JDZ—SHA	景德镇—上海	836	JUZ—SZX	衢州—深圳
801	JDZ—XMN	景德镇—厦门	837	JUZ—XMN	衢州—厦门
802	JGD—OHE	加格达奇—漠河	838	JXA—SHE	鸡西—沈阳
803	JGN—LHW	嘉峪关—兰州	839	JZH—MIG	九寨沟—绵阳
804	JGS—NGB	井冈山—宁波	840	JZH—SIA	九寨沟—西安
805	JGS—SZX	井冈山—深圳	841	KCA—KRL	库车—库尔勒
806	JGS—XMN	井冈山—厦门	842	KCA—KRY	库车—克拉玛依
807	JHG—KMG	西双版纳—昆明	843	KCA—NLT	库车—那拉提
808	JHG—KWE	西双版纳—贵阳	844	KCA—QSZ	库车—莎车
809	JHG—LJG	西双版纳—丽江	845	KCA—URC	库车—乌鲁木齐
810	JHG—LNJ	西双版纳—临沧	846	KCA—YIN	库车—伊宁
811	JHG—PZI	西双版纳—攀枝花	847	KHG—KRL	喀什—库尔勒
812	JHG—ZAT	西双版纳—昭通	848	KHG—KRY	喀什—克拉玛依

续表

序号	航段代码	航 段	序号	航段代码	航 段
849	KHG—QSZ	喀什—莎车	885	KJI—TLQ	布尔津—吐鲁番
850	KHG—SHF	喀什—石河子	886	KJI—URC	布尔津—乌鲁木齐
851	KHG—TLQ	喀什—吐鲁番	887	KJI—YIN	布尔津—伊宁
852	KHG—TWC	喀什—图木舒克	888	KMG—KWE	昆明—贵阳
853	KHG—URC	喀什—乌鲁木齐	889	KMG—KWL	昆明—桂林
854	KHG—YIN	喀什—伊宁	890	KMG—LHW	昆明—兰州
855	KHN—KMG	南昌—昆明	891	KMG—LJG	昆明—丽江
856	KHN—KOW	南昌—赣州	892	KMG—LNJ	昆明—临沧
857	KHN—KWE	南昌—贵阳	893	KMG—LUM	昆明—德宏
858	KHN—KWL	南昌—桂林	894	KMG—LZH	昆明—柳州
859	KHN—LHW	南昌—兰州	895	KMG—LZO	昆明—泸州
860	KHN—LJG	南昌—丽江	896	KMG—NKG	昆明—南京
861	KHN—NGB	南昌—宁波	897	KMG—NLH	昆明—宁蒗
862	KHN—NKG	南昌—南京	898	KMG—NNG	昆明—南宁
863	KHN—NNG	南昌—南宁	899	KMG—PEK	昆明—北京
864	KHN—PEK	南昌—北京	900	KMG—SHA	昆明—上海
865	KHN—SHA	南昌—上海	901	KMG—SHE	昆明—沈阳
866	KHN—SHE	南昌—沈阳	902	KMG—SIA	昆明—西安
867	KHN—SIA	南昌—西安	903	KMG—SJW	昆明—石家庄
868	KHN—SJW	南昌—石家庄	904	KMG—SYM	昆明—普洱
869	KHN—SWA	南昌—揭阳	905	KMG—SZX	昆明—深圳
870	KHN—SZX	南昌—深圳	906	KMG—TAO	昆明—青岛
871	KHN—TAO	南昌—青岛	907	KMG—TCZ	昆明—腾冲
872	KHN—TNA	南昌—济南	908	KMG—TEN	昆明—铜仁
873	KHN—TSN	南昌—天津	909	KMG—TNA	昆明—济南
874	KHN—TYN	南昌—太原	910	KMG—TSN	昆明—天津
875	KHN—WNZ	南昌—温州	911	KMG—TYN	昆明—太原
876	KHN—WUX	南昌—无锡	912	KMG—URC	昆明—乌鲁木齐
877	KHN—XMN	南昌—厦门	913	KMG—WMT	昆明—遵义
878	KHN—XUZ	南昌—徐州	914	KMG—WNH	昆明—文山
879	KHN—YIH	南昌—宜昌	915	KMG—WNZ	昆明—温州
880	KHN—YNT	南昌—烟台	916	KMG—WUH	昆明—武汉
881	KHN—ZUH	南昌—珠海	917	KMG—XIC	昆明—西昌
882	KJH—KMG	凯里—昆明	918	KMG—XMN	昆明—厦门
883	KJI—KRL	布尔津—库尔勒	919	KMG—XUZ	昆明—徐州
884	KJI—KRY	布尔津—克拉玛依	920	KMG—YBP	昆明—宜宾

附录1 实行市场调节价的国内航线目录

续表

序号	航段代码	航段	序号	航段代码	航段
921	KMG—YNT	昆明—烟台	957	KWE—SHE	贵阳—沈阳
922	KMG—ZAT	昆明—昭通	958	KWE—SIA	贵阳—西安
923	KMG—ZUH	昆明—珠海	959	KWE—SWA	贵阳—揭阳
924	KMG—ZYI	昆明—遵义	960	KWE—SYX	贵阳—三亚
925	KOW—KWL	赣州—桂林	961	KWE—SZX	贵阳—深圳
926	KOW—SZX	赣州—深圳	962	KWE—TAO	贵阳—青岛
927	KOW—XMN	赣州—厦门	963	KWE—TEN	贵阳—铜仁
928	KOW—ZUH	赣州—珠海	964	KWE—TNA	贵阳—济南
929	KRL—KRY	库尔勒—克拉玛依	965	KWE—TSN	贵阳—天津
930	KRL—NLT	库尔勒—那拉提	966	KWE—TYN	贵阳—太原
931	KRL—QSZ	库尔勒—莎车	967	KWE—WMT	贵阳—遵义
932	KRL—RQA	库尔勒—若羌	968	KWE—WNZ	贵阳—温州
933	KRL—SHF	库尔勒—石河子	969	KWE—WUH	贵阳—武汉
934	KRL—TCG	库尔勒—塔城	970	KWE—WUZ	贵阳—梧州
935	KRL—TLQ	库尔勒—吐鲁番	971	KWE—WXN	贵阳—万州
936	KRL—TWC	库尔勒—图木舒克	972	KWE—XIC	贵阳—西昌
937	KRL—URC	库尔勒—乌鲁木齐	973	KWE—XMN	贵阳—厦门
938	KRL—YIN	库尔勒—伊宁	974	KWE—YBP	贵阳—宜宾
939	KRY—NLT	克拉玛依—那拉提	975	KWE—YIH	贵阳—宜昌
940	KRY—TCG	克拉玛依—塔城	976	KWE—ZUH	贵阳—珠海
941	KRY—TLQ	克拉玛依—吐鲁番	977	KWL—LCX	桂林—连城
942	KRY—TWC	克拉玛依—图木舒克	978	KWL—LHW	桂林—兰州
943	KRY—URC	克拉玛依—乌鲁木齐	979	KWL—LLB	桂林—荔波
944	KRY—YIN	克拉玛依—伊宁	980	KWL—LZO	桂林—泸州
945	KWE—KWL	贵阳—桂林	981	KWL—NGB	桂林—宁波
946	KWE—LHW	贵阳—兰州	982	KWL—NKG	桂林—南京
947	KWE—LJG	贵阳—丽江	983	KWL—NNG	桂林—南宁
948	KWE—LLB	贵阳—荔波	984	KWL—SHA	桂林—上海
949	KWE—LLF	贵阳—永州	985	KWL—SIA	桂林—西安
950	KWE—LPF	贵阳—六盘水	986	KWL—SYX	桂林—三亚
951	KWE—LZO	贵阳—泸州	987	KWL—TEN	桂林—铜仁
952	KWE—NGB	贵阳—宁波	988	KWL—TSN	桂林—天津
953	KWE—NKG	贵阳—南京	989	KWL—TYN	桂林—太原
954	KWE—NLH	贵阳—宁蒗	990	KWL—WUH	桂林—武汉
955	KWE—NNG	贵阳—南宁	991	KWL—XMN	桂林—厦门
956	KWE—SHA	贵阳—上海	992	KWL—YBP	桂林—宜宾

续表

序号	航段代码	航 段	序号	航段代码	航 段
993	KWL—YIH	桂林—宜昌	1029	LJG—TCZ	丽江—腾冲
994	KWL—ZHA	桂林—湛江	1030	LJG—YBP	丽江—宜宾
995	KWL—ZYI	桂林—遵义	1031	LJG—ZAT	丽江—昭通
996	LFQ—PEK	临汾—北京	1032	LJG—ZYI	丽江—遵义
997	LFQ—TSN	临汾—天津	1033	LLB—NNG	荔波—南宁
998	LFQ—WUH	临汾—武汉	1034	LLF—NNG	永州—南宁
999	LHW—LJG	兰州—丽江	1035	LLV—PEK	吕梁—北京
1000	LHW—LLV	兰州—吕梁	1036	LLV—SIA	吕梁—西安
1001	LHW—LNL	兰州—陇南	1037	LLV—TSN	吕梁—天津
1002	LHW—MIG	兰州—绵阳	1038	LNL—SIA	陇南—西安
1003	LHW—NGB	兰州—宁波	1039	LXA—LZY	拉萨—林芝
1004	LHW—NKG	兰州—南京	1040	LXA—NGQ	拉萨—阿里
1005	LHW—NNG	兰州—南宁	1041	LXA—YUS	拉萨—玉树
1006	LHW—PEK	兰州—北京	1042	LYA—PEK	洛阳—北京
1007	LHW—RLK	兰州—巴彦淖尔	1043	LYA—SHA	洛阳—上海
1008	LHW—SHA	兰州—上海	1044	LYA—TNA	洛阳—济南
1009	LHW—SIA	兰州—西安	1045	LYA—TSN	洛阳—天津
1010	LHW—SJW	兰州—石家庄	1046	LYG—NGB	连云港—宁波
1011	LHW—SYX	兰州—三亚	1047	LYG—NKG	连云港—南京
1012	LHW—SZX	兰州—深圳	1048	LYG—PEK	连云港—北京
1013	LHW—TNA	兰州—济南	1049	LYG—SHA	连云港—上海
1014	LHW—TSN	兰州—天津	1050	LYG—SJW	连云港—石家庄
1015	LHW—TYN	兰州—太原	1051	LYG—TSN	连云港—天津
1016	LHW—URC	兰州—乌鲁木齐	1052	LYG—XUZ	连云港—徐州
1017	LHW—UYN	兰州—榆林	1053	LYI—NGB	临沂—宁波
1018	LHW—WNZ	兰州—温州	1054	LYI—PEK	临沂—北京
1019	LHW—WUA	兰州—乌海	1055	LYI—SHA	临沂—上海
1020	LHW—WUH	兰州—武汉	1056	LYI—TSN	临沂—天津
1021	LHW—YNT	兰州—烟台	1057	LYI—YNT	临沂—烟台
1022	LHW—YZY	兰州—张掖	1058	LZH—SWA	柳州—揭阳
1023	LJG—LUM	丽江—德宏	1059	LZH—SYX	柳州—三亚
1024	LJG—LZO	丽江—泸州	1060	LZH—SZX	柳州—深圳
1025	LJG—NKG	丽江—南京	1061	LZH—WUH	柳州—武汉
1026	LJG—NNG	丽江—南宁	1062	LZH—ZHA	柳州—湛江
1027	LJG—SIA	丽江—西安	1063	LZH—ZUH	柳州—珠海
1028	LJG—SZX	丽江—深圳	1064	LZO—XIC	泸州—西昌

附录1
实行市场调节价的国内航线目录

续表

序号	航段代码	航段	序号	航段代码	航段
1065	MDG—SHE	牡丹江—沈阳	1101	NKG—XMN	南京—厦门
1066	MDG—YSQ	牡丹江—松原	1102	NKG—XNN	南京—西宁
1067	MIG—NKG	绵阳—南京	1103	NKG—YIC	南京—宜春
1068	MIG—XIC	绵阳—西昌	1104	NKG—YIH	南京—宜昌
1069	MXZ—SZX	梅州—深圳	1105	NKG—YNT	南京—烟台
1070	MXZ—ZUH	梅州—珠海	1106	NKG—YNZ	南京—盐城
1071	NAO—SIA	南充—西安	1107	NKG—ZUH	南京—珠海
1072	NBS—SHE	白山—沈阳	1108	NLT—TCG	那拉提—塔城
1073	NBS—YNJ	白山—延吉	1109	NLT—URC	那拉提—乌鲁木齐
1074	NBS—YSQ	白山—松原	1110	NNG—SHA	南宁—上海
1075	NGB—NNG	宁波—南宁	1111	NNG—SHE	南宁—沈阳
1076	NGB—SHA	宁波—上海	1112	NNG—SIA	南宁—西安
1077	NGB—SHE	宁波—沈阳	1113	NNG—SWA	南宁—揭阳
1078	NGB—SIA	宁波—西安	1114	NNG—SYX	南宁—三亚
1079	NGB—SQD	宁波—上饶	1115	NNG—SZX	南宁—深圳
1080	NGB—SWA	宁波—揭阳	1116	NNG—TAO	南宁—青岛
1081	NGB—TAO	宁波—青岛	1117	NNG—TEN	南宁—铜仁
1082	NGB—WEF	宁波—潍坊	1118	NNG—TNA	南宁—济南
1083	NGB—WUH	宁波—武汉	1119	NNG—TSN	南宁—天津
1084	NGB—XMN	宁波—厦门	1120	NNG—TYN	南宁—太原
1085	NGB—YIC	宁波—宜春	1121	NNG—WMT	南宁—遵义
1086	NGB—YNZ	宁波—盐城	1122	NNG—WNH	南宁—文山
1087	NKG—NNG	南京—南宁	1123	NNG—WNZ	南宁—温州
1088	NKG—PEK	南京—北京	1124	NNG—WUH	南宁—武汉
1089	NKG—SHA	南京—上海	1125	NNG—ZUH	南宁—珠海
1090	NKG—SHE	南京—沈阳	1126	NNG—ZYI	南宁—遵义
1091	NKG—SIA	南京—西安	1127	NNY—TNA	南阳—济南
1092	NKG—SJW	南京—石家庄	1128	NTG—SQD	南通—上饶
1093	NKG—SWA	南京—揭阳	1129	NTG—TAO	南通—青岛
1094	NKG—SYX	南京—三亚	1130	NTG—TNA	南通—济南
1095	NKG—SZX	南京—深圳	1131	NTG—WNZ	南通—温州
1096	NKG—TAO	南京—青岛	1132	NTG—WUH	南通—武汉
1097	NKG—TYN	南京—太原	1133	NTG—YNT	南通—烟台
1098	NKG—URC	南京—乌鲁木齐	1134	NZH—YIE	满洲里—阿尔山
1099	NKG—WEH	南京—威海	1135	PEK—RIZ	北京—日照
1100	NKG—WNZ	南京—温州	1136	PEK—SHA	北京—上海

续表

序号	航段代码	航段	序号	航段代码	航段
1137	PEK—SHE	北京—沈阳	1173	SHA—TSN	上海—天津
1138	PEK—SIA	北京—西安	1174	SHA—TYN	上海—太原
1139	PEK—SYX	北京—三亚	1175	SHA—URC	上海—乌鲁木齐
1140	PEK—SZX	北京—深圳	1176	SHA—WEF	上海—潍坊
1141	PEK—TAO	北京—青岛	1177	SHA—WNZ	上海—温州
1142	PEK—TGO	北京—通辽	1178	SHA—WUH	上海—武汉
1143	PEK—TNA	北京—济南	1179	SHA—WUS	上海—武夷山
1144	PEK—TYN	北京—太原	1180	SHA—XMN	上海—厦门
1145	PEK—UCB	北京—乌兰察布	1181	SHA—YIC	上海—宜春
1146	PEK—URC	北京—乌鲁木齐	1182	SHA—YNT	上海—烟台
1147	PEK—WEF	北京—潍坊	1183	SHA—YNZ	上海—盐城
1148	PEK—WEH	北京—威海	1184	SHA—ZUH	上海—珠海
1149	PEK—WNZ	北京—温州	1185	SHE—SIA	沈阳—西安
1150	PEK—WUH	北京—武汉	1186	SHE—SJW	沈阳—石家庄
1151	PEK—WUX	北京—无锡	1187	SHE—SYX	沈阳—三亚
1152	PEK—XIL	北京—锡林浩特	1188	SHE—SZX	沈阳—深圳
1153	PEK—XMN	北京—厦门	1189	SHE—TAO	沈阳—青岛
1154	PEK—XNN	北京—西宁	1190	SHE—TNA	沈阳—济南
1155	PEK—XUZ	北京—徐州	1191	SHE—TVS	沈阳—唐山
1156	PEK—YCU	北京—运城	1192	SHE—TYN	沈阳—太原
1157	PEK—YKH	北京—营口	1193	SHE—WEF	沈阳—潍坊
1158	PEK—YNT	北京—烟台	1194	SHE—WEH	沈阳—威海
1159	QSZ—URC	莎车—乌鲁木齐	1195	SHE—WNZ	沈阳—温州
1160	RIZ—SHA	日照—上海	1196	SHE—WUH	沈阳—武汉
1161	RIZ—TNA	日照—济南	1197	SHE—XMN	沈阳—厦门
1162	RIZ—TSN	日照—天津	1198	SHE—YNT	沈阳—烟台
1163	RIZ—WUH	日照—武汉	1199	SHF—TCG	石河子—塔城
1164	RQA—URC	若羌—乌鲁木齐	1200	SHF—YIN	石河子—伊宁
1165	SHA—SHE	上海—沈阳	1201	SIA—SJW	西安—石家庄
1166	SHA—SIA	上海—西安	1202	SIA—SWA	西安—揭阳
1167	SHA—SQJ	上海—三明	1203	SIA—SYX	西安—三亚
1168	SHA—SWA	上海—揭阳	1204	SIA—SZX	西安—深圳
1169	SHA—SYX	上海—三亚	1205	SIA—TAO	西安—青岛
1170	SHA—SZX	上海—深圳	1206	SIA—THQ	西安—天水
1171	SHA—TAO	上海—青岛	1207	SIA—TNA	西安—济南
1172	SHA—TNA	上海—济南	1208	SIA—TSN	西安—天津

附录1 实行市场调节价的国内航线目录

续表

序号	航段代码	航段	序号	航段代码	航段
1209	SIA—URC	西安—乌鲁木齐	1245	SYX—WUH	三亚—武汉
1210	SIA—UYN	西安—榆林	1246	SYX—ZHA	三亚—湛江
1211	SIA—WDS	西安—十堰	1247	SYX—ZUH	三亚—珠海
1212	SIA—WNZ	西安—温州	1248	SZX—TAO	深圳—青岛
1213	SIA—WUH	西安—武汉	1249	SZX—TNA	深圳—济南
1214	SIA—WUT	西安—忻州	1250	SZX—TSN	深圳—天津
1215	SIA—WXN	西安—万州	1251	SZX—TYN	深圳—太原
1216	SIA—XAI	西安—信阳	1252	SZX—WGN	深圳—邵阳
1217	SIA—XFN	西安—襄阳	1253	SZX—WUH	深圳—武汉
1218	SIA—XMN	西安—厦门	1254	SZX—XMN	深圳—厦门
1219	SIA—XNN	西安—西宁	1255	SZX—XNN	深圳—西宁
1220	SIA—YIH	西安—宜昌	1256	SZX—YIC	深圳—宜春
1221	SIA—YNT	西安—烟台	1257	SZX—YNT	深圳—烟台
1222	SIA—ZHY	西安—中卫	1258	SZX—ZHA	深圳—湛江
1223	SIA—ZUH	西安—珠海	1259	TAO—TSN	青岛—天津
1224	SJW—SYX	石家庄—三亚	1260	TAO—TVS	青岛—唐山
1225	SJW—SZX	石家庄—深圳	1261	TAO—TYN	青岛—太原
1226	SJW—TAO	石家庄—青岛	1262	TAO—URC	青岛—乌鲁木齐
1227	SJW—TSN	石家庄—天津	1263	TAO—WNZ	青岛—温州
1228	SJW—URC	石家庄—乌鲁木齐	1264	TAO—WUH	青岛—武汉
1229	SJW—UYN	石家庄—榆林	1265	TAO—WUX	青岛—无锡
1230	SJW—XUZ	石家庄—徐州	1266	TAO—YTY	青岛—扬州
1231	SJW—YKH	石家庄—营口	1267	TCG—TLQ	塔城—吐鲁番
1232	SJW—YNT	石家庄—烟台	1268	TCG—URC	塔城—乌鲁木齐
1233	SJW—ZQZ	石家庄—张家口	1269	TCG—YIN	塔城—伊宁
1234	SQJ—SZX	三明—深圳	1270	TEN—WUH	铜仁—武汉
1235	SQJ—WUH	三明—武汉	1271	TEN—YBP	铜仁—宜宾
1236	SWA—TSN	揭阳—天津	1272	TLQ—YIN	吐鲁番—伊宁
1237	SWA—WNZ	揭阳—温州	1273	TNA—URC	济南—乌鲁木齐
1238	SWA—WUS	揭阳—武夷山	1274	TNA—WEH	济南—威海
1239	SWA—YIW	揭阳—义乌	1275	TNA—WUH	济南—武汉
1240	SWA—ZHA	揭阳—湛江	1276	TNA—XAI	济南—信阳
1241	SWA—ZUH	揭阳—珠海	1277	TNA—YNT	济南—烟台
1242	SYX—TNA	三亚—济南	1278	TNA—ZUH	济南—珠海
1243	SYX—TSN	三亚—天津	1279	TSN—TYN	天津—太原
1244	SYX—TYN	三亚—太原	1280	TSN—UCB	天津—乌兰察布

续表

序号	航段代码	航段	序号	航段代码	航段
1281	TSN—URC	天津—乌鲁木齐	1305	URC—XNN	乌鲁木齐—西宁
1282	TSN—UYN	天津—榆林	1306	URC—YIN	乌鲁木齐—伊宁
1283	TSN—WEH	天津—威海	1307	UYN—WUA	榆林—乌海
1284	TSN—WUH	天津—武汉	1308	UYN—ZHY	榆林—中卫
1285	TSN—WUT	天津—忻州	1309	WDS—WUH	十堰—武汉
1286	TSN—XIL	天津—锡林浩特	1310	WEF—YKH	潍坊—营口
1287	TSN—XMN	天津—厦门	1311	WMT—WUH	遵义—武汉
1288	TSN—YCU	天津—运城	1312	WNZ—WUH	温州—武汉
1289	TSN—YNT	天津—烟台	1313	WNZ—ZUH	温州—珠海
1290	TSN—ZQZ	天津—张家口	1314	WUH—XFN	武汉—襄阳
1291	TSN—ZUH	天津—珠海	1315	WUH—XMN	武汉—厦门
1292	TVS—YNT	唐山—烟台	1316	WUH—YCU	武汉—运城
1293	TWC—URC	图木舒克—乌鲁木齐	1317	WUH—YIW	武汉—义乌
1294	TXN—WNZ	黄山—温州	1318	WUH—YNZ	武汉—盐城
1295	TXN—WUH	黄山—武汉	1319	WUH—ZUH	武汉—珠海
1296	TXN—XFN	黄山—襄阳	1320	WUH—ZYI	武汉—遵义
1297	TXN—XMN	黄山—厦门	1321	WUS—XMN	武夷山—厦门
1298	TXN—YIH	黄山—宜昌	1322	WUS—ZUH	武夷山—珠海
1299	TYN—URC	太原—乌鲁木齐	1323	XMN—YIC	厦门—宜春
1300	TYN—WUA	太原—乌海	1324	XMN—ZUH	厦门—珠海
1301	TYN—WUH	太原—武汉	1325	XNN—YUS	西宁—玉树
1302	TYN—XMN	太原—厦门	1326	YKH—YNT	营口—烟台
1303	URC—WUH	乌鲁木齐—武汉	1327	YNT—YNZ	烟台—盐城
1304	URC—XMN	乌鲁木齐—厦门	1328	ZHA—ZUH	湛江—珠海

注：本目录中航段指两地间往返双方向。

附录2　航空运输电子客票行程单管理办法(暂行)

第一章　总　则

第一条　为加强中国民用航空运输电子客票行程单管理,促进中国民用航空运输业的健康发展,根据《中华人民共和国发票管理办法》(以下简称《发票管理办法》)及其他有关规定,结合中国民用航空运输管理的实际,制定本办法。

第二条　在中华人民共和国境内印制、领购、发放、开具、保管、回收和缴销航空运输电子客票行程单(以下简称《行程单》)的单位和个人,必须遵守本办法。

第三条　本办法所称《行程单》,作为旅客购买电子客票的付款凭证或报销凭证,同时具备提示旅客行程的作用。

第四条　《行程单》采用一人一票制,不作为机场办理乘机手续和安全检查的必要凭证使用。

第五条　《行程单》纳入税务发票管理范围。中国民用航空局经国家税务总局授权,负责全国《行程单》的印制、领购、发放、开具、保管和缴销等管理工作。

第六条　民航各地区管理局及其派出机构负责本地区《行程单》的领购、发放、开具、保管和缴销等环节的监督检查,并受理消费者投诉。民航各地区管理局辖区内相关主管税务机关负责对违反《发票管理办法》的行为进行核查和处理。

第二章　《行程单》的印制

第七条　《行程单》的式样、内容及防伪措施由国家税务总局和中国民用航空局共同确定,套印国家税务总局发票监制章。

第八条　《行程单》印制企业由中国民用航空局根据国家税务总局批准的数量确定。确定后的印制企业,报国家税务总局备案。

第九条　中国民用航空局于每年4月和11月底,统一编制《行程单》半年印制计划,报国家税务总局批准后,向印制企业下达《行程单》印制计划。

第十条　印制企业应严格按照印制计划和印制要求印制《行程单》。公共航空运输企业和发放单位如需增印,须提前60天提出申请,并报中国民用航空局和国家税务总局审批后实施。

第十一条　《行程单》使用防伪纸印制。《行程单》防伪纸由国家税务总局确定的企业生产。

第十二条　《行程单》印制企业根据下达的印制计划向国家税务总局报送防伪纸订货申请单(一式三联),经国家税务总局审核批准后,一联退印制厂家,一联交防伪纸生产企业。印制企业凭批准的防伪纸订货申请单向防伪纸生产企业订货。

第三章 《行程单》的领购和发放

第十三条 《行程单》由中国民用航空局确定的单位负责发放、回收、缴销和组织鉴定工作,同时负责向相关管理机构提供《行程单》使用情况的相关资料。

第十四条 公共航空运输企业和航空运输销售代理企业应使用统一的《行程单》管理信息系统,按计划向中国民用航空局授权的《行程单》发放单位申请领购《行程单》。

第十五条 印制企业按照批准的数量和号段印制《行程单》,并将《行程单》运送到公共航空运输企业和中国民用航空局授权的《行程单》发放单位。公共航空运输企业所属营业部向公共航空运输企业提出领用申请,由公共航空运输企业审批后对其进行实物派发和号段匹配。公共航空运输企业营业部下属的销售机构向营业部提出领用申请,营业部批准后对其进行实物派发和号段匹配。

第十六条 中国民用航空局授权的《行程单》发放单位应定期将《行程单》配送至发放单位设立的《行程单》发放仓库,并保证其一定的周转库存数量。航空运输销售代理企业向中国民用航空局授权的《行程单》发放单位提出领购申请,发放单位审核通过后,向航空运输销售代理企业及其所在地的发放单位设立的《行程单》发放仓库下达领购信息,航空运输销售代理企业凭发放单位的领购信息和领购凭证到发放仓库领购《行程单》。

如航空运输销售代理企业所在地没有发放单位设立的《行程单》发放仓库,由发放单位负责配送。

第十七条 公共航空运输企业领购的《行程单》只在本企业范围内使用,禁止发放给航空运输销售代理企业使用。

第四章 《行程单》的开具和保管

第十八条 公共航空运输企业和航空运输销售代理企业在旅客购票时,应使用统一的打印软件开具《行程单》,不得手写或使用其他软件套打;打印项目、内容应与电子客票销售数据内容一致,不得重复打印,并应告知旅客《行程单》的验真途径。《行程单》遗失不补。严禁虚开、伪造、倒卖《行程单》。

第十九条 《行程单》打印错误或打印失败时,应在《行程单》打印软件中进行作废操作。空白《行程单》发生毁损、丢失,公共航空运输企业、航空运输销售代理企业和印刷企业应于事故发生当日报告中国民用航空局授权的《行程单》发放单位,并在媒体公告声明作废;发放单位在《行程单》管理信息系统中对毁损、丢失的空白《行程单》进行报废处理。

第二十条 任何单位和个人不得转让、转借《行程单》,不得擅自扩大《行程单》的使用范围。

第二十一条 旅客发生退票或其他变更导致票价金额与原客票不符时,若已打印《行程单》,应将原《行程单》收回,方能为其办理有关手续。

第二十二条 《行程单》打印系统由中国民用航空局授权信息系统运行维护单位统一开发并由其负责系统运行维护与技术支持,提供查验《行程单》真伪的网站、热线电话、短信和彩信等服务。

第二十三条 印制、使用《行程单》的单位,应严格保管《行程单》,保证《行程单》的存放安全,不得擅自销毁。

第五章 《行程单》的缴销

第二十四条 中国民用航空局授权的《行程单》发放单位负责作废《行程单》的回收工

作,定期对作废《行程单》进行缴销;负责《行程单》发放、打印和作废数据的汇总统计,并按期向中国民用航空局和国家税务总局报送相关数据。

第二十五条 公共航空运输企业和航空运输销售代理企业应在每年3月份将作废的《行程单》分别上交公共航空运输企业总部和发放单位设立的《行程单》发放仓库。发放单位应于每年4月份到公共航空运输企业总部和发放仓库进行现场缴销,并将缴销情况分别报中国民用航空局和国家税务总局。

第二十六条 《行程单》电子数据由中国民用航空局授权的发放单位妥善保管5年,期满后报中国民用航空局和国家税务总局批准后清除。

第六章 《行程单》的监督检查

第二十七条 中国民用航空局负责组织实施《行程单》的印制、领购、发放、开具、保管和缴销的日常监督检查工作,并将检查情况报国家税务总局备案。必要时,国家税务总局可根据《行程单》各个环节的管理情况依法进行监督检查。

第二十八条 民航各地区管理局及其派出机构对所辖地区的公共航空运输企业和航空运输销售代理企业《行程单》的领购、发放、开具、保管、缴销情况进行检查,并有权向当事各方询问与《行程单》有关的问题和情况。

在查处《行程单》案件时,民航各地区管理局及其派出机构可提请辖区相关主管税务机关共同参与检查。税务机关在对纳税人实施税务检查时可对其开具、取得《行程单》的情况进行检查。税务机关接到消费者举报涉及纳税人伪造、虚开《行程单》的案件,可直接受理。

第二十九条 税务机关在查处《行程单》案件时,可依据《发票管理办法》对与案件有关的情况和资料,采取记录、录音、录像、照相和复制等措施。

第三十条 使用《行程单》的公共航空运输企业和航空运输销售代理企业必须接受民航各地区管理局及其派出机构和相关主管税务机关的检查,如实反映情况,提供有关资料,不得拒绝和隐瞒。

第三十一条 不符合规定的《行程单》,不得作为会计核算的原始凭证,任何单位和个人有权拒收,并向开票单位所属民航地区管理局及其派出机构或所辖地区相关主管税务机关举报。

第七章 法律责任

第三十二条 民航各地区管理局及其派出机构在检查中,发现《行程单》领购、发放、开具、保管和缴销过程中有违反《发票管理办法》的行为,应提请辖区内相关主管税务机关进行处理。相关主管税务机关应对违法行为进行核查,并按《发票管理办法》的规定进行处罚。税务机关在实施税务检查或受理消费者举报时发现有伪造、虚开《行程单》等违法行为的,按《税收征收管理法》《发票管理办法》的规定进行处罚,构成犯罪的,依法追究刑事责任。

第三十三条 航空运输销售代理企业发生违反《发票管理办法》或本办法行为的,由中国民用航空局或民航各地区管理局责令其停业整顿;情节特别严重的,责成相关行业协会取消其销售代理资格。

第八章 附 则

第三十四条 中国民用航空局和民航各地区管理局及其派出机构、电国民用航空局授权的《行程单》信息系统运行维护单位、中国民用航空局授权的《行程单》发放单位、发放单位设立的《行程单》发放仓库、公共航空运输企业、航空运输销售代理企业、印制企业应根据《发票管理办法》和本办法的规定,结合具体情况,制定《行程单》管理实施细则和相关管理制度,并报国家税务总局和中国民用航空局备案。

附录3　中国民用航空电子客票暂行管理办法

第一章　总　则

第一条　为规范中国民用航空旅客运输电子客票管理,维护市场秩序,保障航空运输消费者、公共航空运输企业和航空运输销售代理企业的合法权益,根据《中华人民共和国民用航空法》及其他有关规定,制定本办法。

第二条　本办法适用于中华人民共和国境内依法设立的公共航空运输企业(以下简称空运企业)、航空运输销售代理企业(以下简称销售代理企业)、航空运输销售保障企业(以下简称保障企业)和相关行业协会等所从事的与使用和管理电子客票相关的民用航空旅客运输业务和管理活动。

第三条　本办法中用语的含义如下:

电子客票,是指由空运企业或其销售代理企业销售并赋予运输权利的以电子数据形式体现的有效运输凭证,是纸质客票的电子替代产品。

电子客票行程单,是指旅客购买空运企业民用航空运输电子客票的付款凭证或报销凭证,同时具备提示旅客行程的作用。

行业协会,是指依法设立,与电子客票销售管理相关的社会团体。

空运企业,是指以营利为目的,使用民用航空器运送旅客、行李、货物和邮件的企业法人。

保障企业,是指向空运企业、销售代理企业提供客货销售计算机系统信息及其相关服务的企业法人。

销售代理企业,是指依法设立、具有认定资质、接受空运企业委托、从事销售代理活动的企业法人。

机场地面服务部门或企业,是指向旅客提供机场离港登机服务的空运企业有关部门及其代理人。

第四条　电子客票管理遵循行政执法与行业自律、企业守法经营相结合的原则。

第五条　中国民用航空局负责制定电子客票相关管理规则,对使用电子客票的民用航空旅客运输活动实施监督管理。中国民用航空地区管理局、中国民用航空安全监督管理办公室对本辖区内使用电子客票的民用航空旅客运输活动实施监督管理。

以上各级民航行政管理部门在本办法中统称民航行政主管部门。

第二章　相关主体职责

第六条　行业协会应建立行业自律管理规则,规范会员单位的经营行为;建立会员企业电子客票销售诚信档案,推动行业诚信建设。

第七条 空运企业应定期向社会公布经过授权的销售代理企业名录,对直销售票处、销售代理企业的电子客票销售行为进行业务指导和管理。

第八条 保障企业应确保信息网络的安全、稳定,为空运企业及销售代理企业提供及时、可靠的技术支持;向社会公众提供电子客票验真服务。

第九条 机场地面服务部门或企业应检查核对旅客有效身份证件信息及乘机信息,提供高效有序的电子客票离港服务。

第十条 销售代理企业应依据民航行政主管部门、行业协会和空运企业的相关规定从事民航电子客票的销售活动。

第十一条 各电子客票相关主体应根据民航行政主管部门的要求提供相关信息和技术支持,受理投诉,配合民航行政主管部门做好电子客票市场监管工作;落实执行民航行政主管部门对违规主体的行政处罚或相关要求,并及时上报处理结果。

第三章 行为规范

第十二条 电子客票销售人员应接受岗位业务培训并达到合格标准。

第十三条 电子客票销售人员应按照销售代理合同和空运企业的业务规范进行销售,应准确输入旅客基本信息,包括姓名、有效乘机身份证件号码、联系电话等。

第十四条 空运企业直销售票处和销售代理企业应使用合法的电子客票行程单,遵照政府有关管理规定进行销售,行程单上客票价格必须与实收金额相符。

第十五条 销售代理企业在出票后冻结客票状态,使用挂起操作时,应在确认旅客付款后及时解除该状态。

第十六条 空运企业和销售代理企业应在销售场所、销售网站等公示旅客须知、电子客票服务热线电话和电子客票验证网址等,提供及时准确的电子客票验真服务。

第十七条 保障企业应向具备客票销售认定资质的企业提供订座、销售系统服务。

第十八条 空运企业在航班取消、提前、延误、航程改变或不能提供原订座位时,应优先安排旅客乘坐后续航班或签转其他空运企业航班,方便旅客办理电子客票变更手续。

旅客要求办理改变航班、日期、舱位等级手续的,空运企业及其销售代理企业应按照空运企业的规定办理。

旅客要求变更空运企业,应征得原空运企业或其授权销售代理企业同意,并在新的空运企业允许的条件下予以签转。

第十九条 旅客未在客票有效期内完成部分或全部航程,可以在客票有效期内要求退票。

旅客要求退票,应凭旅客本人有效身份证件和电子客票行程单办理退票手续,出票时未打印行程单的旅客凭有效身份证件办理退票手续。

票款只能退给客票上列明的旅客本人或客票的付款人。

如委托办理,须提供旅客本人和受委托人的有效身份证件。

第四章 违规处理

第二十条 违反本办法第六、七、八、九、十、十一条规定的,民航行政主管部门责令相关主体予以改正,情节严重的,给予通报批评。

第二十一条 违反第十二条,未经过满足本岗位业务培训的要求或者虽然经过培训但未达到合格标准的电子客票销售人员,不得上岗。

第二十二条 违反第十三条,对旅客造成损失的,责任单位应向旅客承担赔偿责任。

第二十三条 违反第十四条,空运企业直销售票处和销售代理企业应向旅客承担赔偿责任;情节严重的,由民航行政主管部门责成相关主体对其停业整顿直至取消其经营资质,并可转至税务管理部门依据有关法律法规对其进行全面审查处理。

第二十四条 违反第十五条,给旅客造成直接损失的,应承担赔偿责任。情节严重的,由民航行政主管部门责成相关主体对其停业整顿直至取消其经营资质。

第二十五条 违反第十六条,空运企业和销售代理企业未尽到告知义务的,民航行政主管部门责令其限期改正,并通报批评。拒不改正的,对空运企业由民航行政主管部门依据有关规定实施行政处罚和行政处理;对销售代理企业由民航行政主管部门责成相关主体对其停业整顿直至取消其经营资质。

第二十六条 违反第十七条,保障企业为不具备销售代理认定资质的单位或个人提供具有销售功能的服务,责令其限期改正。

第二十七条 对于故意隐瞒违法信息不报告的单位、有权限处理但不按照民航行政主管部门要求处理的单位,民航行政主管部门应对其通报批评、责令改正,并根据有关规定进行处理。

第五章 附 则

第二十八条 本办法由民航局负责解释。

第二十九条 本办法自发布之日起实施。

中国民用航空局
二〇〇八年四月十一日

附录 4 EMOC

ISSUED BY			MISCELLANEOUS CHARGES ORDER		BANK EXCHANGE RATE	
					EQUIVALENT AMOUNT PAID	
NAME OF PASSENGER					TAX ON MCO	DATE AND PLACE
TYPE OF SERVICE FORWHICH ISSUED					OTHER CHARGES	AGENT
VALUED FOR EXCHANGE	AMOUNT IN LETTERS	CURRENCY	AMOUNT IN FIGURES		TOTAL	
1	TO AT	ENDORSEMENT	COUPON VALUE		ISSUED IN CONNECTION WITH	
	RESERVATION DATE OR RESIDUAL VALUE IN LETTER					
2	TO AT	ENDORSEMENT	COUPON VALUE		ENDORSEMENTS/RESTRICTIONS	
	RESERVATION DATE OR RESIDUAL VALUE IN LETTER				FORM OF PAYMENT	
REMARKS					ISSUED IN EXCHANGE FOR	
					EACH COUPON TO BE HONOURED ONLY FOR VALUE SHOWN HERE	VALUE FOR WHICH HONOURED ☐ TO BE DEDUCTED FROM ORIGINAL OR RESIDUAL VALUE
ORGINAL AIRLINE FORM SERIAL NUMBER PLACE DATE AGENTS NUMBERIC CODE						
ISSUE					CPN AIRLINE CODE FORM SERIAL NUMBER CK ⊙ 000 4010123456 3	

附录5　公共航空运输旅客服务管理规定

第一章　总　　则

第一条　为了加强公共航空运输旅客服务管理,保护旅客合法权益,维护航空运输秩序,根据《中华人民共和国民用航空法》《中华人民共和国消费者权益保护法》《中华人民共和国电子商务法》等法律、行政法规,制定本规定。

第二条　依照中华人民共和国法律成立的承运人、机场管理机构、地面服务代理人、航空销售代理人、航空销售网络平台经营者、航空信息企业从事公共航空运输旅客服务活动的,适用本规定。

外国承运人、港澳台地区承运人从事前款规定的活动,其航班始发地点或者经停地点在中华人民共和国境内(不含港澳台,下同)的,适用本规定。

第三条　中国民用航空局(以下简称民航局)负责对公共航空运输旅客服务实施统一监督管理。

中国民用航空地区管理局(以下简称民航地区管理局)负责对本辖区内的公共航空运输旅客服务实施监督管理。

第四条　依照中华人民共和国法律成立的承运人、机场管理机构应当建立公共航空运输旅客服务质量管理体系,并确保管理体系持续有效运行。

第五条　鼓励、支持承运人、机场管理机构制定高于本规定标准的服务承诺。

承运人、机场管理机构应当公布关于购票、乘机、安检等涉及旅客权益的重要信息,并接受社会监督。

第二章　一般规定

第六条　承运人应当根据本规定制定并公布运输总条件,细化相关旅客服务内容。

承运人的运输总条件不得与国家法律法规以及涉及民航管理的规章相关要求相抵触。

第七条　承运人修改运输总条件的,应当标明生效日期。修改后的运输总条件不得将限制旅客权利或者增加旅客义务的修改内容适用于修改前已购票的旅客,但是国家另有规定的除外。

第八条　运输总条件至少应当包括下列内容:

(一)客票销售和退票、变更实施细则;

(二)旅客乘机相关规定,包括婴儿、孕妇、无成人陪伴儿童、重病患者等特殊旅客的承运标准;

(三)行李运输具体要求;

(四)超售处置规定;

（五）受理投诉的电子邮件地址和电话。

前款所列事项变化较频繁的，可以单独制定相关规定，但应当视为运输总条件的一部分，并与运输总条件在同一位置以显著方式予以公布。

第九条 承运人应当与航空销售代理人签订销售代理协议，明确公共航空运输旅客服务标准，并采取有效措施督促其航空销售代理人符合本规定相关要求。

承运人应当将客票销售、客票变更与退票、行李运输等相关服务规定准确提供给航空销售代理人；航空销售代理人不得擅自更改承运人的相关服务规定。

第十条 航空销售网络平台经营者应当对平台内航空销售代理人进行核验，不得允许未签订协议的航空销售代理人在平台上从事客票销售活动。

航空销售网络平台经营者应当处理旅客与平台内航空销售代理人的投诉纠纷，并采取有效措施督促平台内的航空销售代理人符合本规定相关要求。

第十一条 承运人应当与地面服务代理人签订地面服务代理协议，明确公共航空运输旅客服务标准，并采取有效措施督促其地面服务代理人符合本规定相关要求。

第十二条 机场管理机构应当建立地面服务代理人和航站楼商户管理制度，并采取有效措施督促其符合本规定相关要求。

第十三条 航空信息企业应当完善旅客定座、乘机登记等相关信息系统功能，确保承运人、机场管理机构、地面服务代理人、航空销售代理人、航空销售网络平台经营者等能够有效实施本规定要求的服务内容。

第十四条 承运人、机场管理机构、地面服务代理人、航空销售代理人、航空销售网络平台经营者、航空信息企业应当遵守国家关于个人信息保护的规定，不得泄露、出售、非法使用或者向他人提供旅客个人信息。

第三章　客票销售

第十五条 承运人或者其航空销售代理人通过网络途径销售客票的，应当以显著方式告知购票人所选航班的主要服务信息，至少应当包括：

（一）承运人名称，包括缔约承运人和实际承运人；

（二）航班始发地、经停地、目的地的机场及其航站楼；

（三）航班号、航班日期、舱位等级、计划出港和到港时间；

（四）同时预订两个及以上航班时，应当明确是否为联程航班；

（五）该航班适用的票价以及客票使用条件，包括客票变更规则和退票规则等；

（六）该航班是否提供餐食；

（七）按照国家规定收取的税、费；

（八）该航班适用的行李运输规定，包括行李尺寸、重量、免费行李额等。

承运人或者其航空销售代理人通过售票处或者电话等其他方式销售客票的，应当告知购票人前款信息或者获取前款信息的途径。

第十六条 承运人或者其航空销售代理人通过网络途径销售客票的，应当将运输总条件的全部内容纳入到旅客购票时的必读内容，以必选项的形式确保购票人在购票环节阅知。

承运人或者其航空销售代理人通过售票处或者电话等其他方式销售客票的，应当提示购票人阅读运输总条件并告知阅读运输总条件的途径。

第十七条 承运人或者其航空销售代理人在销售国际客票时，应当提示旅客自行查阅航班始发地、经停地或者目的地国的出入境相关规定。

第十八条 购票人应当向承运人或者其航空销售代理人提供国家规定的必要个人信息以及旅客真实有效的联系方式。

第十九条 承运人或者其航空销售代理人在销售客票时,应当将购票人提供的旅客联系方式等必要个人信息准确录入旅客定座系统。

第二十条 承运人或者其航空销售代理人出票后,应当以电子或者纸质等书面方式告知旅客涉及行程的重要内容,至少应当包括：

（一）本规定第十五条第一款所列信息；

（二）旅客姓名；

（三）票号或者合同号以及客票有效期；

（四）出行提示信息,包括航班始发地停止办理乘机登记手续的时间要求、禁止或者限制携带的物品等；

（五）免费获取所适用运输总条件的方式。

第二十一条 承运人、航空销售代理人、航空销售网络平台经营者、航空信息企业应当保存客票销售相关信息,并确保信息的完整性、保密性、可用性。

前款规定的信息保存时间自交易完成之日起不少于 3 年。法律、行政法规另有规定的,依照其规定。

第四章 客票变更与退票

第二十二条 客票变更,包括旅客自愿变更客票和旅客非自愿变更客票。

退票,包括旅客自愿退票和旅客非自愿退票。

第二十三条 旅客自愿变更客票或者自愿退票的,承运人或者其航空销售代理人应当按照所适用的运输总条件、客票使用条件办理。

第二十四条 由于承运人原因导致旅客非自愿变更客票的,承运人或者其航空销售代理人应当在有可利用座位或者被签转承运人同意的情况下,为旅客办理改期或者签转,不得向旅客收取客票变更费。

由于非承运人原因导致旅客非自愿变更客票的,承运人或者其航空销售代理人应当按照所适用的运输总条件、客票使用条件办理。

第二十五条 旅客非自愿退票的,承运人或者其航空销售代理人不得收取退票费。

第二十六条 承运人或者其航空销售代理人应当在收到旅客有效退款申请之日起 7 个工作日内办理完成退款手续,上述时间不含金融机构处理时间。

第二十七条 在联程航班中,因其中一个或者几个航段变更,导致旅客无法按照约定时间完成整个行程的,缔约承运人或者其航空销售代理人应当协助旅客到达最终目的地或者中途分程地。

在联程航班中,旅客非自愿变更客票的,按照本规定第二十四条办理；旅客非自愿退票的,按照本规定第二十五条办理。

第五章 乘 机

第二十八条 机场管理机构应当在办理乘机登记手续、行李托运、安检、海关、边检、登机口、中转通道等旅客乘机流程的关键区域设置标志标识指引,确保标志标识清晰、准确。

第二十九条 旅客在承运人或者其地面服务代理人停止办理乘机登记手续前,凭与购票时一致的有效身份证件办理客票查验、托运行李、获取纸质或者电子登机凭证。

第三十条 旅客在办理乘机登记手续时,承运人或者其地面服务代理人应当将旅客姓名、航班号、乘机日期、登机时间、登机口、航程等已确定信息准确、清晰地显示在纸质或者电子登机凭证上。

登机口、登机时间等发生变更的,承运人、地面服务代理人、机场管理机构应当及时告知旅客。

第三十一条 有下列情况之一的,承运人应当拒绝运输:

(一)依据国家有关规定禁止运输的旅客或者物品;

(二)拒绝接受安全检查的旅客;

(三)未经安全检查的行李;

(四)办理乘机登记手续时出具的身份证件与购票时身份证件不一致的旅客;

(五)国家规定的其他情况。

除前款规定外,旅客的行为有可能危及飞行安全或者公共秩序的,承运人有权拒绝运输。

第三十二条 旅客因本规定第三十一条被拒绝运输而要求出具书面说明的,除国家另有规定外,承运人应当及时出具;旅客要求变更客票或者退票的,承运人可以按照所适用的运输总条件、客票使用条件办理。

第三十三条 承运人、机场管理机构应当针对旅客突发疾病、意外伤害等对旅客健康情况产生重大影响的情形,制定应急处置预案。

第三十四条 因承运人原因导致旅客误机、错乘、漏乘的,承运人或者其航空销售代理人应当按照本规定第二十四条第一款、第二十五条办理客票变更或者退票。

因非承运人原因导致前款规定情形的,承运人或者其航空销售代理人可以按照本规定第二十三条办理客票变更或者退票。

第六章 行李运输

第三十五条 承运人、地面服务代理人、机场管理机构应当建立托运行李监控制度,防止行李在运送过程中延误、破损、丢失等情况发生。

承运人、机场管理机构应当积极探索行李跟踪等新技术应用,建立旅客托运行李全流程跟踪机制。

第三十六条 旅客的托运行李、非托运行李不得违反国家禁止运输或者限制运输的相关规定。

在收运行李时或者运输过程中,发现行李中装有不得作为行李运输的任何物品,承运人应当拒绝收运或者终止运输,并通知旅客。

第三十七条 承运人应当在运输总条件中明确行李运输相关规定,至少包括下列内容:

(一)托运行李和非托运行李的尺寸、重量以及数量要求;

(二)免费行李额;

(三)超限行李费计算方式;

(四)是否提供行李声明价值服务,或者为旅客办理行李声明价值的相关要求;

(五)是否承运小动物,或者运输小动物的种类及相关要求;

(六)特殊行李的相关规定;

（七）行李损坏、丢失、延误的赔偿标准或者所适用的国家有关规定、国际公约。

第三十八条 承运人或者其地面服务代理人应当在收运行李后向旅客出具纸质或者电子行李凭证。

第三十九条 承运人应当将旅客的托运行李与旅客同机运送。

除国家另有规定外，不能同机运送的，承运人应当优先安排该行李在后续的航班上运送，并及时通知旅客。

第四十条 旅客的托运行李延误到达的，承运人应当及时通知旅客领取。

除国家另有规定外，由于非旅客原因导致托运行李延误到达，旅客要求直接送达的，承运人应当免费将托运行李直接送达旅客或者与旅客协商解决方案。

第四十一条 在行李运输过程中，托运行李发生延误、丢失或者损坏，旅客要求出具行李运输事故凭证的，承运人或者其地面服务代理人应当及时提供。

第七章 航班超售

第四十二条 承运人超售客票的，应当在超售前充分考虑航线、航班班次、时间、机型以及衔接航班等情况，最大程度避免旅客因超售被拒绝登机。

第四十三条 承运人应当在运输总条件中明确超售处置相关规定，至少包括下列内容：

（一）超售信息告知规定；

（二）征集自愿者程序；

（三）优先登机规则；

（四）被拒绝登机旅客赔偿标准、方式和相关服务标准。

第四十四条 因承运人超售导致实际乘机旅客人数超过座位数时，承运人或者其地面服务代理人应当根据征集自愿者程序，寻找自愿放弃行程的旅客。

未经征集自愿者程序，不得使用优先登机规则确定被拒绝登机的旅客。

第四十五条 在征集自愿者时，承运人或者其地面服务代理人应当与旅客协商自愿放弃行程的条件。

第四十六条 承运人的优先登机规则应当符合公序良俗原则，考虑的因素至少应当包括老幼病残孕等特殊旅客的需求、后续航班衔接等。

承运人或者其地面服务代理人应当在经征集自愿者程序未能寻找到足够的自愿者后，方可根据优先登机规则确定被拒绝登机的旅客。

第四十七条 承运人或者其地面服务代理人应当按照超售处置规定向被拒绝登机旅客给予赔偿，并提供相关服务。

第四十八条 旅客因超售自愿放弃行程或者被拒绝登机时，承运人或者其地面服务代理人应当根据旅客的要求，出具因超售而放弃行程或者被拒绝登机的证明。

第四十九条 因超售导致旅客自愿放弃行程或者被拒绝登机的，承运人应当按照本规定第二十四条第一款、第二十五条办理客票变更或者退票。

第八章 旅客投诉

第五十条 因公共航空运输旅客服务发生争议的，旅客可以向承运人、机场管理机构、地面服务代理人、航空销售代理人、航空销售网络平台经营者投诉，也可以向民航行政机关投诉。

第五十一条 承运人、机场管理机构、地面服务代理人、航空销售代理人、航空销售网络平台经营者应当设置电子邮件地址、中华人民共和国境内的投诉受理电话等投诉渠道,并向社会公布。

承运人、机场管理机构、地面服务代理人、航空销售代理人、航空销售网络平台经营者应当设立专门机构或者指定专人负责受理投诉工作。

港澳台地区承运人和外国承运人应当具备以中文受理和处理投诉的能力。

第五十二条 承运人、机场管理机构、地面服务代理人、航空销售代理人、航空销售网络平台经营者收到旅客投诉后,应当及时受理;不予受理的,应当说明理由。

承运人、机场管理机构、地面服务代理人、航空销售代理人、航空销售网络平台经营者应当在收到旅客投诉之日起 10 个工作日内做出包含解决方案的处理结果。

承运人、机场管理机构、地面服务代理人、航空销售代理人、航空销售网络平台经营者应当书面记录旅客的投诉情况及处理结果,投诉记录至少保存 3 年。

第五十三条 民航局消费者事务中心受民航局委托统一受理旅客向民航行政机关的投诉。

民航局消费者事务中心应当建立、畅通民航服务质量监督平台和民航服务质量监督电话等投诉渠道,实现全国投诉信息一体化。

旅客向民航行政机关投诉的,民航局消费者事务中心、承运人、机场管理机构、地面服务代理人、航空销售代理人、航空销售网络平台经营者应当在民航服务质量监督平台上进行投诉处理工作。

第九章 信息报告

第五十四条 承运人应当将运输总条件通过民航服务质量监督平台进行备案。

运输总条件发生变更的,应当自变更之日起 5 个工作日内在民航服务质量监督平台上更新备案。

备案的运输总条件应当与对外公布的运输总条件保持一致。

第五十五条 承运人应当将其地面服务代理人、航空销售代理人的相关信息通过民航服务质量监督平台进行备案。前款所述信息发生变更的,应当自变更之日起 5 个工作日内在民航服务质量监督平台上更新备案。

第五十六条 承运人、机场管理机构、地面服务代理人、航空销售代理人、航空销售网络平台经营者应当将投诉受理电话、电子邮件地址、投诉受理机构等信息通过民航服务质量监督平台进行备案。

前款所述信息发生变更的,应当自变更之日起 5 个工作日内在民航服务质量监督平台上更新备案。

第五十七条 承运人、机场管理机构、地面服务代理人、航空销售代理人、航空销售网络平台经营者、航空信息企业等相关单位,应当按照民航行政机关要求报送旅客运输服务有关数据和信息,并对真实性负责。

第十章 监督管理及法律责任

第五十八条 有下列行为之一的,由民航行政机关责令限期改正;逾期未改正的,依法记入民航行业严重失信行为信用记录:

(一)承运人违反本规定第六条、第七条、第八条,未按照要求制定、修改、适用或者公布运输总条件的;

（二）承运人或者其地面服务代理人违反本规定第四十四条、第四十五条、第四十六条第二款、第四十七条，未按照要求为旅客提供超售后的服务的；

（三）承运人、机场管理机构、地面服务代理人、航空销售代理人、航空销售网络平台经营者违反本规定第五十一条第一款、第二款，第五十二条第一款、第二款，未按照要求开展投诉受理或者处理工作的。

第五十九条　有下列行为之一的，由民航行政机关责令限期改正；逾期未改正的，处 1 万元以下的罚款；情节严重的，处 2 万元以上 3 万元以下的罚款：

（一）承运人、航空销售网络平台经营者、机场管理机构违反本规定第九条第一款、第十条第二款、第十一条、第十二条，未采取有效督促措施的；

（二）承运人、航空销售代理人违反本规定第九条第二款，未按照要求准确提供相关服务规定或者擅自更改承运人相关服务规定的；

（三）航空信息企业违反本规定第十三条，未按照要求完善信息系统功能的；

（四）承运人或者其航空销售代理人违反本规定第十九条，未按照要求录入旅客信息的；

（五）承运人、航空销售代理人、航空信息企业违反本规定第二十一条，未按照要求保存相关信息的；

（六）承运人违反本规定第三十二条，未按照要求出具被拒绝运输书面说明的；

（七）承运人、机场管理机构违反本规定第三十三条，未按照要求制定应急处置预案的；

（八）承运人、地面服务代理人、机场管理机构违反本规定第三十五条第一款，未按照要求建立托运行李监控制度的；

（九）承运人或者其地面服务代理人违反本规定第四十一条，未按照要求提供行李运输事故凭证的；

（十）承运人或者其地面服务代理人违反本规定第四十八条，未按照要求出具相关证明的；

（十一）港澳台地区承运人和外国承运人违反本规定第五十一条第三款，未按照要求具备以中文受理和处理投诉能力的；

（十二）承运人、机场管理机构、地面服务代理人、航空销售代理人、航空销售网络平台经营者违反本规定第五十二条第三款，未按照要求保存投诉记录的；

（十三）承运人、机场管理机构、地面服务代理人、航空销售代理人、航空销售网络平台经营者违反本规定第五十三条第三款，未按照要求在民航服务质量监督平台上处理投诉的；

（十四）承运人违反本规定第五十四条、第五十五条，未按照要求将运输总条件、地面服务代理人、航空销售代理人的相关信息备案的；

（十五）承运人、机场管理机构、地面服务代理人、航空销售代理人、航空销售网络平台经营者违反本规定第五十六条，未按照要求将投诉相关信息备案的；

（十六）承运人、机场管理机构、地面服务代理人、航空销售代理人、航空销售网络平台经营者违反本规定第五十七条，未按照要求报送相关数据和信息的。

第六十条　航空销售网络平台经营者有本规定第十条第一款规定的行为，构成《中华人民共和国电子商务法》规定的不履行核验义务的，依照《中华人民共和国电子商务法》的规定执行。

第六十一条 承运人、机场管理机构、地面服务代理人、航空销售代理人、航空销售网络平台经营者、航空信息企业违反本规定第十四条,侵害旅客个人信息,构成《中华人民共和国消费者权益保护法》规定的侵害消费者个人信息依法得到保护的权利的,依照《中华人民共和国消费者权益保护法》的规定执行。

承运人或者其航空销售代理人违反本规定第二十三条、第二十四条、第二十五条、第二十六条、第二十七条,未按照要求办理客票变更、退票或者未履行协助义务,构成《中华人民共和国消费者权益保护法》规定的故意拖延或者无理拒绝消费者提出的更换、退还服务费用要求的,依照《中华人民共和国消费者权益保护法》的规定执行。

第六十二条 机场管理机构违反本规定第二十八条,未按照要求设置标志标识,构成《民用机场管理条例》规定的未按照国家规定的标准配备相应设施设备的,依照《民用机场管理条例》的规定执行。

第十一章 附 则

第六十三条 本规定中下列用语的含义是:

(一)承运人,是指以营利为目的,使用民用航空器运送旅客、行李的公共航空运输企业。

(二)缔约承运人,是指使用本企业票证和票号,与旅客签订航空运输合同的承运人。

(三)实际承运人,是指根据缔约承运人的授权,履行相关运输的承运人。

(四)机场管理机构,是指依法组建的或者受委托的负责机场安全和运营管理的具有法人资格的机构。

(五)地面服务代理人,是指依照中华人民共和国法律成立的,与承运人签订地面代理协议,在中华人民共和国境内机场从事公共航空运输地面服务代理业务的企业。

(六)航空销售代理人,是指依照中华人民共和国法律成立的,与承运人签订销售代理协议,从事公共航空运输旅客服务销售业务的企业。

(七)航空销售网络平台经营者,是指依照中华人民共和国法律成立的,在电子商务中为承运人或者航空销售代理人提供网络经营场所、交易撮合、信息发布等服务,供其独立开展公共航空运输旅客服务销售活动的企业。

(八)航空信息企业,是指为公共航空运输提供旅客定座、乘机登记等相关系统的企业。

(九)民航行政机关,是指民航局和民航地区管理局。

(十)公共航空运输旅客服务,是指承运人使用民用航空器将旅客由出发地机场运送至目的地机场的服务。

(十一)客票,是运输凭证的一种,包括纸质客票和电子客票。

(十二)已购票,是指根据法律规定或者双方当事人约定,航空运输合同成立的状态。

(十三)客票变更,是指对客票改期、变更舱位等级、签转等情形。

(十四)自愿退票,是指旅客因其自身原因要求退票。

(十五)非自愿退票,是指因航班取消、延误、提前、航程改变、舱位等级变更或者承运人无法运行原航班等情形,导致旅客退票的情形。

(十六)自愿变更客票,是指旅客因其自身原因要求变更客票。

(十七)非自愿变更客票,是指因航班取消、延误、提前、航程改变、舱位等级变更或者承运人无法运行原航班等情形,导致旅客变更客票的情形。

（十八）承运人原因，是指承运人内部管理原因，包括机务维护、航班调配、机组调配等。

（十九）非承运人原因，是指与承运人内部管理无关的其他原因，包括天气、突发事件、空中交通管制、安检、旅客等因素。

（二十）行李，是指承运人同意运输的、旅客在旅行中携带的物品，包括托运行李和非托运行李。

（二十一）托运行李，是指旅客交由承运人负责照管和运输并出具行李运输凭证的行李。

（二十二）非托运行李，是指旅客自行负责照管的行李。

（二十三）票价，是指承运人使用民用航空器将旅客由出发地机场运送至目的地机场的航空运输服务的价格，不包含按照国家规定收取的税费。

（二十四）计划出港时间，是指航班时刻管理部门批准的离港时间。

（二十五）计划到港时间，是指航班时刻管理部门批准的到港时间。

（二十六）客票使用条件，是指定座舱位代码或者票价种类所适用的票价规则。

（二十七）客票改期，是指客票列明同一承运人的航班时刻、航班日期的变更。

（二十八）签转，是指客票列明承运人的变更。

（二十九）联程航班，是指被列明在单一运输合同中的两个（含）以上的航班。

（三十）误机，是指旅客未按规定时间办妥乘机手续或者因身份证件不符合规定而未能乘机。

（三十一）错乘，是指旅客搭乘了不是其客票列明的航班。

（三十二）漏乘，是指旅客办妥乘机手续后或者在经停站过站时未能搭乘其客票列明的航班。

（三十三）小动物，是指旅客托运的小型动物，包括家庭饲养的猫、狗或者其他类别的小动物。

（三十四）超售，是指承运人为避免座位虚耗，在某一航班上销售座位数超过实际可利用座位数的行为。

（三十五）经停地点，是指除出发地点和目的地点以外，作为旅客旅行路线上预定经停的地点。

（三十六）中途分程地，是指经承运人事先同意，旅客在出发地和目的地间旅行时有意安排在某个地点的旅程间断。

第六十四条 本规定以工作日计算的时限均不包括当日，从次日起计算。

第六十五条 本规定自 2021 年 9 月 1 日起施行。原民航总局于 1996 年 2 月 28 日公布的《中国民用航空旅客、行李国内运输规则》（民航总局令第 49 号）、2004 年 7 月 12 日公布的《中国民用航空总局关于修订〈中国民用航空旅客、行李国内运输规则〉的决定》（民航总局令第 124 号）和 1997 年 12 月 8 日公布的《中国民用航空旅客、行李国际运输规则》（民航总局令第 70 号）同时废止。

本规定施行前公布的涉及民航管理的规章中关于客票变更、退票以及旅客投诉管理的内容与本规定不一致的，按照本规定执行。

参考文献

[1] 江群,王春.民航基础知识应用[M].北京:国防工业出版社,2011.
[2] 韩明亮,赵桂红.民航运输生产组织[M].天津:天津科学技术出版社,2001.
[3] 朱沛,李晓津.民用航空市场营销学[M].北京:海潮出版社,2000.
[4] 邢爱芬.民用航空法教程[M].北京:中国民航出版社,2007.
[5] 张辉.民航国际旅客运价教程[M].北京:中国民航出版社,2006.
[6] 孙继湖.航空运输概论[M].北京:中国民航出版社,2018.
[7] 张辉.民航国际旅客运输[M].北京:中国民航出版社,2015.
[8] 王娅.民航国内旅客运输[M].北京:中国民航出版社,2016.
[9] 贾晓慧.值机与行李运输[M].北京:中国民航出版社,2014.
[10] 袁锦华.民航旅客地面服务[M].北京:中国民航出版社,2019.
[11] 黄建伟.民航地勤服务[M].北京:旅游教育出版社,2007.
[12] 中国民用航空局.公共航空运输旅客服务管理规定(中华人民共和国交通运输部令2021年第3号).
[13] 中国国际航空公司.旅客:行李运输总条件.
[14] 中国南方航空公司.旅客、行李国内、国际运输总条件.
[15] 中国东方航空公司.旅客行李运输条件.